Geprüfte Schutz- und Sicherheitskraft (IHK)

Robert Schwarz

Geprüfte Schutz- und Sicherheitskraft (IHK)

Lehrbuch für Prüfung und Praxis

6., überarbeitete und aktualisierte Auflage

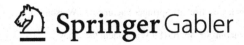 Springer Gabler

Robert Schwarz
Berlin, Deutschland

ISBN 978-3-658-38137-0   ISBN 978-3-658-38138-7   (eBook)
https://doi.org/10.1007/978-3-658-38138-7

Die Deutsche Nationalbibliothek verzeichnet diese Publikation in der Deutschen Nationalbibliografie; detaillierte bibliografische Daten sind im Internet über http://dnb.d-nb.de abrufbar.

Planung/Lektorat: Irene Buttkus
Springer Gabler ist ein Imprint der eingetragenen Gesellschaft Springer Fachmedien Wiesbaden GmbH und ist ein Teil von Springer Nature.
Die Anschrift der Gesellschaft ist: Abraham-Lincoln-Str. 46, 65189 Wiesbaden, Germany

Wer keinen Zaun hat, hat keine Feinde.
(Afrikanisches Sprichwort)

Vorwort

Die Sicherheitswirtschaft hat sich in den letzten Jahren zunehmend professioneller aufgestellt und trägt damit dem gestiegenen **Sicherheitsbedürfnis** ihrer Kunden und den veränderten Bedrohungsszenarien, wie der zum Teil stark gestiegenen Kriminalität, Rechnung.

Komplexere Aufgabenstellungen bei der Auftragsdurchführung, die Notwendigkeit der **Kundenorientierung** und der Einsatz modernster **Schutz- und Sicherheitstechnik** erfordern damit aber auch entsprechend qualifiziertes Personal.

Dem hat sich das Ausbildungskonzept angepasst und bildet mit der Sachkundeprüfung und den hierauf aufbauenden Spezialausbildungen (Luftsicherheitsassistent, Notruf-und Serviceleitstellen (NSL)-Fachkraft usw.) den ersten Baustein für eine professionelle Aufgabendurchführung unter den veränderten Rahmenbedingungen.

Die Geprüfte Schutz- und Sicherheitskraft ist im Konzept der Aus- und Weiterbildung der zweite und für die Praxis wohl bedeutendste Baustein. Als Weiterentwicklung der ursprünglichen Werkschutzfachkraft wurden die Inhalte an die aktuellen Anforderungen angepasst und neu strukturiert. Hier werden die Kenntnisse aus der Sachkunde vertieft und ausgebaut.

Entsprechend finden sich die folgenden inhaltlichen Schwerpunkte in den Prüfungsanforderungen wieder:

Rechts- und aufgabenbezogenes Handeln, Gefahrenabwehr und Schutz- und Sicherheitstechnik und Umgang mit Menschen

Das vorliegende Lehrbuch richtet sich an alle, die die Prüfung vor einer Industrie- und Handelskammer (IHK) ablegen wollen, dient aber auch als Nachschlagewerk für die Praxis und zur regelmäßigen Weiterbildung.

Die inhaltliche Gestaltung der Kapitel orientiert sich dabei am derzeit gültigen Rahmenstoffplan. Themengebiete wurden immer dort zusammengefasst, wo es das Stoffverständnis erleichtert.

Auszug aus dem Rahmenstoffplan	
Rechts- und aufgabenbezogenes Handeln	• Rechtskunde • Dienstkunde
Gefahrenabwehr sowie Einsatz von Schutz- und Sicherheitstechnik	• Brandschutz und sonstige Notfallmaßnahmen • Arbeits-, Gesundheits- und Umweltschutz • Einsatz von Schutz- und Sicherheitstechnik
Sicherheits- und Serviceorientiertes Verhalten	• Situationsbeurteilung und -bewältigung • Kommunikation • Kunden- und Serviceorientierung • Zusammenarbeit

Die **Prüfung** vor der IHK gliedert sich in drei Teile: den schriftlichen Teil mit zwei Klausuren von jeweils zwei Stunden Dauer und das Fachgespräch von 30 bis 40 min Dauer.

Gliederung der schriftlichen Prüfung		
Nr.	Thema	Punkte[a]
	Situationsaufgabe 1: Rechts- und aufgabenbezogenes Handeln	
1 und 2	Rechts- und aufgabenbezogenes Handeln	60
3 bis 5	Gefahrenabwehr sowie Einsatz von Schutz- und Sicherheitstechnik	20
6 bis 9	Sicherheits- und Serviceorientiertes Handeln	20
		100
	Situationsaufgabe 2: Gefahrenabwehr sowie Einsatz von Schutz- und Sicherheitstechnik	
1 und 2	Rechts- und aufgabenbezogenes Handeln	20
3 bis 5	Gefahrenabwehr sowie Einsatz von Schutz- und Sicherheitstechnik	60
6 bis 9	Sicherheits- und Serviceorientiertes Handeln	20
		100

[a]Bei den Angaben in der Übersicht handelt es sich urn Richtwerte, von denen in einzelnen Fällen in geringem Umfang abgewichen werden kann.

Den Schwerpunkt der mündlichen Prüfung bildet das Handlungsfeld 3: Sicherheits- und Serviceorientiertes Verhalten.

Es ist empfehlenswert, beim Durcharbeiten der Kapitel die einschlägigen Gesetze und Verordnungen jeweils einmal vollständig zu lesen, um sich an den Umgang mit den Formulierungen und der Systematik zu gewöhnen.

Wegen der besseren Lesbarkeit wurde auf die Verwendung der jeweils weiblichen und männlichen Form verzichtet, wo dies zutrifft, sind aber stets beide Geschlechter gemeint.

Viel Erfolg!

Berlin, Deutschland   Robert Schwarz
August 2022

Inhaltsverzeichnis

Teil VIII   Handlungsbereich 3: Sicherheits- und Serviceorientiertes Verhalten c) Kunden- und Serviceorientierung

Teil IX   Handlungsbereich 3: Sicherheits- und serviceorientiertes Verhalten d) Zusammenarbeit

Abkürzungsverzeichnis

Abs.	Absatz
ArbSchG	Arbeitsschutzgesetz
ArbStättVO	Arbeitsstättenverordnung
Art.	Artikel
ASR	Technische Regeln für Arbeitsstätten
BBodSchG	Bundesbodenschutzgesetz
BDSG	Bundesdatenschutzgesetz
BetrVG	Betriebsverfassungsgesetz
BewachV	Verordnung über das Bewachungsgewerbe
BGAO	Betriebliche Gefahrenabwehrorganisation
BGB	Bürgerliches Gesetzbuch
BGV	Berufsgenossenschaftliche Vorschriften
BImSchG	Bundesimmissionsschutzgesetz
BMA	Brandmeldeanlage
BtMG	Betäubungsmittelgesetz
Bzw.	Beziehungsweise
CPT	Close-Protection-Team
DGUV	Deutsche gesetzliche Unfallversicherung
DIN	Deutsches Institut für Normung
DSGVO	Datenschutzgrundverordnung
ELA	Elektroakustische Anlage
EMA	Einbruchmeldeanlage
EN	Europäische Norm
F.	Folgende
FF.	Fortfolgende
GAN	Global Area Network

GewO	Gewerbeordnung
GG	Grundgesetz
GGVSEB	Gefahrgutverordnung Straße, Eisenbahn und Binnenschifffahrt
GMA	Gefahrenmeldeanlage
GS	Gruppenschlüssel
HGB	Handelsgesetzbuch
HGS	Hauptgruppenschlüssel
HIPO	Hilfspolizisten
HS	Hauptschlüssel
IK	Interventionskraft
Inkl.	Inklusive
Kfz	Kraftfahrzeug
LAN	Local Area Network
Lkw	Lastkraftwagen
L-NSL-FK	Leitende NSL-Fachkraft
LWL	Lichtwellenleiter
MES	Mehrzweckeinsatzstock
Nr.	Nummer
NSL	Notruf- und Serviceleitstelle
NSL-FK	NSL-Fachkraft
O. ä.	Oder Ähnliches
OffzFü	Offizier der Führungsbereitschaft
ÖPNV	Öffentlicher Personennahverkehr
OvWa	Offizier vom Wachdienst
OwiG	Gesetz über Ordnungswidrigkeiten
PKW	Personenkraftwagen
RSG	Reizstoffsprühgerät
SGB	Sozialgesetzbuch
StGB	Strafgesetzbuch
StPO	Strafprozessordnung
StrlSchV	Strahlenschutzverordnung
TETRA	Terrestrial Trunked Radio
U. a.	Und andere
ÜMA	Überfallmeldeanlage
UmwSchG	Umweltschutzgesetz
URL	Uniform Ressource Locator
USV	Unterbrechungsfreie Stromversorgung
Usw.	Und so weiter

UZwGBw	Gesetz über die Anwendung unmittelbaren Zwanges in der Bundeswehr
WaffG	Waffengesetz
WAN	Wide Area Network
WK	Widerstandsklasse
WLAN	Wireless Local Area Network
ZA	Zentralschlossanlage
Z. B.	Zum Beispiel
ZDV	Zentrale Dienstvorschrift
ZKS	Zutrittskontrollsystem
ZPO	Zivilprozessordnung

Teil I

Handlungsbereich 1: Rechts- und aufgabenbezogenes Handeln a) Rechtskunde

Einführung

1

Wir alle unterliegen in unserem täglichen Tun und Handeln vielfältigen rechtlichen Regelungen und Normen – bewusst und unbewusst.

So müssen sich auch Sicherheitsmitarbeiter bei der Wahrnehmung ihrer Aufgaben im Rahmen der gültigen Rechtsnormen bewegen. **Wann und wie weit ist ein Eingreifen erforderlich und zulässig und welche Mittel dürfen dabei eingesetzt werden?**

Gerade in Konfliktsituationen müssen die eigenen Grenzen beherrscht und eingehalten werden – Unrecht kann und darf nicht mit Unrecht bekämpft werden. Daher ist **rechtssicheres Handeln** die wichtigste Voraussetzung für die Ausübung einer solchen Tätigkeit.

Relevante Rechtsbereiche		
Verfassungsrecht	→	Grundgesetz (GG)
Privatrecht (Zivilrecht)	→	Bürgerliches Recht (BGB)
		Arbeitsrecht
Öffentliches Recht	→	Straf- und Nebenstrafrecht (StGB, StPO, BtMG, WaffG)
		Gewerberecht (GewO, BewachV)
		Waffenrecht (WaffG)
		Datenschutz (BDSG)
		Umweltschutzrecht

Die folgenden Abschnitte erläutern die Grundprinzipien unserer Rechtsordnung, wichtige Begriffe und die Stellung der privaten Sicherheit mit ihren Rechten und Pflichten innerhalb des Rechtssystems.

© Springer Fachmedien Wiesbaden GmbH, ein Teil von Springer Nature 2023
R. Schwarz, *Geprüfte Schutz- und Sicherheitskraft (IHK)*,
https://doi.org/10.1007/978-3-658-38138-7_1

1.1   Öffentliche Sicherheit und Ordnung

Verlässliche Regeln sind das Fundament unserer Gesellschaft, ohne sie wäre ein sicheres und geordnetes Zusammenleben kaum vorstellbar. Daher ist heute nahezu jeder Lebensbereich von diesen Normen erfasst – sie legen die Grenzen fest, in denen wir uns bewegen können und sollen und drohen Konsequenzen für den Fall an, dass diese Grenzen überschritten werden.

Dies garantiert die öffentliche Sicherheit und Ordnung als Unversehrtheit der objektiven Rechtsordnung und der subjektiven Rechte und Rechtsgüter jedes Einzelnen.

Auf der einen Seite unterliegen Sicherheitsdienste und ihre Mitarbeiter den Regeln dieser Ordnung, sorgen aber auf der anderen Seite gleichzeitig auch für deren Aufrechterhaltung, indem sie die subjektiven Rechte und Rechtsgüter ihrer Auftraggeber schützen.

Insoweit kommt ihnen eine besondere Stellung und Verantwortung innerhalb des Systems der öffentlichen Sicherheit und Ordnung zu.

▶ **Öffentliche Sicherheit und Ordnung** bezeichnet einen Zustand, in dem in einem funktionsfähigen Staat verbindliche Rechtsnormen existieren und deren Einhaltung und der Schutz individueller Rechtsgüter (Eigentum, Freiheit usw.) jederzeit gewährleistet sind.

1.2   Recht und Rechtsordnung

Die Rechtsordnung oder auch das Rechtssystem bezeichnet die **Gesamtheit des gültigen Rechts** innerhalb eines Anwendungsbereiches, hier z. B. die Bundesrepublik Deutschland. Hierzu gehören neben den eigentlichen **Rechtsnormen** (Gesetze, Verordnungen usw.) auch **Urteile** durch ordentliche Gerichte als Anwendung der jeweils gültigen Rechtsnormen.

Recht der Bundesrepublik Deutschland	
Geschriebenes Recht	**Ungeschriebenes Recht**
Gesetze	Gewohnheitsrecht
Verordnungen	
Satzungen	
Rechtsprechung	
Verträge	
usw.	

Als letzten Bereich zählen wir **freie Vereinbarungen** (wie z. B. Arbeits- oder Bewachungsverträge) und das sogenannte Gewohnheitsrecht zur Gesamtheit des gültigen Rechts.

Im Unterschied zu Gesetzen und Verordnungen, wo dem Einzelnen bestimmte Rechte und Pflichten auferlegt werden, ohne, dass dieser Einfluss hierauf hat, können **Rechte und Pflichten aus Verträgen** frei verhandelt und festgelegt werden. Hier habe ich als Einzelner also Einfluss auf die mir auferlegten Grenzen und Konsequenzen, bzw. kann entscheiden, ob ich diese eingehe oder nicht.

Das **Gewohnheitsrecht** als besondere Rechtsform entsteht als einziger Teil der Rechtsordnung nicht durch Festlegung, sondern durch seine Anwendung selbst.

Ein Beispiel: Gestatte ich einem Fremden über einen längeren Zeitraum auf meinem Grundstück zu wohnen, ohne dass hierfür ein Mitvertrag existiert, kann der Bewohner unter Umständen ein dauerhaftes Wohnrecht erlangen. Das Wohnrecht entsteht hier also nicht wie üblich durch die Festlegung in einem Vertrag, sondern vereinfacht ausgedrückt durch das Wohnen selbst. Das Gewohnheitsrecht wird daher häufig auch als ungeschriebenes Recht bezeichnet.

▶ **Recht** bezeichnet die Gesamtheit der Rechtssätze (Gesetze, Verordnungen, Satzungen usw.), die für einen bestimmten Anwendungsbereich (Gebiet, Personen usw.) Gültigkeit haben. Dabei regelt das materielle Recht Inhalt und Voraussetzungen von Ansprüchen (z. B. BGB), das formelle Recht hingegen die Durchsetzung der Ansprüche (z. B. ZPO).

1.3　Privatrecht und öffentliches Recht

Üblicherweise wird das deutsche Rechtssystem in zwei Bereiche untergliedert: das Privatrecht und das öffentliche Recht.

Das **Privatrecht** oder auch **Zivilrecht** regelt die rechtlichen Beziehungen der Bürger untereinander. Dabei sind die Beteiligten rechtlich gleichgestellt, wie z. B. beim Kauf eines Buches, dem Abschluss eines Mietvertrages oder dem Abschluss eines Arbeitsvertrages.

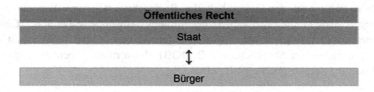

Wie in der Grafik zu erkennen ist, handelt es sich um eine horizontale Beziehung auf gleicher Ebene. Das grundlegende Prinzip dieses Rechtsbereichs ist folglich die **Gleichberechtigung/Gleichbehandlung** der beteiligten Partner.

Zu den Normen des Privatrechts zählen z. B. das Bürgerliche Gesetzbuch (BGB) und das Handelsgesetzbuch (HGB).

Das **öffentliche Recht** hingegen regelt die rechtlichen Beziehungen zwischen dem Staat und seinen Bürgern. Hier ist **der Staat den Bürgern übergeordnet.**

Zu den Normen des öffentlichen Rechts gehören z. B. das Strafrecht, das Steuerrecht und das Gewerberecht. Wie bereits oben beschrieben, werden dem Bürger hier vom Staat Rechte und Pflichten auferlegt, auf die er keinen direkten Einfluss hat.

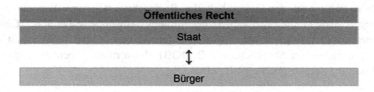

1.4 Hoheitliche Rechte und Gewaltmonopol

Hoheitliche Rechte beschreiben die Befugnisse des Staates, die er gegenüber seinen Bürgern zum **Schutz der öffentlichen Sicherheit und Ordnung** ausüben darf. Sie stehen daher ausschließlich dem Staat und seinen Exekutivorganen (Polizei, Ordnungsamt usw.) zu.

Sicherheitsunternehmen werden nur vereinzelt hoheitliche Aufgaben übertragen (z. B. Luftsicherheit, Schutz von Bundeswehrliegenschaften), sie werden aber ansonsten nicht hoheitlich tätig – üben also keine hoheitlichen Rechte im Rahmen ihrer Tätigkeit aus.

Desgleichen obliegt dem Staat das Gewaltmonopol, also die Befugnis, körperliche Gewalt und Zwangsmaßnahmen im Rahmen seiner Aufgaben anzuwenden. Privatpersonen und damit auch Mitarbeitern privater Sicherheitsdienste ist dies nur in Ausnahmefällen (Notwehr, Übertragung im Einzelfall usw.) gestattet.

1.5 Rechtliche Stellung der privaten Sicherheit

Wie wir bereits gesehen haben, obliegen der Schutz der öffentlichen Sicherheit und Ordnung und der Schutz der Bürger dem Staat und seinen Organen. Der Einsatz von Polizei und anderen Exekutivorganen ist **öffentlich rechtlich** geregelt.

Gewerbliche Bewachungsunternehmen sind Einrichtungen mit **privatrechtlichem Charakter** und werden auf der Grundlage des von einem Auftraggeber erteilten Auftrages tätig. Ihr Einsatz ist **privatrechtlich geregelt.**

Dies ist selbst dann der Fall, wenn der Auftrag hierzu von einem öffentlichen Auftraggeber z. B. im Rahmen einer Public Private Partnership **(PPP),** einer Zusammenarbeit von öffentlichem und privatem Sektor, erteilt wurde und hoheitliche Rechte übertragen wurden.

Rechtliche Stellung	
Polizei	**Private Sicherheit**
Hoheitliche Rechte	Jedermannsrechte
Öffentlich-rechtlich geregelt	Privatrechtlich geregelt
Handeln kraft Gesetzes	Handeln in privatem Auftrag

Die Bewachung von Bundeswehrliegenschaften ist dabei ein gutes Beispiel für ein PPP-Projekt. Die Bundeswehr gliedert eine eigentlich hoheitliche Aufgabe, die Bewachung ihrer Liegenschaften, vertraglich an ein privates Sicherheitsunternehmen aus.

Während Polizei, Ordnungsämter usw. bei ihren Aufgaben also auf hoheitliche Rechte zurückgreifen können, werden Sicherheitsmitarbeiter nur im Rahmen der sogenannten **Jedermannsrechte** – Rechte, die jedem Staatsbürger zustehen – tätig.

1.6   Jedermannsrechte

Wenn jedem bestimmte Rechte (Eigentum, körperliche Unversehrtheit usw.) zustehen, so muss es auch jedem zustehen, sich gegen Angriffe auf die eigene Person oder auf diese Rechte zu verteidigen, wenn staatliche Organe nicht verfügbar oder dazu in der Lage sind. So kann die Polizei beispielsweise erst bei einem konkreten Verdacht eingreifen, präventiv (ohne Anhaltspunkte) jedoch kann und darf sie nicht tätig werden. Diese „Lücke" schließt unsere Rechtsordnung mithilfe der sogenannten Jedermannsrechte.

Da Sicherheitsdienste ohne hoheitliche Rechte auskommen müssen, finden wir genau hier die Rechtsgrundlagen, die sie für ihre Tätigkeit brauchen – gewissermaßen ihr „**Handwerkszeug**".

Die folgenden Abbildungen zeigen eine Übersicht der Jedermannsrechte nach deutschem Recht. Im späteren Verlauf werden wir auf die einzelnen Normen zurückkommen und sie genauer betrachten.

Bürgerliches Gesetzbuch (BGB)		
Paragraph		**Inhalt**
§ 227 BGB	→	Notwehr, Nothilfe
§ 228 BGB	→	Verteidigungsnotstand
§ 229 BGB	→	Allgemeine Selbsthilfe
§ 859 BGB	→	Selbsthilfe des Besitzers
§ 860 BGB	→	Selbsthilfe des Besitzdieners
§ 904 BGB	→	Angriffsnotstand

Strafgesetzbuch (StGB)		
Paragraph		**Inhalt**
§ 32 StGB	→	Notwehr, Nothilfe
§ 34 StGB	→	Rechtfertigender Notstand
§ 35 StGB	→	Entschuldigender Notstand

Strafprozessordnung (StPO)		
Paragraph		**Inhalt**
§ 127 StPO	→	Vorläufige Festnahme

Das Grundgesetz der Bundesrepublik Deutschland (GG)

2

Das Grundgesetz der Bundesrepublik Deutschland gehört als Verfassung unseres Landes zum Verfassungsrecht und steht als ranghöchstes Gesetz über allen anderen Rechtsnormen.

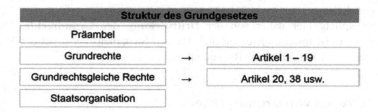

Somit gibt es, wie bei einem Bilderrahmen, den **rechtlichen Rahmen** vor, in dem sich Recht, Gesetz und Bürger bewegen.

Im Gegensatz zu allen anderen Gesetzestexten ist es nicht in Paragrafen (§), sondern in Artikel (Art.) untergliedert.

Der Präambel folgen in den Artikeln 1 bis 19 die sogenannten Grundrechte. Hiernach folgen die sogenannten grundrechtsgleichen Rechte und der Komplex des Staatsorganisationsrechts.

2.1 Grundrechte

Als Grundrechte werden diejenigen Rechte im Grundgesetz bezeichnet, die jedem Menschen (daher auch Menschenrechte) und speziell jedem Staatsbürger (daher auch Bürgerrechte) zustehen.

© Springer Fachmedien Wiesbaden GmbH, ein Teil von Springer Nature 2023
R. Schwarz, *Geprüfte Schutz- und Sicherheitskraft (IHK)*,
https://doi.org/10.1007/978-3-658-38138-7_2

Sie regeln in verbindlicher Weise die Rechtsbeziehung der Menschen gegenüber dem Staat. Insoweit sind sie als **Abwehrrechte gegenüber den Trägern der Hoheitsgewalt** (Abwehrrechte der Bürger gegenüber dem Staat) ausgestaltet und bieten ihnen Schutz vor zu weitreichenden Eingriffen.

Immer wieder in der Diskussion ist dies z. B. bei der Datenspeicherung oder auch der Videoüberwachung in öffentlichen Bereichen.

Grundrechte/Grundrechtsgleiche Rechte	
Menschenrechte	**Bürgerrechte**
Jedem Menschen	Jedem Staatsbürger

Die Grundrechte wirken aber auch in den Rechtsbeziehungen gegenüber anderen Menschen (Bürgern). Wird das Grundrecht eines Bürgers durch einen anderen Bürger verletzt, hat dieser gegenüber dem Staat Anspruch auf Beseitigung dieser Rechtsverletzung.

Man spricht hier daher von der **Drittwirkung der Grundrechte.** Diese Drittwirkung ist insbesondere natürlich für den Sicherheitsdienst bei der Wahrnehmung seiner Aufgaben von Bedeutung.

2.2   Arten von Grundrechten

Zur besseren Übersicht lassen sich die Grundrechte und grundrechtsgleichen Rechte in drei Kategorien unterteilen.

Arten von Grundrechten		
Freiheitsrechte	→	Art. 2, 4 usw.
Gleichheitsrechte	→	Art. 3, 6 usw.
Verfahrensrechte	→	Art. 19, 101 usw.

2.3   Wichtige Grundrechte

In diesem Abschnitt wollen wir uns einige wichtige Grundrechte und ihre Bedeutung für die Wahrnehmung von Sicherheitsaufgaben näher anschauen.

Artikel 1	Menschenwürde
Artikel 2	Freie Entfaltung, Freiheit und körperliche Unversehrtheit
Artikel 3	Gleichheit vor dem Gesetz
Artikel 5	Meinungsfreiheit
Artikel 8	Versammlungsfreiheit
Artikel 10	Brief-, Post und Fernmeldegeheimnis
Artikel 12	Freie Berufswahl
Artikel 13	Unverletzlichkeit der Wohnung
Artikel 14	Schutz des Eigentums

2.3.1 Schutz der Menschenwürde (Art. 1 GG)

Die Menschenwürde ist der **zentrale Wertbegriff des Grundgesetzes.** Sie steht jedem Menschen unabhängig von Rasse, Religion, Herkunft oder Staatsangehörigkeit von Geburt an bis zum Tode zu. Das Grundgesetz stellt in Art. 1 auch unmissverständlich klar, dass auf dieses Recht weder verzichtet noch es veräußert werden kann.

Artikel 1 GG (Auszug)

1. Die Würde des Menschen ist unantastbar. Sie zu achten und zu schützen ist Verpflichtung aller staatlichen Gewalt.

Doch was bedeutet der **Begriff der Menschenwürde** im Einzelnen und welche Bedeutung kommt ihm im Zusammenhang mit der Ausübung von Sicherheitsaufgaben zu?

Das Bundesverfassungsgericht hat den Begriff der Menschenwürde in verschiedenen Entscheidungen als natürlichen **Anspruch des Menschen auf Wertschätzung und Achtung** definiert. Folglich hat jeder Mensch das Recht auf eine wertschätzende und würdige Behandlung.

Danach verbietet sich sowohl für den Staat selbst als auch für jeden Bürger die unwürdige Behandlung eines anderen Menschen.

Bei der Wahrnehmung von Sicherheitsaufgaben, besonders auch bei Zugangs- und/oder Personenkontrollen, wo wir in direkten Kontakt mit anderen Menschen kommen, haben wir die Pflicht, die Würde dieser Menschen zu achten und zu schützen und jede unwürdige Behandlung zu unterlassen. Hierzu zählen beispielsweise:

- unwürdige Bestrafung
- Misshandlung
- Folter
- Beleidigung
- usw.

2.3.2   Freie Entfaltung, Freiheit und körperliche Unversehrtheit (Art. 2 GG)

Diese drei Grundrechte sind zwar in einem Artikel geregelt, sind jedoch nicht zwangsläufig miteinander verknüpft. Es handelt sich um drei unabhängig und gleichrangig nebeneinander stehende Rechte.

Artikel 2 GG (Auszug)

1. Jeder hat das Recht auf die freie Entfaltung seiner Persönlichkeit, soweit er nicht die Rechte anderer verletzt (…)
2. Jeder hat das Recht auf Leben und körperliche Unversehrtheit. Die Freiheit der Person ist unverletzlich. In dieses Recht darf nur auf Grund eines Gesetzes eingegriffen werden.

Das Grundgesetz garantiert demnach jedem seine **Freiheit, freie Entfaltung und körperliche Unversehrtheit,** stellt aber auch klar, dass diese Rechte dort ihre Grenze haben, wo die Rechte anderer verletzt werden.

Halten Sie beispielsweise einen Angreifer kurzzeitig fest, um zu verhindern, dass er seinen Angriff fortsetzt, beschränken Sie seine Freiheit. Sie tun dies jedoch, um ein anderes Recht zu schützen, das Recht auf körperliche Unversehrtheit des Angegriffenen.

2.3.3   Gleichheit vor dem Gesetz (Art. 3 GG)

Artikel 3 stellt die Gleichheit aller Menschen vor Recht und Gesetz klar und regelt in Absatz 3 ausdrücklich Merkmale, wegen derer niemand benachteiligt oder bevorzugt werden darf:

- Geschlecht
- Abstammung
- Rasse
- Sprache
- Heimat oder Herkunft
- Glauben
- Religiöse und politische Anschauung
- Behinderung (hier nur Verbot der Benachteiligung)

Artikel 3 GG (Auszug)

1. Alle Menschen sind vor dem Gesetz gleich.
2. (…)
3. Niemand darf wegen seines Geschlechts, seiner Abstammung, seiner Rasse, seiner Sprache, seiner Heimat oder Herkunft, seines Glaubens, seiner religiösen und politischen Anschauung benachteiligt oder bevorzugt werden. Niemand darf wegen seiner Behinderung benachteiligt werden.

Das **Gebot der Gleichbehandlung** bezieht sich dabei sowohl auf geltendes Recht (Gesetze, Verordnungen usw.) als auch auf dessen Anwendung (vor Gericht, bei der Ausübung von Sicherheitsaufgaben usw.).

2.3.4 Meinungsfreiheit (Art. 5 GG)

Das Recht auf **freie Meinungsäußerung** erstreckt sich auch auf die **Freiheit von Presse und Berichterstattung.** Jeder kann seine Meinung frei äußern. Auch dieses Recht findet natürlich, wie wir bereits bei den Artikeln 2 und 3 gesehen haben, dort seine Grenze, wo Rechte anderer oder Gesetze zum Schutz der Rechte anderer verletzt werden.

Artikel 5 GG (Auszug)

1. Jeder hat das Recht, seine Meinung in Wort, Schrift und Bild frei zu äußern und zu verbreiten (…)
2. Diese Rechte finden ihre Schranken in den Vorschriften der allgemeinen Gesetze, (…)

Damit sind ehrverletzende, entwürdigende oder diskriminierende Äußerungen nicht von der Meinungsfreiheit gedeckt.

2.3.5   Versammlungsfreiheit (Art. 8 GG)

Unter dem **Begriff Versammlung** ist hier eine Zusammenkunft mehrerer Personen zu verstehen, die einen gemeinsamen Zweck verfolgen, der von allgemeinem Interesse ist, also z. B. eine Demonstration oder Kundgebung. Eine Versammlung ist demnach immer politischer oder meinungsbildender Natur. Die Berliner Love-Parade beispielsweise hat diesen Status nicht und ist somit auch nicht vom Grundrecht geschützt.

Von der Möglichkeit zur Beschränkung von Versammlungen unter freiem Himmel durch ein Gesetz wurde Gebrauch gemacht, sodass Versammlungen unter freiem Himmel einer Anmeldung bedürfen und unter bestimmten Bedingungen, z. B. wenn die öffentliche Sicherheit gefährdet ist, verboten werden können.

Artikel 8 GG

1. Alle Deutschen haben das Recht, sich ohne Anmeldung oder Erlaubnis friedlich und ohne Waffen zu versammeln.
2. Für Versammlungen unter freiem Himmel kann dieses Recht durch Gesetz oder auf Grund eines Gesetzes beschränkt werden.

2.3.6   Brief-, Post und Fernmeldegeheimnis (Art. 10 GG)

Dieses Grundrecht schützt die **private Kommunikation der Bürger,** unabhängig davon, welches Medium sie hierfür nutzen, gleichermaßen. So schützt das Gesetz auch die Kommunikation via Internet/E-Mail, obwohl dies im Gesetzestext nicht ausdrücklich formuliert ist. Entscheidend ist, dass es sich um eine Kommunikation über eine gewisse Distanz handelt, für die ein Medium genutzt wird.

Der Schutz bezieht sich dabei auf staatliche Eingriffe wie z. B. durch die Polizei und andere staatliche Organe, nicht jedoch auf den Schutz vor Privatpersonen. Öffnet der Ehepartner beispielsweise einen Brief, der an den anderen gerichtet ist, so stellt dies keinen Verstoß gegen Art. 10 GG dar.

Artikel 10 GG (Auszug)

1. Das Briefgeheimnis sowie das Post- und Fernmeldegeheimnis sind unverletzlich.
2. Beschränkungen dürfen nur auf Grund eines Gesetzes angeordnet werden.
(…)

Dabei erstreckt sich der Schutz nicht nur auf den bloßen Inhalt, sondern beginnt bereits bei der Kommunikation selbst. Die Informationen über Ort, Zeit, Dauer und Beteiligte sind ebenso schutzwürdig im Sinne dieses Gesetzes.

Einschränkungen dieses Grundrechts bedürfen eines Gesetzes, das es in den in Absatz 2 genannten Gründen staatlichen Stellen (nicht Sicherheitsunternehmen) erlaubt, auf die betreffenden Informationen ohne Wissen der Betroffenen zuzugreifen und beispielsweise eine Telefonüberwachung bei Verdächtigen durchzuführen. Zum Schutz:

- der freiheitlich demokratischen Grundordnung
- des Bestandes oder der Sicherung des Bundes oder
- eines Landes

Zu beachten ist, dass **Eingriffe der staatlichen Gewalt vorbehalten** sind. Eine Detektei wird also in keinem Fall die Genehmigung für eine Telefonüberwachung im Rahmen ihrer Tätigkeit erhalten können.

2.3.7 Freie Berufswahl (Art. 12 GG)

Artikel 12 GG (Auszug)

1. Alle Deutschen haben das Recht, Beruf, Arbeitsplatz und Ausbildungsstätte frei zu wählen. Die Berufsausübung kann durch Gesetze oder auf Grund eines Gesetzes geregelt werden.
2. (…)
3. (…)

Das Recht der freien Berufswahl erstreckt sich dabei auf die Wahl und die Ausübung des Berufes. Wobei der **Beruf als jede Tätigkeit verstanden wird, die auf Dauer angelegt ist und dem Lebensunterhalt dient.**

Einschränkungen	
Berufszugang	**Berufsausübung**
Zugangsbeschränkungen (subjektiv und/oder objektiv) Zugang nur mit entsprechendem Nachweis von Qualifikationen oder Eignung (Sachkunde, Zuverlässigkeit usw.)	Beschränkungen und Regelungen wie der Beruf ausgeübt werden darf (muss). z. B. Beschränkung der Arbeitszeit durch das Arbeitszeitgesetz, Erlaubnis zum Führen einer Waffe nur bei bestimmten Aufgaben usw.

In Deutschland finden wir jedoch, wie dies in Absatz 1 vorgesehen ist, zahlreiche gesetzliche Regelungen, die die Ausübung verschiedener Berufe regeln und damit das Grundrecht auf freie Berufswahl einschränken.

Hier sind grundsätzlich zwei Arten von Beschränkungen zu unterscheiden. Zum einen die **Beschränkungen bei der Berufswahl** und zum anderen die **Beschränkungen bei der Berufsausübung.**

2.3.7.1 Beschränkungen bei der Berufswahl

Hier geht es um **subjektive und objektive Zugangsvoraussetzungen.** Die Ausübung des Berufes wird an das Vorhandensein bestimmter Voraussetzungen geknüpft. Wir unterscheiden dabei persönliche (subjektive) und sachliche (objektive) Voraussetzungen.

Persönliche Zugangsvoraussetzungen können z. B. sein:

- Zuverlässigkeit
- nicht vorbestraft
- geordnete Vermögensverhältnisse
- usw.

Sachliche Zugangsvoraussetzungen können z. B. sein:

- ein bestimmter Berufsabschluss (Studium, Staatsexamen usw.)
- Nachweis der Sachkunde
- usw.

Für das Bewachungsgewerbe kennen wir insbesondere die Zuverlässigkeit, Straffreiheit und die Sachkunde oder Unterrichtung oder einen höheren Abschluss z. B. als Geprüfte Schutz- und Sicherheitskraft.

2.3.7.2 Beschränkungen bei der Berufsausübung

Hier geht es um das Wie der Berufsausübung. Dabei gibt es u. a. zeitliche, räumliche, aber auch inhaltliche Beschränkungen. Beispielhaft genannt seien hier das Verbot der Sonntagsarbeit oder das Ladenschlussgesetz, das Führen von Waffen im Sicherheitsdienst nur in bestimmten Aufgabenbereichen und z. B. das Verbot, eine Tankstelle in einem Naturschutzgebiet zu betreiben.

2.3.8 Unverletzlichkeit der Wohnung (Art. 13 GG)

Artikel 13 schützt die Wohnung vor willkürlichem Eingriff des Staates.

Artikel 13 GG (Auszug)

1. Die Wohnung ist unverletzlich.
2. Durchsuchungen dürfen nur durch den Richter, bei Gefahr im Verzug auch durch die in den Gesetzen vorgesehenen anderen Organe angeordnet und nur in der dort vorgeschriebenen Form durchgeführt werden. (…)

Der Begriff Wohnung umfasst dabei jeden umschlossenen Raum, der zum Wohnen oder Schlafen benutzt wird. Damit umfasst er auch z. B. Hotelzimmer und überwiegend ortsfeste Wohnwagen.

Das Recht aus Artikel 13 steht neben dem zivilrechtlichen Eigentümer auch dem **rechtmäßigen Besitzer** zu (Näheres hierzu siehe Abschnitt Privatrecht, Eigentum und Besitz).

Denkbare Eingriffe in die Unverletzlichkeit der Wohnung sind im Wesentlichen die Durchsuchung und sonstige Eingriffe oder Beschränkungen wie beispielsweise das Abhören der Räumlichkeiten mit Hilfe von technischen Einrichtungen (z. B. sogenannten Wanzen).

Jeder dieser Eingriffe ist nur unter strengen, gesetzlich geregelten Voraussetzungen zulässig.

Der Schutz bezieht sich dabei sowohl auf staatliche Eingriffe, wie z. B. durch die Polizei und andere staatliche Organe, als auch auf den Schutz vor Privatpersonen, wie z. B. Mitarbeitern von Sicherheitsdiensten und sogenannte Privatdetektive (dies gilt natürlich für alle Grundrechte gleichermaßen – siehe auch Drittwirkung der Grundrechte).

2.3.9 Schutz des Eigentums (Art. 14 GG)

Das **Eigentum** ist in unserer Gesellschaft hoch geachtet und unterliegt in Artikel 14 dem Schutz vor staatlichen Eingriffen. **Enteignungen** sind nur in sehr engen Grenzen (Art. 14 Abs. 3 GG) überhaupt möglich.
Dabei erstreckt sich der Schutz des Eigentums über den Tod des Eigentümers hinaus. Durch die Gewährleistung eines Erbrechts wird garantiert, dass der Eigentümer über seinen Tod hinaus Verfügungen (Testament) treffen kann, wie mit seinem Eigentum zu verfahren ist.

Artikel 14 GG (Auszug)

1. Das Eigentum und das Erbrecht werden gewährleistet. (…)
2. Eigentum verpflichtet. Sein Gebrauch soll zugleich dem Wohle der Allgemeinheit dienen.
3. Eine Enteignung ist nur zum Wohle der Allgemeinheit zulässig. (…)

Der Begriff **Eigentum** ist hierbei nicht mit dem Begriff Vermögen gleichzusetzen. Eigentum bezieht sich stets nur auf ein einzelnes, konkretes Recht.
Vermögen meint die Gesamtheit der im Eigentum befindlichen Rechte. Damit bezieht sich auch die Schutzwirkung des Art. 14 GG stets nur auf das Eigentum eines einzelnen Rechtes und nicht auf das Vermögen als Ganzes.
Zusammenfassend lässt sich sagen, dass die Grundrechte des Grundgesetzes also immer dort eingeschränkt sind bzw. ihre Grenze haben, wo Rechte anderer verletzt werden. Dies ergibt sich schon aus dem Sinn des Gesetzes, denn jeder ist gleichberechtigter Inhaber dieser Rechte.

2.4 Verfassungsgrundsätze (Art. 20 GG)

Das Grundgesetz kennt fünf Verfassungsgrundsätze. Sie bilden die **rechtliche Grundordnung** der Bundesrepublik Deutschland als oberste Leitlinie.

Verfassungsgrundsätze
Demokratie
Sozialstaatlichkeit
Bundesstaatlichkeit
Republikanisches Prinzip
Rechtsstaatlichkeit

Das Volk als Inhaber aller Macht in einer **Demokratie** wählt Vertreter, die in dessen Namen die staatliche Gewalt ausüben. Als gesetzgebende Gewalt (Legislative), als vollziehende Gewalt (Exekutive) und als rechtsprechende Gewalt (Judikative). Die staatlichen Gewalten sind damit nicht auf ein Organ konzentriert, sondern streng voneinander getrennt (Gewaltenteilung).

Gewaltenteilung		
Legislative	→	Gesetzgebende Gewalt
Exekutive	→	Ausführende Gewalt
Judikative	→	Rechtsprechende Gewalt

Die Volksvertreter werden jeweils nur für eine begrenzte Zeit gewählt (**Republik**) und nicht auf Lebenszeit bestimmt. Grundlage allen staatlichen Handelns sind Recht und Gesetz (**Rechtsstaatlichkeit**).

Das Prinzip der Rechtsstaatlichkeit umfasst folgende Einzelgrundsätze:

- das Handeln ausschließlich auf der Grundlage von Gesetzen
- die Gewaltenteilung
- das Recht, sich gerichtlich gegen staatliche Maßnahmen zur Wehr zu setzen
- der Verhältnismäßigkeitsgrundsatz

Den Grundsatz der Verhältnismäßigkeit werden wir später in den anderen Rechtsbereichen, insbesondere im Strafrecht wiederfinden (siehe dort zur Erklärung).

Als **Bundesstaat** ist die Bundesrepublik Deutschland ein Zusammenschluss einzelner, souveräner Länder (Bundesländer) zu einem Gesamtstaat. Bestimmte Regelungsbereiche des Rechts unterliegen der Bundeshoheit und bestimmte Bereiche der Länderhoheit, das bedeutet, entweder Bund oder Länder sind für die Gesetzgebung zuständig.

Polizei und Bildung beispielsweise unterliegen der Länderhoheit. So hat jedes Bundesland ein eigenes, nur in diesem Land gültiges Polizeigesetz. Die Strafgesetzgebung z. B. unterliegt der Bundeshoheit, es gibt bundeseinheitliche Strafgesetze.

Als **Sozialstaat** hat der Staat die Verpflichtung, soziale Unterschiede zwischen den Bürgern auszugleichen und hat hierfür entsprechende Maßnahmen zu ergreifen (Arbeitslosengeld usw.).

Privatrecht

3

3.1 Einführung

Wie wir bereits im vorangegangenen Abschnitt gesehen haben, regelt das **Privatrecht** oder auch Zivilrecht die Rechtsbeziehungen zwischen gleichberechtigten Bürgern.

Die Rechtssubjekte stehen hier auf Augenhöhe nebeneinander. Die Grundgedanken des Privatrechts, die sich aus den Grundrechten des Grundgesetzes ableiten, sind **Freiheit** und **rechtliche Gleichheit**.

▶ **Rechtssubjekt** ist der Träger (Inhaber) von Rechten. Jeder Mensch (natürliche Person) ist rechtsfähig, d. h. er hat die Fähigkeit, Träger von Rechten (und Pflichten) zu sein.

Die Rechtsfähigkeit beginnt mit der Geburt und endet mit dem Tod.

Im Folgenden werden wir uns die Bereiche des Privatrechts näher anschauen, die im Bewachungsgewerbe von Bedeutung sind. Hier werden wir auch bereits den ersten Teil des **„Handwerkszeugs"** von Sicherheitsmitarbeitern kennenlernen.

© Springer Fachmedien Wiesbaden GmbH, ein Teil von Springer Nature 2023
R. Schwarz, *Geprüfte Schutz- und Sicherheitskraft (IHK)*,
https://doi.org/10.1007/978-3-658-38138-7_3

Relevante Rechtsbereiche des Privatrechts		
Bürgerliches Recht	→	Eigentum, Besitz, Besitzdienerschaft
		Verbotene Eigenmacht
		Selbsthilfe
		Schadenersatz
		Rechtswidrigkeit und Schuld

3.2   Personen im Privatrecht

Neben **natürlichen Personen** (Menschen) sind im Privatrecht auch sogenannte **juristische Personen** Rechtssubjekte und damit Träger von Rechten. Ohne Mensch zu sein, werden sie rechtlich (juristisch) trotzdem wie eine Person behandelt.

▶ **Juristische Person (rechtliche Person)** ist eine Personenvereinigung (oder ein sonstiges Gebilde), die in der Regel ein gemeinsames Ziel verfolgt und die rechtlich wie eine Person behandelt wird. Damit treten nicht mehr ihre Mitglieder einzeln, sondern alle gemeinsam als ein Rechtssubjekt in Erscheinung.

Dabei gilt der Grundsatz der Gleichberechtigung im Privatrecht uneingeschränkt auch für diese.

Am häufigsten begegnen uns juristische Personen als Aktiengesellschaften oder GmbHs in der Wirtschaft. Sie erkennen das z. B. daran, dass Sie einen Arbeitsvertrag nicht mit einem der Inhaber persönlich schließen, sondern mit dem Unternehmen.

Im Wesentlichen können juristische Personen Träger der gleichen Rechte sein. Ausnahmen ergeben sich nur durch den Charakter als Vereinigung gegenüber einem Menschen. So können juristische Personen Eigentümer und Besitzer sein, das Recht auf körperliche Unversehrtheit aber z. B. bleibt ihnen verwehrt, da es an einem entsprechenden Körper fehlt.

3.3 Schadenersatzpflicht aus unerlaubter Handlung (§ 823 BGB)

Ausgehend von der Vorstellung, dass die Rechtsordnung die Rechte einer Person gegen rechtswidrige Eingriffe Dritter zu schützen hat, ergibt sich zum einen die Notwendigkeit zu definieren, welche Eingriffe rechtswidrig sein sollen, und zum anderen, welche Folgen ein solcher Eingriff (Rechtsverletzung) haben soll.

§ 823 BGB (Auszug)

1. Wer vorsätzlich oder fahrlässig das Leben, den Körper, Die Gesundheit, die Freiheit, das Eigentum oder ein sonstiges Recht eines anderen widerrechtlich verletzt, ist dem anderen zum Ersatz des daraus entstehenden Schadens verpflichtet. (...)

3.3.1 Schadenersatzpflicht

Die typische Rechtsfolge der unerlaubten Handlung im Privatrecht ist die **Schadenersatzpflicht.**

Die Pflicht zum Schadenersatz bedeutet dabei die Wiederherstellung des Zustandes, der bestehen würde, wenn der zum Ersatz des Schadens führende Umstand nicht eingetreten wäre.

▶ **Schadenersatzpflicht** Die Pflicht zur Herstellung des Zustandes, der bestehen würde, wenn das schädigende Ereignis nicht eingetreten wäre.

Wenn ich beispielsweise das Auto eines Freundes beschädige, es aber anschließend auf meine Kosten reparieren lasse, ist der Zustand wiederhergestellt, der vor der Beschädigung bestanden hat – mein Freund hat ein intaktes Fahrzeug. Ich habe den Schaden also ersetzt.

Erste Voraussetzung für die Schadenersatzpflicht ist somit, dass tatsächlich ein Schaden entstanden ist.

▶ **Schaden** ist jeder Nachteil (Wertminderung, Zerstörung o. Ä.), den eine Person (Personenschaden) oder eine Sache (Sachschaden) durch ein Ereignis (z. B. unerlaubte Handlung) erleidet.

Führen wir das obige Beispiel weiter fort, besteht der Schaden darin, dass ein intaktes Fahrzeug einen höheren Wert hat als ein teilweise zerstörtes. Die Beschädigung (Ereignis; teilweise Zerstörung) hat dazu geführt, dass das Fahrzeug weniger wert ist.

Die **Schadenhöhe** (der Umfang des Schadens) lässt sich in diesem Beispiel sehr leicht als Differenz zwischen dem Wert vor der Beschädigung und dem Wert nach der Beschädigung berechnen.

> Wert ohne Beschädigung – Wert mit Beschädigung = Schaden

Die **Schadenhöhe** oder auch der Schadenumfang ist demnach also immer der Unterschied zwischen der Vermögenslage, die sich infolge des schädigenden Ereignisses ergibt, und der Vermögenslage, wie sie ohne dieses Ereignis bestehen würde.

Zweite Voraussetzung ist, dass einer Person (Geschädigtem) durch eine andere Person (Schädiger) ein Schaden entstanden ist.

▶ **Geschädigter** ist diejenige Person, deren Rechte verletzt wurden und die durch die Rechtsverletzung schlechter gestellt ist als ohne das schädigende Ereignis. Sie hat Anspruch auf Schadenersatz.

Wobei mit Person sowohl natürliche als auch juristische Personen gemeint sind. Auch juristische Personen sind also, wenn sie einen Schaden verursachen, zum Schadenersatz verpflichtet.

▶ **Schädiger** ist diejenige Person, die die Rechte einer anderen Person verletzt und diese dadurch schlechter gestellt hat als ohne das schädigende Ereignis.

Sie ist zum Ersatz des daraus resultierenden Schadens verpflichtet.

3.3.2 Unerlaubte Handlung

Das schädigende Ereignis als Voraussetzung für eine Schadenersatzpflicht, mit dem wir uns hier beschäftigen wollen, ist die unerlaubte Handlung – auch als Delikt bezeichnet.

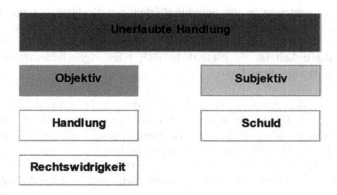

Erste Voraussetzung hier ist demnach die Ursächlichkeit. Der Schaden ist als Ursache direkt auf die Handlung zurückzuführen **(Kausalität)**. Eine Handlung hat ein bestimmtes Ergebnis zur Folge **(Taterfolg)**.

Unerlaubte Handlung (Delikt) → Schaden

Wenn wir die Wertminderung des Autos aus dem obigen Beispiel als Ergebnis betrachten, so ist die vorangegangene Beschädigung direkt dafür verantwortlich gewesen. Sie war die Ursache.

▶ **Handlung** ist die Herbeiführung eines Ergebnisses, das es ohne diese Handlung nicht gegeben hätte.

    Zweite Voraussetzung ist die **Widerrechtlichkeit** der Handlung. Solange eine Handlung rechtmäßig, also in Übereinstimmung mit den Gesetzen erfolgt, kann sie niemals einen Schadenersatzanspruch auslösen, selbst wenn durch sie tatsächlich ein Schaden verursacht wurde.

    Für den Anspruch auf Schadenersatz ist es also zwingend, dass die Handlung ein **zwingendes Recht verletzt** – also unerlaubt geschieht.

▶ **Widerrechtlichkeit** ist die Verletzung eines geschützten Rechtsgutes (Eigentum usw.).

Dritte Voraussetzung ist die **Schuldhaftigkeit** der Rechtsverletzung. Schuld-
hafthandelt, wer **vorsätzlich** oder **fahrlässig** einen Schaden herbeiführt.

▶ **Schuldhaftigkeit** ist die vorsätzliche oder fahrlässige Herbeiführung eines
Erfolges (z. B. eines Schadens).

Vorsatz ist die bewusste Herbeiführung der Rechtsverletzung (hier des
Schadens). Der Handelnde will den Schaden verursachen. Dabei muss der
Schaden nicht als sichere Folge seines Handelns gelten, es reicht aus, wenn dieser
den Schaden als eine mögliche Folge voraussieht (bedingter Vorsatz).

Fahrlässigkeit liegt dann vor, wenn das Ergebnis nicht absichtlich herbeigeführt wurde, der Handelnde aber die erforderliche Sorgfalt außer Acht gelassen
hat.

Fahre ich mit dem Auto meines Freundes absichtlich gegen ein verschlossenes
Tor, um es aufzubekommen, weil ich den Schlüssel vergessen habe, tue ich dies
vorsätzlich.

Fahre ich jedoch gegen das Tor, weil ich auf regennasser Fahrbahn nicht rechtzeitig zum Stehen komme, handle ich fahrlässig.

In beiden Fällen ist das Ergebnis die Beschädigung des Fahrzeugs. Im ersten
Fall nehme ich dies als Folge in Kauf, im zweiten Fall sehe ich die Folge nicht
voraus, hätte sie aber leicht durch angepasste Geschwindigkeit verhindern können.

3.3.3 Prüfschema nach § 823 BGB

Prüfschema
A ist dem B zum Schadenersatz verpflichtet, wenn:

1. A den B geschädigt hat. (objektiv ein Schaden entstanden ist)
2. Die Schädigung durch die Verletzung eines Rechtsgutes erfolgte. (der
   Schaden als Folge der Rechtsverletzung entstanden ist)
3. Die Verletzung widerrechtlich war. (A gegen geltendes Recht verstoßen
   hat)
4. Und A vorsätzlich oder fahrlässig handelte. (schuldhaft)

Aus den vorangegangenen Abschnitten haben wir zusammengefasst damit
folgende Voraussetzungen:

- Es ist dem Geschädigten tatsächlich ein Schaden entstanden.
- Der Schaden ist ursächlich auf die Handlung des Schädigers zurückzuführen.
- Die Handlung war widerrechtlich (unerlaubt).
- Der Schädiger handelte schuldhaft.

3.4   Rechtfertigungsgründe im Privatrecht

Ist die Schadenersatzpflicht nach § 823 BGB zu prüfen, ist im dritten Schritt zu prüfen, ob die Verletzung des Rechtsgutes widerrechtlich erfolgte. Dabei haben wir festgestellt, dass dies immer dann der Fall ist, wenn eine Handlung gegen geltendes Recht verstößt.

Trotz der eigentlichen **Rechtswidrigkeit** einer Handlung kann diese **gerecht-fertigt** sein. Man spricht hier von Rechtfertigungsgründen.

Rechtfertigungsgründe im BGB
Notwehr (§ 227 BGB)
Verteidigender Notstand (§ 228 BGB)
Angreifender Notstand (§ 904 BGB)

3.4.1   Notwehr (§ 227 BGB)

Eine durch Notwehr gebotene Handlung ist nicht widerrechtlich und führt damit automatisch zur Verneinung eines Schadenersatzanspruches. Es fehlt am Merkmal der „unerlaubten Handlung".

§ 227 BGB (Auszug)

(…)

1. Notwehr ist diejenige Verteidigung, welche erforderlich ist, um einen gegenwärtigen rechtswidrigen Angriff von sich oder einem anderen abzu-wenden.

Im Kap. 5 Strafrecht werden wir uns näher mit der Notwehr beschäftigen, da ihr dort die weitaus größere Bedeutung zukommt. Alle dort gemachten Ausführungen gelten jedoch analog für das Privatrecht.

3.4.2   Defensiver Notstand (§ 228 BGB)

An dieser Stelle muss die Prüfung der Widerrechtlichkeit einer Handlung um einen weiteren Aspekt ergänzt werden.

§ 228 BGB (Auszug)

Wer eine fremde Sache beschädigt oder zerstört, um eine durch sie drohende Gefahr von sich oder einem anderen abzuwenden, handelt nicht widerrechtlich, wenn die Beschädigung oder die Zerstörung zur Abwendung der Gefahr erforderlich ist und der Schaden nicht außer Verhältnis zu der Gefahr steht. (…)

Wer eine Sache beschädigt oder zerstört – hier geht es also ausschließlich um **Sachschäden** –, handelt dann nicht widerrechtlich, wenn dies erforderlich ist, um eine durch diese Sache drohende Gefahr von sich oder einem anderen abzuwenden.

Ein Sturm hat die Scheiben eines im dritten Stock offenstehenden Fensters beschädigt und die restlichen Scherben drohen auf den Gehweg zu fallen und Regen ins Gebäude einzudringen (Notstandslage; drohende Gefahr von einer Sache).

Defensiver Notstand § 228 BGB
Notstandslage Durch eine Sache droht eine Gefahr für mich oder einen anderen.
Motiv Die Zerstörung oder Beschädigung erfolgt, um die Gefahr zu beseitigen.
Interessenabwägung Die Zerstörung oder Beschädigung steht in einem angemessenen Verhältnis zum drohenden Schaden. (angerichteter Schaden < drohender Schaden)
Erforderlichkeit Die Zerstörung oder Beschädigung ist erforderlich, d. h. sie ist auch tatsächlich geeignet, um die Gefahr zu beseitigen und es gibt keine Mittel, die milder sind (weniger beeinträchtigen).

Personenschäden (durch herabfallende Scherben) sind stets höher zu bewerten als Sachschäden (Interessenabwägung) und Ihnen steht in dieser Situation kein anderes Mittel zur Verfügung, das beide Gefahren beseitigt (Erforderlichkeit).

Sie beschließen, das Fenster und die restlichen Scherben zu beseitigen und das Fenster provisorisch mit einem Brett zu vernageln (Beschädigung der Sache), um das Herunterfallen der Scherben und das Eindringen von Regen zu verhindern (Motiv).

▶ **Gefahr** ist ein Zustand, dessen Weiterentwicklung den Eintritt oder die Intensivierung eines Schadens für ein Rechtsgut oder ein rechtlich geschütztes Interesse ernstlich befürchten lässt, sofern nicht zeitnah Gegenmaßnahmen ergriffen werden.

Das heißt, dass der Eintritt eines Schadens für ein Rechtsgut naheliegt, mindestens aber eine gewisse Wahrscheinlichkeit dafür vorliegt. Hierbei kommt es nicht auf die Sicht und das Wissen des Einzelnen an, sondern auf den Standpunkt eines objektiven, alle relevanten Umstände kennenden Betrachters. Vom Gefahrenbegriff wird dabei auch die sogenannte Dauergefahr umfasst.

3.4.3 Aggressiver Notstand § 904 BGB

Im Unterschied zum verteidigenden Notstand geht hier die Gefahr nicht zwingend von einer Sache aus und zur Beseitigung der Gefahr wird auf eine fremde Sache eingewirkt (Nutzung, Beschädigung oder Zerstörung). Sache und Gefahr haben zunächst nichts miteinander zu tun.

§ 904 BGB

Der Eigentümer einer Sache ist nicht berechtigt, die Einwirkung eines anderen auf die Sache zu verbieten, wenn die Einwirkung zur Abwendung einer gegenwärtigen Gefahr notwendig und der drohende Schaden gegenüber dem aus der Einwirkung dem Eigentümer entstehenden Schaden unverhältnismäßig groß ist. Der Eigentümer kann Ersatz des ihm entstehenden Schadens verlangen.

Der Eigentümer muss die Einwirkung dulden, er darf sich in diesem Fall nicht gegen die Einwirkung auf sein Eigentum verteidigen (Notwehr). Allerdings muss der angerichtete Schaden unverhältnismäßig kleiner sein als der drohende Schaden an dem anderen Rechtsgut.

Aggressiver Notstand § 904 BGB
Notstandslage
Gefahr für ein Rechtsgut
Motiv
Die Einwirkung erfolgt, um die Gefahr zu beseitigen.
Interessenabwägung
angerichteter Schaden < drohender Schaden
Erforderlichkeit
Die Einwirkung ist erforderlich und das mildeste Mittel.

Auf einem Streifengang finden Sie eine verletzte Person mit einer stark blutenden Wunde (drohende Gefahr für eine Person). Der Fahrer eines haltenden Fahrzeuges weigert sich, Ihnen zu helfen. Daraufhin nehmen Sie den Verbandkasten gegen dessen Willen aus dem Kofferraum (Einwirkung auf Fahrzeug und Verbandkasten) und versorgen die Wunde (Motiv).

Die Beschädigung des Verbandkastens ist unverhältnismäßig kleiner als die Gefahr durch die Blutung (Interessenabwägung) und ein anderes Mittel steht Ihnen nicht zur Verfügung (Erforderlichkeit; mildestes Mittel).

3.5   Eigentum, Besitz und Besitzdienerschaft

3.5.1   Eigentümer und Besitzer

Umgangssprachlich verwenden wir häufig die beiden Begriffe Eigentümer und Besitzer synonym. Rechtlich besteht jedoch ein erheblicher Unterschied.

▶ **Eigentum (§ 903 BGB)** ist die Ausübung der rechtlichen Gewalt über eine Sache. Der Eigentümer kann mit der Sache nach Belieben verfahren und andere von jeder Einwirkung ausschließen.

Der Eigentümer eines Fahrzeuges (z. B. eine Autovermietung) kann sein Auto verkaufen, verschenken oder verschrotten lassen. Niemand kann ihn daran hindern. Er übt die **rechtliche Gewalt** aus.

▶ **Besitz (§ 854 BGB)** ist die Ausübung der tatsächlichen Gewalt über eine Sache.

Verleiht der Eigentümer (Autovermietung) sein Fahrzeug vorübergehend an einen Kunden, so übt dieser Kunde für diese Zeit die tatsächliche Gewalt über das Auto aus. Es ist ihm jedoch nicht gestattet, das Fahrzeug zu verkaufen, zu verschenken oder verschrotten zu lassen, denn Eigentümer ist nach wie vor der Autovermieter.

3.5.2   Besitzdiener

Übt der Besitzer die tatsächliche Gewalt über eine Sache lediglich im Auftrag (weisungsgebunden) aus, so ist er nicht Besitzer, sondern Besitzdiener. Seine Verfügung über die Sache wird durch die Weisungsgebundenheit eingeschränkt.

▶ **Besitzdienerschaft (§ 855 BGB)** ist die Ausübung der **tatsächlichen Gewalt** über eine Sache im Auftrag (weisungsgebunden) eines anderen.

Vor Beginn der Revierfahrt übernehmen Sie ein Fahrzeug aus dem Fuhrpark. Die Dienstanweisung Ihres Arbeitgebers erlaubt ausschließlich die Benutzung für dienstliche Zwecke. Sie können also nicht frei über das Auto verfügen, da die Weisungen Ihres Arbeitgebers, an die Sie gebunden sind, dies einschränken.

3.6   Verbotene Eigenmacht (§ 858 BGB)

Führen wir das Beispiel von eben fort und Sie entschließen sich, das Fahrzeug gegen die ausdrückliche Weisung des Arbeitgebers mit nach Hause zu nehmen, da Sie den Wochenendeinkauf nicht zu Fuß erledigen wollen.

Hier liegt verbotene Eigenmacht vor, Sie entziehen Ihrem Arbeitgeber (Besitzer des Fahrzeuges) seinen Besitz, indem Sie ihn von der Benutzung ausschließen. Man nennt dies **Besitzentziehung.**

Aus Langeweile bringen Sie an der Sichtscheibe des Wachgebäudes ohne Genehmigung ein Plakat Ihrer Lieblingsband an, niemand kann mehr vorbeigehende Besucher sehen.

Dies ist die zweite Form der verbotenen Eigenmacht, die Besitzstörung. Hier wird der Besitzer in der Ausübung seines Besitzrechtes gestört, das Wachgebäude kann so nicht mehr bestimmungsgemäß genutzt werden.

3.7   Selbsthilfe

3.7.1   Selbsthilfe des Besitzers (§ 859 BGB)

Der rechtmäßige **Besitzer** einer Sache darf sich gegen verbotene Eigenmacht mit Gewalt wehren.

In den obigen Beispielen entfernt Ihr Teamleiter im Auftrag Ihres Arbeitgebers das Plakat wieder von der Sichtscheibe des Wachgebäudes (Besitzwehr) und der Einsatzleiter fährt Ihnen gemeinsam mit einem Kollegen nach und entreißt Ihnen den Schlüssel des Firmenwagens vor dem Einkaufszentrum (Besitzkehr). Wir unterscheiden folglich zwei Formen der Selbsthilfe des Besitzers:

Selbsthilfe des Besitzers		
Besitzwehr	→	Ist die Abwehr verbotener Eigenmacht mit Gewalt.
Besitzkehr	→	Der entzogene Besitz kann dem auf frischer Tat betroffenen Täter mit Gewalt wieder abgenommen werden.

3.7.2   Selbsthilfe des Besitzdieners (§ 860 BGB)

Dem **Besitzdiener** stehen bei der Selbsthilfe die gleichen Rechte zu wie dem Besitzer. Er ist dem Besitzer gleichgestellt.

3.7.3 Allgemeine Selbsthilfe (§ 229 BGB)

Während die Selbsthilfe des Besitzers und des Besitzdieners jeweils den Besitz voraussetzen, steht die allgemeine Selbsthilfe jedem zu, der ein geschütztes Recht verteidigen will.

▶ **Selbsthilfe** ist die Sicherung eines privatrechtlichen Anspruchs durch Wegnahme, Beschädigung oder Zerstörung einer Sache oder durch die Festnahme eines Verdächtigen bei Fluchtgefahr oder durch das Brechen des Widerstandes eines Verdächtigen mit körperlicher Gewalt, wenn dies zur Sicherung des Anspruchs notwendig ist und die Obrigkeit nicht rechtzeitig erreichbar ist.

Aus § 229 BGB ergeben sich die folgenden Voraussetzungen:

- Es besteht ein privatrechtlicher Anspruch (geschütztes Rechtsgut).
- Hilfe der Obrigkeit (z. B. Polizei) ist nicht rechtzeitig zu erlangen.
- Sofortiges Eingreifen ist notwendig, um den Anspruch zu sichern (ein späteres Eingreifen verhindert oder erschwert die Verwirklichung des Anspruchs erheblich).

Erlaubt sind dabei folgende Maßnahmen:

- Wegnahme, Beschädigung oder Zerstörung einer Sache
- Beseitigung von Widerstand; auch mit körperlicher Gewalt
- Festnahme des Verdächtigen bei Fluchtgefahr

Dabei hat die Selbsthilfe ihre Grenzen in den Regelungen des § 230 BGB (Grenzen der Selbsthilfe). Sobald dies nach den Umständen möglich ist, ist obrigkeitliche Hilfe durch eine Behörde oder ein Gericht in Anspruch zu nehmen. Keinesfalls darf Selbsthilfe zu „Selbstjustiz" werden.

3.8 Schikaneverbot (§ 226 BGB)

Das Privatrecht erlaubt grundsätzlich jedem Rechteinhaber, seine Rechte durchzusetzen und schützt die Rechtsgüter jedes Einzelnen.

Soll die Durchsetzung eines Rechts jedoch nicht den Zweck haben, das Rechtsgut zu schützen, sondern einem anderen dadurch Schaden zuzufügen, ist dies unzulässig.

§ 226 BGB

Die Ausübung eines Rechts ist unzulässig, wenn sie nur den Zweck haben kann, einem anderen Schaden zuzufügen.

Ein Sicherheitsmitarbeiter kontrolliert beispielsweise bei Stichproben immer denselben Mitarbeiter, weil dieser ihm unsympathisch ist.

3.9   Sonstige Schadenersatzansprüche

Haftung des Tierhalters (§ 833 BGB)
Hier sieht das Gesetz eine besondere Form der Haftung vor, die sogenannte **Gefährdungshaftung**. Wir haben im Abschn. 3.3.2 Schadenersatzpflicht aus unerlaubter Handlung gesehen, dass eine Haftung nur infrage kommt, wenn der Schädiger schuldhaft gehandelt hat (**deliktische Haftung**). Die Haftung des Tierhalters bildet hier eine Ausnahme. Er haftet für Schäden, die das Tier verursacht hat, unabhängig davon, ob ihn ein Verschulden trifft oder nicht.

Hintergrund ist die besondere Gefahr, die von einem Tier durch sein typisches, unberechenbares Verhalten ausgeht. An den Halter werden insoweit besondere Sorgfaltspflichten gestellt, Schädigungen Dritter zu verhindern.

Vertragliche Haftung
Die vertragliche Haftung hat ihre Grundlage im abgeschlossenen Vertrag. Ein vertragliches Schuldverhältnis (z. B. Bewachungsvertrag) schafft einen Anspruch des Gläubigers auf die vertraglich geschuldete Leistung. Wird die Leistung nicht oder nicht in der vertraglich geschuldeten Quantität oder Qualität erbracht, kann ein Anspruch auf Schadenersatz entstehen.

Gleiches gilt, wenn sich der Schuldner eines so genannten **Erfüllungsgehilfen** zur Erbringung der geschuldeten Leistung bedient. Ein Fehlverhalten seines Erfüllungsgehilfen muss sich der Vertragspartner so zurechnen lassen, als wenn er selbst gehandelt hätte (§ 278 BGB). Schuldhaftes Handeln ist dabei im Gegensatz zu § 823 BGB nicht erforderlich (**Garantiehaftung**).

Die **Geschäftsführung ohne Auftrag** ist ein weiteres gesetzliches Schuldverhältnis (§§ 677–687 BGB) und zählt zu den vertragsähnlichen Ansprüchen. Eine Geschäftsführung ohne Auftrag liegt vor, wenn jemand ein Geschäft für einen anderen besorgt, ohne ihm gegenüber aufgrund eines Auftrags oder eines sonstigen Grunds hierzu berechtigt zu sein. Die Regelungen zur Geschäftsführung ohne Auftrag bezwecken einen angemessenen Interessenausgleich zwischen demjenigen, der das Geschäft besorgt, und demjenigen, für den das Geschäft besorgt wird.

Haftung für den Verrichtungsgehilfen (§ 831 BGB)
Hiernach ist jemand, der einen anderen zu einer Verrichtung bestellt, für den Schaden verantwortlich, den dieser bei der Ausführung der Verrichtung einem Dritten widerrechtlich zufügt. Auch § 831 BGB ist damit eine Form der Haftung aus unerlaubter Handlung. Ein zugrundeliegender Vertrag ist nicht notwendig.

Die Schadenersatzpflicht tritt nicht ein, wenn der Auftraggeber beweisen kann, dass ihn bei der Auswahl des Verrichtungsgehilfen, bei der Leitung des Gehilfen und der Beschaffung von Betriebsmitteln kein Sorgfaltsverstoß trifft.

Arbeitsrecht

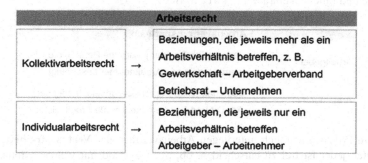 4

Unter Arbeitsrecht versteht man alle Vorschriften, die die rechtlichen Beziehungen zwischen den Arbeitsvertragsparteien regeln. Dabei wird zwischen Kollektiv- und Individualarbeitsrecht unterschieden.

Die einschlägigen Vorschriften zum Arbeitsrecht finden sich in zahlreichen Einzelgesetzen, Rechtsverordnungen und anderen Quellen – ein einheitliches Arbeitsgesetzbuch fehlt im deutschen Recht.

Arbeitsrecht		
Kollektivarbeitsrecht	→	Beziehungen, die jeweils mehr als ein Arbeitsverhältnis betreffen, z. B. Gewerkschaft – Arbeitgeberverband Betriebsrat – Unternehmen
Individualarbeitsrecht	→	Beziehungen, die jeweils nur ein Arbeitsverhältnis betreffen Arbeitgeber – Arbeitnehmer

Insgesamt ist das Arbeitsrecht somit eines der komplexesten Rechtsgebiete überhaupt und in der Praxis entsprechend schwierig in der Handhabung.

Im Folgenden werden wir uns einige ausgewählte Vorschriften und Regelungsbereiche zum Arbeitsrecht anschauen.

© Springer Fachmedien Wiesbaden GmbH, ein Teil von Springer Nature 2023
R. Schwarz, *Geprüfte Schutz- und Sicherheitskraft (IHK)*,
https://doi.org/10.1007/978-3-658-38138-7_4

Ausgewählte Vorschriften des Arbeitsrechts
Grundgesetz (GG)
Bürgerliches Gesetzbuch (BGB)
Gewerbeordnung (GewO)
Betriebsverfassungsgesetz (BetrVG)
Tarifverträge
Betriebsvereinbarungen

4.1   Das Arbeitsverhältnis

Das Arbeits- oder auch **Dienstverhältnis** ist ein auf Dauer angelegtes schuld-
rechtliches Verhältnis zwischen Arbeitgeber und Arbeitnehmer, das durch den
Abschluss eines Arbeitsvertrages begründet wird und beiden Seiten bestimmte
Rechte und Pflichten einräumt (§§ 611 ff. BGB).

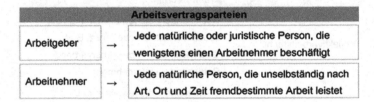

Arbeitsvertragsparteien		
Arbeitgeber	→	Jede natürliche oder juristische Person, die wenigstens einen Arbeitnehmer beschäftigt
Arbeitnehmer	→	Jede natürliche Person, die unselbständig nach Art, Ort und Zeit fremdbestimmte Arbeit leistet

Wie im Privatrecht üblich unterliegen Arbeitsverträge der **Vertragsfreiheit,** das
bedeutet, jeder ist frei zu entscheiden, ob, mit wem und mit welchem Inhalt er
eine solche Verpflichtung eingeht. Dies betrifft auch die Form des Abschlusses
(Formfreiheit).

Zwar werden Arbeitsverträge üblicherweise schriftlich geschlossen, das
Gesetz sieht jedoch keine bestimmte Form vor, sodass auch mündliche Arbeitsverträge uneingeschränkt wirksam sind. Der Arbeitgeber hat die wesentlichen
Vertragsbedingungen des Arbeitsverhältnisses jedoch innerhalb der Fristen des §
2 Satz 4 NachwG schriftlich niederzulegen, die Niederschrift zu unterzeichnen
und dem Arbeitnehmer auszuhändigen. In die Niederschrift sind mindestens die
in § 2 NachwG aufgeführten Angaben aufzunehmen. Die Wirksamkeit des Ver-
trages wird dadurch aber nicht berührt.

4.2   Rechte und Pflichten aus dem Arbeitsvertrag

Grundlegender Zweck eines Arbeitsverhältnisses ist der wirtschaftliche Austausch von Arbeitsleistung und Entgelt zwischen Arbeitgeber und Arbeitnehmer. Insoweit ist es einleuchtend, dass hier auch die **Hauptpflichten** aus dem Dienstvertrag zu finden sind: die **Arbeitspflicht** und die **Entgeltzahlungspflicht.**

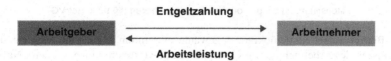

- Fürsorgepflicht
- Schutz von Leben und Gesundheit
- Benachteiligungsverbot
- Rücksichtnahme auf persönliche Interessen der Arbeitnehmer

- Treuepflicht
- Rücksichtnahme auf Arbeitgeberinteressen
- Wahrung von Betriebs- und Geschäftsgeheimnissen
- Verbot der Bestechlichkeit
- Meldung wesentlicher Vorkommnisse

Arbeitsleistung und Entgelt müssen dabei in einem nachvollziehbaren und angemessenen Verhältnis stehen (Achtung: gesetzlicher Mindestlohn; MiLoG und Gleichbehandlung; AGG).

Darüber hinaus ergeben sich neben den eigentlichen Hauptpflichten weitere sogenannte **Nebenpflichten** aus dem Arbeitsverhältnis, die jedoch meist nicht gesetzlich geregelt sind. Vielmehr ergeben sie sich vorwiegend als Nebenpflichten aus den Hauptpflichten selbst. So schließt die Arbeitspflicht beispielsweise die Pflicht mit ein, pünktlich und ausgeruht zur Arbeit zu erscheinen.

4.3   Regelungen des Betriebsverfassungsgesetzes

Arbeitgeber bestimmen kraft ihres Direktionsrechts Art, Ort und Zeit der Arbeitsleitung ihrer Arbeitnehmer und treffen weitere den Arbeitnehmer betreffende Entscheidungen.

In diesen Entscheidungen sind sie grundsätzlich im Rahmen ihrer Pflichten frei. Sobald der Betrieb jedoch eine gewisse Größe erreicht hat, in der Regel

mindestens fünf Arbeitnehmer, ist ein Betriebsrat einzurichten, dem gesetzlich
bestimmte Mitwirkungsrechte bei Entscheidungen eingeräumt werden.

Mitbestimmungsrechte des Betriebsrates
Mitbestimmung in sozialen Angelegenheiten (§§ 87 ff. BetrVG)
Mitbestimmung bei der Arbeitsgestaltung (§§ 90 ff. BetrVG)
Mitbestimmung bei personellen Angelegenheiten (§§ 92 ff. BetrVG)

Der Betriebsrat ist ein demokratisch gewähltes Gremium und hat die Aufgabe, die
Interessen der Arbeitnehmer im Unternehmen zu vertreten – insbesondere, Nachteile für die Belegschaft zu verhindern oder abzumildern.

4.3.1 Mitbestimmung in sozialen Angelegenheiten (§§ 87 ff. BetrVG)

Der Begriff der sozialen Angelegenheit ist im Betriebsverfassungsgesetz weit
gefasst. Er umfasst Fragen der Ordnung des Betriebes und des Verhaltens der
Mitarbeiter, Beginn und Ende der täglichen Arbeitszeit (z. B. auch Dienstpläne),
Pausen- und Urlaubsregelungen, Art und Weise der Auszahlung der Arbeitsentgelte, Fragen des Arbeits- und Gesundheitsschutzes, Fragen der betrieblichen
Lohngestaltung (soweit dies nicht eindeutig durch Tarifverträge geregelt ist) und
die Einführung und Anwendung technischer Einrichtungen, die dazu bestimmt
sind, das Verhalten oder die Leistung der Belegschaft zu überwachen.

Will der Arbeitgeber hier Regelungen treffen oder ändern, muss er den
Betriebsrat um Zustimmung ersuchen, ohne Beteiligung des Betriebsrates sind
solche Entscheidungen unwirksam. Dies gilt für alle nachfolgend aufgeführten
Mitbestimmungsbereiche.

4.3.2 Mitbestimmung bei der Arbeitsgestaltung (§§ 90 ff. BetrVG)

Dieser Bereich ist vor allem durch ein Unterrichtungs- und Beratungsrecht des
Betriebsrates gekennzeichnet. Planung von Neu- und Umbau von Betriebsgebäuden, technischen Anlagen, Arbeitsverfahren und -abläufen sowie die
Gestaltung von Arbeitsplätzen hat der Unternehmer vor Beginn mit dem Betriebsrat zu erörtern, eine direktes Zustimmungserfordernis besteht jedoch nicht.

4.3.3 Mitbestimmung bei personellen Angelegenheiten (§§ 92 ff. BetrVG)

In personellen Angelegenheiten hingegen gehen die Rechte des Betriebsrates deutlich weiter, hier ist bei den meisten Themen die Zustimmung erforderlich. Dies betrifft die Einstellung, Versetzung und Freisetzung von Mitarbeitern, die tarifliche Eingruppierung von Mitarbeitern, die Aufstellung von Beurteilungsgrundsätzen, betriebliche Bildungsmaßnahmen und den Bereich der Berufsausbildung. Hier ist die Gefahr möglicher Nachteile für die Belegschaft besonders groß und daher sind auch die Befugnisse des Betriebsrates entsprechend weit angesiedelt.

4.3.4 Betriebsvereinbarungen (§ 77 BetrVG)

Betriebsvereinbarungen sind individuelle Verträge zwischen der Unternehmensleitung und dem Betriebsrat zur Regelung betriebsspezifischer Themen. Inhalt von Betriebsvereinbarungen können z. B. sein:

- Betriebsordnung
- Verhalten der Beschäftigten
- Betriebliche Arbeitszeiten
- Überwachungssysteme
- Grundsätze der Mitarbeiterführung

Arbeitsentgelte und sonstige Arbeitsbedingungen, die durch Tarifvertrag geregelt sind oder üblicherweise geregelt werden, können hingegen nicht Gegenstand einer Betriebsvereinbarung sein. Dies gilt ausnahmsweise dann nicht, wenn ein Tarifvertrag den Abschluss ergänzender Betriebsvereinbarungen ausdrücklich zulässt.

Straf- und Strafverfahrensrecht 5

5.1 Grundsätze

Das Strafrecht als Teil des öffentlichen Rechts ist durch die Unterordnung der Bürger unter die Staatsgewalt gekennzeichnet.

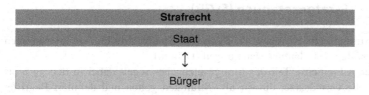

Aufgabe des Strafrechts ist es, begangene Rechtsverletzungen zu ahnden. Aus dem Privatrecht kennen wir als typische Rechtsfolge einer Rechtsverletzung die Schadenersatzpflicht.

Im Strafrecht finden wir als Rechtsfolge einer Rechtsverletzung (unerlaubten Handlung) stets die **Strafe,** eine staatliche Sanktion gegen begangenes Unrecht.

Dabei ist zu beachten, dass Privatrecht und Strafrecht gleichberechtigt nebeneinanderstehen. Mit der Folge, dass eine Rechtsverletzung sowohl eine Strafe als auch eine Schadenersatzpflicht nach sich ziehen kann, soweit die jeweiligen Voraussetzungen erfüllt sind.

Neben dem Strafgesetzbuch zählen auch die sogenannten **Strafnebengesetze** zum materiellen Strafrecht. Wir kennen dies z. B. aus dem WaffG und dem BDSG.

Das **Strafverfahrensrecht** als Teil des Strafrechts bestimmt, wie die einzelnen Vorschriften der Straf- und Strafnebengesetze durchgesetzt werden.

© Springer Fachmedien Wiesbaden GmbH, ein Teil von Springer Nature 2023
R. Schwarz, *Geprüfte Schutz- und Sicherheitskraft (IHK)*,
https://doi.org/10.1007/978-3-658-38138-7_5

Die Tabelle enthält eine Übersicht der Rechtsnormen, die zum Straf- und zum Strafverfahrensrecht zählen:

Übersicht der Rechtsnormen	
Strafrecht	**Strafverfahrensrecht**
Strafgesetzbuch (StGB)	Strafprozessordnung (StPO)
Strafnebengesetze (z. B. GewO, BDSG)	Gerichtsverfassungsgesetz (GVG)

Der letzte Teil ist das sogenannte **Strafvollzugsrecht**. Es regelt die Durchführung der Bestrafung, wie z. B. die Verbüßung einer Haftstrafe in einer Justizvollzugsanstalt. Hierzu zählen das Strafvollstreckungsrecht und das Strafvollzugsrecht.

5.2   Strafgesetzbuch (StGB)

Das Strafgesetzbuch regelt als **Kern des Strafrechts** die Voraussetzungen und Rechtsfolgen unerlaubter Handlungen (Delikte).

Der **Allgemeine Teil** des Strafgesetzbuches regelt dabei in den §§ 1 bis 79b StGB die Grundsätze, die für alle Straftaten gelten und definiert Begriffe. Der **Besondere Teil** regelt in den §§ 80 bis 358 StGB die einzelnen Straftatbestände, sie beschreiben im Einzelnen das Verhalten, welches strafbar sein soll.

Strafgesetzbuch	
Allgemeiner Teil	**Besonderer Teil**
Grundsätze	Tatbestände
Begriffsbestimmungen Schuld Täterschaft usw.	

5.2.1 Straftat

Aus dem Abschnitt Privatrecht kennen wir bereits den deliktspezifischen Aufbau einer unerlaubten Handlung. Dieser Aufbau begegnet uns mit einer Ergänzung im Strafrecht wieder.

Der objektive Teil der unerlaubten Handlung wird um ein weiteres Element – den **Tatbestand** – erweitert.

▶ **Tatbestand** ist das im Gesetz beschriebene Verhalten, welches strafbar sein soll. Entspricht die tatsächliche Handlung des Täters dieser Beschreibung, ist der Tatbestand verwirklicht (Tatbestandsmäßigkeit der Handlung).

Für die Begründung einer Schadenersatzpflicht im Privatrecht ist es unerheblich, welche Tat für den Schaden verantwortlich ist. Ausschlaggebend sind allein die Rechtswidrigkeit und Schuldhaftigkeit der Tat.

Das Strafrecht knüpft nun aber an unterschiedliche Taten unterschiedliche Rechtsfolgen (Strafen) und so ist im Strafrecht neben der Rechtswidrigkeit und der Schuldhaftigkeit auch zu prüfen, welche Tat begangen wurde.

Eine Straftat ist damit eine rechtswidrige und schuldhafte Handlung, die den Tatbestand eines Strafgesetzes erfüllt.

Kennt der Täter bei Begehung der Tat jedoch einen Umstand nicht, der zum gesetzlichen Tatbestand gehört, handelt er nicht vorsätzlich (siehe auch Abschn. 5.2.2.5). Nimmt er irrig Umstände an, die den Tatbestand eines milderen Gesetzes verwirklichen würden, kann er nur nach dem milderen Gesetz bestraft werden (**§ 16 StGB Irrtum über Tatumstände).** Es kommt mithin nicht nur darauf an welche Tatbestände der Täter tatsächlich verwirklicht, sondern vielmehr darauf, welche Tatbestände er bei Begehung der Tat verwirklichen will.

Beispiel Tatbestandsmäßigkeit

Ist A Raucher? (Hat A den Tatbestand „Raucher" verwirklicht?)

Tatbestand	Wer Zigaretten raucht, ist Raucher.
Handlung	A raucht eine Zigarette.
Schlussfolgerung	A ist Raucher.

5.2.2   Strafgesetzbuch – Allgemeiner Teil

5.2.2.1 Keine Strafe ohne Gesetz (§ 1 StGB)

Diese Vorschrift schützt die Bürger vor willkürlicher Strafverfolgung und Bestrafung. Sie resultiert unmittelbar aus dem Verfassungsprinzip der Rechtsstaatlichkeit. Dabei finden wir in § 1 StGB drei Elemente.

Zum einen der **Schutz vor willkürlicher Bestrafung** und zum anderen soll für jeden Bürger deutlich erkennbar sein, welches Verhalten verboten ist. Als drittes Element finden wir das **Rückwirkungsverbot.** Eine Tat soll nicht nachträglich (nach der Begehung) unter Strafe gestellt werden können. Die Bürger sollen sich darauf verlassen können

§ 1 StGB

Eine Tat kann nur bestraft werden, wenn die Strafbarkeit gesetzlich bestimmt war, bevor die Tat begangen wurde.

5.2.2.2 Verbrechen, Vergehen, Ordnungswidrigkeit

Vergehen sind rechtswidrige Taten, die mit einem Strafmaß von unter einem Jahr Freiheitsstrafe oder mit Geldstrafe bedroht sind.

Verbrechen sind rechtswidrige Taten, die mit einem Strafmaß von mindestens einem Jahr Freiheitsstrafe bedroht sind.

Ordnungswidrigkeiten sind keine Straftaten im Sinne des Strafgesetzes. Sie sind in der Regel mit Geldbußen bedroht (z. B. falsches Parken), die entsprechende Verstöße gegen eine oder mehrere Vorschriften ahnden.

5.2.2.3 Täterschaft, Beteiligung und Handeln für einen anderen

Im Strafrecht (§ 25 StGB) unterscheiden wir drei Formen der **Täterschaft.** Den unmittelbaren Täter, den Mittäter und den mittelbaren Täter.

§ 25 StGB

(1) Als Täter wird bestraft, wer die Straftat selbst oder durch einen anderen begeht.

(2) Begehen mehrere die Straftat gemeinschaftlich, so wird jeder als Täter bestraft (Mittäter).

Unmittelbarer Täter ist, wer die Straftat selbst begeht. Er hat ein Interesse an der Begehung der Tat *(Tatinteresse)* und kann die Tat nach seinen Wünschen gestalten *(Tatherrschaft).*

Mittelbarer Täter hingegen ist, wer die Tat durch einen anderen begeht. Der Täter bedient sich zur Tatbegehung eines „Werkzeuges", um den gesetzlichen Tatbestand zu verwirklichen. Dem „Werkzeug" fehlt es dabei an Tatinteresse und Tatherrschaft. Er handelt nach dem Willen des mittelbaren Täters, der gestaltend im Hintergrund seine Interessen verfolgt.

Mittäter ist, wer die Tat gemeinsam mit einem anderen Täter begeht. Voraussetzung ist, dass die Täter aufgrund eines gemeinsamen Planes vorgehen. Beide haben somit Tatinteresse und Tatherrschaft.

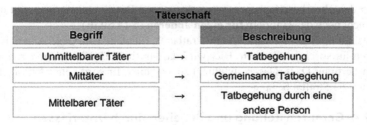

Täterschaft		
Begriff		**Beschreibung**
Unmittelbarer Täter	→	Tatbegehung
Mittäter	→	Gemeinsame Tatbegehung
Mittelbarer Täter	→	Tatbegehung durch eine andere Person

Neben der Täterschaft sind weitere Formen der **Tatbeteiligung** denkbar (§§ 26 und 27 StGB). Die Strafgesetzgebung unterscheidet hier in Anstiftung und Beihilfe.

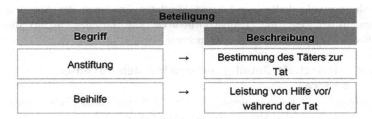

Beteiligung		
Begriff		**Beschreibung**
Anstiftung	→	Bestimmung des Täters zur Tat
Beihilfe	→	Leistung von Hilfe vor/ während der Tat

Anstiftung ist die Bestimmung eines Täters zu einer rechtswidrigen Tat. Der Anstifter ruft beim Angestifteten das Tatinteresse hervor. Wichtig ist, dass sowohl die Anstiftung, als auch die Tat vorsätzlich begangen worden sein müssen.

§ 26 StGB

Als Anstifter wird gleich dem Täter bestraft, wer vorsätzlich einen anderen zu dessen vorsätzlich begangener rechtswidriger Tat bestimmt hat.

Beihilfe zu einer Straftat leistet, wer dem Täter durch Rat und Tat Hilfe bei seiner Tat geleistet hat. Auch hier gilt, beide Handlungen müssen vorsätzlich erfolgt sein.

§ 27 StGB (Auszug)

(1) Als Gehilfe wird bestraft, wer vorsätzlich einem anderen zu dessen vorsätzlich begangener rechtswidriger Tat Hilfe geleistet hat.
(…)

Neben den eben beschriebenen Täterschafts- und Beteiligungsformen gibt es im Strafrecht noch das **Handeln für einen anderen** (§ 14 StGB).

Das Strafgesetzbuch kennt kein strafbares Handeln von Gesellschaften und anderen juristischen Personen. Hier wird das strafbare Handeln dem verantwortlichen Vertreter (z. B. Geschäftsführer) zugerechnet. Er wird behandelt, als hätte er selbst die Straftat begangen.

5.2.2.4 Garantenstellung und Begehen durch Unterlassen

Die Garantenstellung ist eine besondere Rechtsbeziehung und die Voraussetzung für die Strafbarkeit bei so genannten **unechten Unterlassungsdelikten.**

▶ **Garantenpflicht (§ 13 StGB)** Ist die rechtliche oder tatsächliche Verpflichtung dafür einzustehen, dass ein bestimmter Taterfolg nicht eintritt. Unterlässt der Garant dies, macht er sich strafbar durch Unterlassen.

Der **Garant** hat die Pflicht (Garantenpflicht), dafür einzustehen, dass ein bestimmter Taterfolg (Verletzung eines Rechtsgutes) nicht eintritt. Begründet werden kann die Garantenstellung durch folgende Umstände:

- eine Rechtsnorm (Eltern für ihre Kinder)
- eine tatsächliche Pflichtübernahme (Lehrer auf einem Schulausflug für die Schüler)
- eine konkrete Lebensbeziehung (Ehegatten, Hausgemeinschaft)
- einen Vertrag (Bewachungsvertrag)
- ein Gefahr begründendes oder erhöhendes Verhalten (vorhergehende Straftat)

Ein Garant macht sich also dann strafbar, wenn er aufgrund seiner Verpflichtung dafür hätte sorgen müssen, dass der Erfolg einer Straftat, die von einem Dritten begangen wurde, nicht eintritt, er es aber unterlassen hat, den Taterfolg abzuwenden.

Im Gegensatz zu **echten Unterlassungsdelikten** (siehe z. B. zweiter Tatbestand des Hausfriedensbruchs „er unterlässt, die Örtlichkeit zu verlassen") ist das Nicht-Handeln selbst nicht strafbar, sondern nur im Zusammenhang mit der Garantenpflicht. Man kann vereinfacht sagen, jemand soll und kann sich darauf verlassen, dass der Garant aufgrund seiner Stellung diese Gefahr abwendet.

Sicherheitsunternehmen werden vertraglich verpflichtet, für den Schutz bestimmter Rechtsgüter zu sorgen (Garantenpflicht aus Vertrag), der Auftraggeber verlässt sich darauf, dass die Sicherheitsmitarbeiter genau dies tun und entsprechende Gefahren abwenden.

Unterlässt z. B. ein Sicherheitsmitarbeiter des Werkschutzes den Versuch, einen gerade stattfindenden Einbruch in ein Werksgebäude nicht zu verhindern, ist dies eine Verletzung der Garantenpflicht (z. B. Beihilfe zum Einbruchdiebstahl).

5.2.2.5 Schuldmerkmale und Schuldfähigkeit
Wie wir gesehen haben, ist eine Voraussetzung der strafbaren Handlung die Schuldhaftigkeit des Tuns.

Schuldhaft handelt, wer vorsätzlich oder fahrlässig eine Tat begeht.

Schuldmerkmale	
Vorsatz	**Fahrlässigkeit**
Wissen und Wollen; billigende Inkaufnahme	Pflichtverletzung

Vorsatz ist die wissentliche und gewollte Herbeiführung des Taterfolges (Wissen und Wollen). Dabei reicht es auch aus, wenn der Täter den Taterfolg als eine mögliche Folge voraussieht und dies in Kauf nimmt (bedingter Vorsatz).

Fahrlässigkeit ist die Herbeiführung des Taterfolges durch eine bewusste oder unbewusste Verletzung von Pflichten. Ein Tatinteresse besteht hier für den Täter nicht, er hätte aber den Taterfolg verhindern können.

Das Strafrecht basiert auf dem Prinzip der Schuld. Nur, wer **schuldfähig** ist, kann wegen einer Tat bestraft werden. Wer ohne Schuld handelt, kann wegen der Tat nicht bestraft werden.

Schuldunfähig sind Personen, die:

• das 14. Lebensjahr noch nicht vollendet haben (Kinder) und
• geistesgestörte Personen (krankhafte seelische Störung, Schwachsinn oder tief greifende Bewusstseinsstörung).

Dabei spielt der Zustand der Volltrunkenheit eine besondere Rolle. Ab einem Alkoholgehalt des Blutes von 3,0 Promille gilt eine Person als schuldunfähig (Bewusstseinsstörung). Hier kommt unter Umständen aber eine Verurteilung wegen der vorsätzlichen Herbeiführung des Rauschzustandes in Betracht.

5.2.2.6 Offizial- und Antragsdelikt

Das Strafgesetzbuch unterscheidet bei Straftaten zwei Deliktformen: das Offizialdelikt und das Antragsdelikt.

Offizialdelikte werden bei Bekanntwerden von Amts wegen verfolgt. Das heißt, der Geschädigte muss keinen Strafantrag stellen.

Deliktformen	
Offizialdelikt	**Antragsdelikt**
Von Amts wegen	Auf Antrag oder öffentliches Interesse

Antragsdelikte werden nur auf Antrag des Geschädigten verfolgt. Er muss innerhalb von drei Monaten Strafantrag stellen, kann diesen aber auch zu jedem Zeitpunkt des Verfahrens zurücknehmen.

Die Tabelle zeigt eine Übersicht mit Beispielen:

Deliktformen	
Offizialdelikt	**Antragsdelikt**
Unterschlagung	Hausfriedensbruch
Diebstahl	Beleidigung
Gefährliche Körperverletzung	Körperverletzung
Mord	Sachbeschädigung

Liegt ein besonderes **öffentliches Interesse an der Strafverfolgung** vor, kann die Staatsanwaltschaft das Antragsrecht allerdings aufheben und die Tat von Amts wegen verfolgen (dann wie Offizialdelikt).

5.2.2.7 Versuch einer Straftat

Der Versuch einer Straftat ist bei **Verbrechen** stets strafbar, bei **Vergehen** nur, wenn dies ausdrücklich im Gesetz vorgesehen ist.

▶ Der **Versuch** einer Straftat liegt vor, wenn der Täter nach seiner Vorstellung von der Tat zur Tatausführung ansetzt – die Begehung der Tat beginnt. Aus Gründen, die nicht in der Macht des Täters liegen, kommt es jedoch nicht zur Vollendung der Tat.

Ein Werkschutzmitarbeiter überrascht einen Einbrecher, als dieser gerade die Brechstange an einer Tür ansetzt (Tat hat begonnen), und entreißt ihm das Tatwerkzeug. Der Täter kann seinen Einbruch nicht fortsetzen (obwohl er dies wollte), es bleibt beim Versuch.

Gibt der Täter freiwillig die weitere Ausführung der Tat auf oder verhindert deren Vollendung, wird er nicht wegen des Versuchs bestraft (**§ 24 StGB Rücktritt vom Versuch**). Gibt es mehrere Tatbeteiligte, wird wegen des Versuchs nicht bestraft, wer freiwillig die Vollendung der Tat verhindert bzw. sich freiwillig und ernsthaft bemüht, dies zu tun. Auf den Erfolg kommt es dabei nicht an, entscheidend sind der Wille und das Bemühen des Täters, den Taterfolg abzuwenden.

5.2.2.8 Personen- und Sachbegriffe (§ 11 StGB)

Wiederkehrende Begriffe, die für das Strafgesetzbuch gelten, sind im § 11 StGB definiert, wie z. B.:

- Angehöriger
- Amtsträger
- rechtswidrige Tat
- usw.

5.2.3 Rechtfertigungs- und Entschuldigungsgründe im Strafrecht

Das Strafrecht kennt drei Rechtfertigungsgründe, die eine begangene Tat (Verwirklichung des Tatbestandes) rechtfertigen bzw. entschuldigen.

5.2.3.1 Notwehr, Nothilfe (§ 32 StGB)

Wir kennen die Definition der Notwehr bereits aus dem Abschnitt Privatrecht.

§ 32 StGB

(1) Wer eine Tat begeht, die durch Notwehr geboten ist, handelt nicht rechtswidrig.

(2) Notwehr ist die Verteidigung, die erforderlich ist, um einen gegenwärtigen rechtswidrigen Angriff von sich oder einem anderen abzuwenden.

Eine in Notwehr begangene Tat ist folglich nicht strafbar. Das Notwehrrecht steht jedermann zu und ist damit eines der wesentlichen Werkzeuge von Sicherheitsmitarbeitern.

Im Folgenden werden wir uns die einzelnen Merkmale der Notwehr – gegenwärtiger, rechtswidriger Angriff und erforderliche Verteidigung – genauer ansehen.

Merkmale der Notwehr
Angriff
Rechtswidrigkeit
Gegenwärtigkeit
Verteidigung
Erforderlichkeit

Ein **Angriff** ist jede Bedrohung eines geschützten Rechtsgutes (Leben, Eigentum usw.) durch menschliches Verhalten. Dabei ist unerheblich, ob die Bedrohung gewollt oder ungewollt ist. Notwehrfähig ist dabei jedes Rechtsgut. **Rechtswidrig** ist ein Angriff, den der Angegriffene nicht zu dulden hat. Die Vollstreckung eines gültigen Haftbefehls durch Polizeibeamte (sonst Freiheitsberaubung) z. B. muss ein Verdächtiger dulden, hiergegen ist keine Notwehr möglich.

Gegenwärtig ist ein Angriff, der unmittelbar bevorsteht, bereits begonnen hat oder weiter andauert (Angreifer holt zum Schlag aus, Dieb greift zur Handtasche usw.)

Verteidigung ist jede menschliche Handlung, die den Zweck hat (Motiv), den Angriff zu verhindern oder zu beenden. Folglich ist auch jede Notwehrsituation spätestens mit dem Ende des Angriffs beendet.

Erforderlich ist eine Abwehrhandlung, die *geeignet* ist, den Angriff zu verhindern oder zu beenden und dem Angreifer den geringstmöglichen Schaden (**mildestes Mittel**) zufügt. Dabei müssen das angegriffene Rechtsgut und das durch die Notwehr verletzte Rechtsgut in einem angemessenen Verhältnis zueinander stehen. Nicht verhältnismäßig wäre beispielsweise, eine Beleidigung durch den Schlag mit einer Eisenstange zu beenden. Kann eine bevorstehende Körperverletzung z. B. allein durch das Festhalten des Angreifers wirksam verhindert werden, ist ein Schlag gegen den Angreifer nicht mehr erforderlich (nicht mehr mildestes Mittel) und folglich nicht durch Notwehr gedeckt.

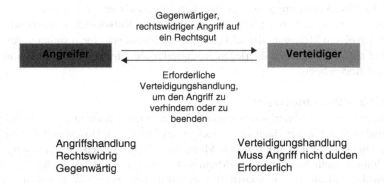

Die **Nothilfe** als besondere Form der Notwehr finden wir etwas versteckt im § 32 StGB Abs. 2: *„Oder einem anderen"*

Notwehr erstreckt sich somit auch auf den Schutz fremder Rechtsgüter, Angegriffener und Verteidiger sind nicht ein und dieselbe Person.

Sie beobachten z. B., wie ein Mann versucht, einer alten Dame die Handtasche zu entreißen, Sie eilen hinzu und verhindern die Tat, indem Sie den Täter festhalten. Die Freiheitsberaubung ist durch § 32 StGB gedeckt.

▶ **Nothilfe** ist die Verteidigung, die erforderlich ist, um einen gegenwärtigen rechtswidrigen Angriff von einem anderen abzuwenden.

Für die Nothilfe gelten die Ausführungen zu den Begrifflichkeiten, insbesondere auch die Gegenwärtigkeit des Angriffs und die Verhältnismäßigkeit der Abwehr usw., analog.

5.2.3.2 Überschreitung der Notwehr (§ 33 StGB)

Wir haben gesehen, dass Notwehr ihre Grenzen zum einen in der Erforderlichkeit hat und zum anderen dort aufhört, zu greifen, wo der Angriff nicht mehr gegenwärtig ist.

§ 33 StGB

Überschreitet der Täter die Grenzen der Notwehr aus Verwirrung, Furcht oder Schrecken, so wird er nicht bestraft.

Werden diese Grenzen der Notwehr (aus einer ursprünglichen Notwehr heraus) überschritten, spricht man von **Notwehrüberschreitung.** Handelt der Verteidiger aus **Furcht, Verwirrung** oder **Schrecken,** ist dies zwar rechtswidrig, aber er handelt nicht schuldhaft. §§ 33 StGB ist folglich ein **Entschuldigungsgrund.**

Nach einem Messerangriff schlagen Sie aus Furcht vor einem weiteren Angriff weiter auf den körperlich überlegenen Angreifer ein, obwohl dieser bereits wehrlos am Boden liegt.

5.2.3.3 Putativnotwehr

Während eines Geldtransportes kommt ein Mann mit schnellen Schritten auf Sie zu und fasst mit seiner Hand an der Jacke vorbei an seinen Hosenbund. Sie ziehen Ihre Dienstwaffe und stoppen den Mann mit auf ihn gerichteter Mündung. Im Nachhinein stellt sich heraus, der Mann wollte nur seine Geldbörse zücken.

In der **Annahme,** ein Angriff (Raub) würde unmittelbar bevorstehen, haben Sie den Mann bedroht und damit eine Straftat begangen (Bedrohung mit einer Schusswaffe), da Sie diese Situation aus dem Training kannten.

Der Umstand, dass tatsächlich kein Angriff bevorstand, war Ihnen nicht bekannt. Dies nennt das Gesetz den **Irrtum über Tatumstände** (§ 16 StGB).

Aus der Motivlage (Absicht in Notwehr zu handeln) heraus fehlt es am Merkmal des Vorsatzes, Sie wollten den Taterfolg nicht herbeiführen und wussten nicht um die Rechtswidrigkeit.

Vorsätzliche Straftaten in dieser Konstellation bleiben somit straffrei, eine Verurteilung wegen einer fahrlässig begangenen Straftat kommt aber weiter infrage (z. B. fahrlässige Körperverletzung, wenn Sie, statt nur zu drohen, einen Schuss abgegeben hätten).

▶ **Putativnotwehr** Der Täter nimmt irrtümlich an, dass alle notwendigen Voraussetzungen (Gegenwärtiger, rechtswidriger Angriff, erforderliche Verteidigung) für Notwehr vorliegen (Notwehrlage).

5.2.3.4 Rechtfertigender Notstand (§ 34 StGB)

Eine in einer Notstandslage begangene tatbestandsmäßige Handlung (Straftat) ist nicht rechtswidrig und bleibt damit straffrei. Wie der Name sagt, handelt es sich um einen Rechtfertigungsgrund.

Ein **Notstand** ist dabei eine gegenwärtige (siehe auch Notwehr) Gefahr für Leib, Freiheit, Ehre, Eigentum oder ein anderes Rechtsgut.

Die Tat muss in dieser Situation die **einzige Möglichkeit zur Abwendung** der Gefahr darstellen und **angemessen** sein.

Das zu schützende Rechtsgut muss **höherwertiger** sein als das zu verletzende Rechtsgut, bzw. dessen Beeinträchtigung.

Der wesentliche Unterschied zur Notwehr besteht darin, dass nicht ein Angriff besteht, sondern nur eine Gefahr droht, d. h. der **Eintritt oder** die **Intensivierung eines Schadens** ist wahrscheinlich.

▶ **Notstandslage (rechtfertigend)** Eine Situation, in der eine gegenwärtige Gefahr für ein Rechtsgut besteht, d. h. der Eintritt oder die Intensivierung eines Schadens für das Rechtsgut sind wahrscheinlich.

Auf der nächtlichen Revierfahrt kommen Sie über eine Brücke und entdecken einen angetrunkenen Mann, der auf der Brüstung steht. Offensichtlich beabsichtigt dieser, einen Selbstmord zu begehen (Gefahr für Leib und Leben). Sie halten an, steigen aus und hindern den Mann am Springen, indem Sie ihn festhalten, bis die Polizei eintrifft (Freiheitsberaubung).

Rechtfertigender Notstand § 34 StGB
Notstandslage   Gefahr für ein Rechtsgut
Motiv   Die Tat erfolgt zur Abwendung der Gefahr.
Interessenabwägung   Gefährdetes Rechtsgut höherwertiger als beeinträchtigtes, bzw.   angerichteter Schaden < drohender Schaden
Erforderlichkeit   Die Tat ist erforderlich, d. h. sie ist auch tatsächlich geeignet, um die   Gefahr zu beseitigen und es gibt keine Mittel, die milder sind (weniger   beeinträchtigen).

Nach den Umständen der Situation konnten Sie annehmen, dass der Mann springen würde und sich beim Sprung mindestens schwere Verletzungen zugezogen hätte (schwere Beeinträchtigung von Leib und Leben), der Schaden wäre wahrscheinlich eingetreten. Demgegenüber ist die Beeinträchtigung der Freiheit durch das Festhalten geringer einzuschätzen.

Zudem sind Leib und Leben höherwertige Rechtsgüter als die Freiheit. Auch stand Ihnen in dieser Situation kein anderes (milderes Mittel) zur Verfügung, um die Gefahr durch das Springen abzuwenden. Ihr Handeln erfüllte den Tatbestand der Freiheitsberaubung, war aber im Rahmen des Notstands nicht rechtswidrig.

5.2.3.5 Entschuldigender Notstand (§ 35 StGB)

Gegenüber dem rechtfertigenden Notstand bestehen beim entschuldigenden Notstand zwei wesentliche Einschränkungen.

▶ **Notstandslage (entschuldigend)** Eine Situation, in der eine gegenwärtige Gefahr für Leben, Körper oder Freiheit für einen selbst, einen Angehörigen oder eine nahestehende Person besteht.

Zum einen kommen als gefährdete Rechtsgüter nur Leben, Körper und Freiheit in Betracht. Zum anderen darf die Gefahr nur für sich selbst, einen Angehörigen oder eine nahestehende Person bestehen.

Die Gefahr muss dabei schwerwiegend sein. Ist eine nur leichte Beeinträchtigung (leichte Verletzung, kurzfristige Einschränkung der Freiheit) wahrscheinlich, kann sich der Täter nicht auf § 35 StGB berufen.

Ausgeschlossen ist die Straffreiheit auch, wenn der Täter die Notstandslage selbst herbeigeführt hat oder der Täter in einem besonderen Rechtsverhältnis steht (siehe Garantenstellung).

Auf einer untergehenden Fähre schlägt ein Mann einen anderen Passagier nieder, um den letzten Platz im Rettungsboot einnehmen zu können. Der Niedergeschlagene ertrinkt kurz darauf. Der Täter handelte in einer entschuldigenden Notstandslage (ohne Schuld) und bleibt straffrei.

Entschuldigender Notstand § 35 StGB
Notstandslage Gefahr für Leben, Körper oder Freiheit für einen selbst, einen Angehörigen oder eine nahestehende Person
Motiv Die Tat erfolgt zur Abwendung der Gefahr.
Keine Interessenabwägung (im Gegensatz zu Notwehr und rechtfertigendem Notstand)
Erforderlichkeit Die Gefahr ist nicht anders abwendbar.
Täterstellung Täter hat die Notstandslage nicht selbst herbeigeführt und steht in keinem besonderen Rechtsverhältnis.

5.2.4 Strafgesetzbuch – Besonderer Teil

Nach den Grundsätzen des allgemeinen Teils finden wir im besonderen Teil des StGB die einzelnen Straftatbestände.

An dieser Stelle sei noch einmal daran erinnert, dass alle Regelungen des Allgemeinen Teils für den Besonderen Teil ihre jeweilige Gültigkeit haben (Täterschaft, Schuld usw.) und bei der Prüfung entsprechend zu berücksichtigen sind. Im Folgenden werden wir uns ausgewählte prüfungsrelevante Tatbestände näher anschauen.

5.2.4.1 Straftaten gegen die öffentliche Ordnung

5.2.4.1.1 Hausfriedensbruch (§ 123 StGB)

Der Hausfriedensbruch ist eine Straftat gegen das Hausrecht, welches sich aus den Art. 13 und 14 GG und aus den §§ 903 und 854 BGB ableitet.

§ 123 StGB (Auszug)

(1) Wer in die Wohnung, in die Geschäftsräume oder in das befriedete Besitztum eines anderen (…) widerrechtlich eindringt oder wer, wenn er ohne Befugnis darin verweilt, auf die Aufforderung des Berechtigten sich nicht entfernt, wird mit Freiheitsstrafe bis zu einem Jahr oder mit Geldstrafe bestraft.

(2) Die Tat wird nur auf Antrag verfolgt.

Es ist eines der Rechtsgüter, mit dessen Schutz Sicherheitsdienste am häufigsten beauftragt werden.

▶ **Hausrecht** ist das Recht, frei zu entscheiden, wem der Zutritt zu einer Örtlichkeit gestattet ist. Dies schließt die Befugnis ein, das Zutrittsrecht von bestimmten Bedingungen (z. B. der Zahlung eines Eintrittsgeldes) abhängig zu machen.

Folglich ist der Hausfriedensbruch die Straftat, mit der Sicherheitsmitarbeiter im Dienstalltag am meisten konfrontiert werden.

Tatbestände des Hausfriedensbruchs sind:

* widerrechtliches Eindringen in eine Örtlichkeit oder
* unbefugtes Verweilen in einer Örtlichkeit und diese trotz Aufforderung nicht zu verlassen

▶ **Ausübung des Hausrechts durch Sicherheitsmitarbeiter** Der Sicherheitsmitarbeiter setzt das Hausrecht als Besitzdiener für den Hausrechtsinhaber durch, er wird nicht selbst Inhaber des Hausrechts!

Wohnungen sind Räume, die im weitesten Sinne zu Wohnzwecken genutzt werden (Mietwohnung, stationärer Wohnwagen).

Geschäftsräume sind Räume, die im weitesten Sinne für Geschäftszecke genutzt werden (Büros, Lager).

Befriedetes Besitztum sind Grundstücke, die durchgängig umschlossen sind und verdeutlichen, dass ein Betreten nur mit der Zustimmung des Berechtigten gestattet ist (Zaun, Mauer).

Abgeschlossene Räume des öffentlichen Verkehrs sind Anlagen und Räume, die zur Durchführung des öffentlichen Verkehrs dienen (Bahnhöfe, Busse).

Abgeschlossene Räume des öffentlichen Dienstes sind Anlagen und Räume, die zur Durchführung öffentlich-rechtlicher Aufgaben bestimmt sind (Justizvollzugsanstalt (JVA), Kaserne).

Beispiel Tatbestandsmäßigkeit Hausfriedensbruch

Hat A sich nach § 123 StGB strafbar gemacht?
(Ist A des Hausfriedensbruchs schuldig?)

Tatbestand	Handlung	Schlussfolgerung
Wer widerrechtlich in das befriedete Besitztum eines anderen eindringt, wird mit bis zu einem Jahr Freiheitsstrafe oder mit Geldstrafe bestraft.	A klettert nachts über den Zaun eines Betriebsgeländes der Stadtreinigung, um dort gewerblichen Müll abzuladen, dessen Annahme am Tag verweigert wurde.	A hat den Tatbestand des Hausfriedensbruchs verwirklicht. Er handelte vorsätzlich und es sind keine Rechtfertigungsgründe erkennbar. A hat sich nach § 123 StGB strafbar gemacht.

Widerrechtliches Eindringen: Über den Zaun klettern ohne Erlaubnis
Befriedetes Besitztum eines anderen: Das umzäunte Betriebsgelände
Rechtswidrigkeit: Kein Rechtfertigungsgrund
Schuld: Vorsatz; Wollen der Tat und Wissen um die Rechtswidrigkeit
Schlussfolgerung: A hat sich strafbar gemacht, er ist schuldig des Hausfriedensbruchs. ◄

Widerrechtliches Eindringen bedeutet, gegen den Willen des Hausrechtsinhabers in eine Örtlichkeit einzudringen. Dabei reicht es schon aus, wenn sich nur ein Teil des Körpers in der Örtlichkeit befindet (Vertreter stellt Fuß in die Tür).

Beim **unbefugten Verweilen** ist ohne Bedeutung, ob der Betreffende zum Zeitpunkt des Betretens befugt war. Entscheidend ist, dass er zum Zeitpunkt der Aufforderung diese Berechtigung verloren hat (ein betrunkener Gast, der sich zunächst berechtigt im Lokal aufhält, nach einer Schlägerei aber Hausverbot erhält und aufgefordert wird, zu gehen, sich aber weigert, dieser Aufforderung nachzukommen).

5.2.4.1.2 Störung des öffentlichen Friedens durch Androhung von Straftaten (§ 126 StGB)

Von Bedeutung ist § 126 StGB für Sicherheitskräfte, weil hier insbesondere auch Bombendrohungen unter Strafe gestellt sind. Die Vorschrift schützt den öffentlichen Frieden und wird als Offizialdelikt von Amts wegen verfolgt. Tathandlungen sind:

- Vorsätzliche Androhung schwerer Straftaten (z. B. Tötungsdelikte, schwere Körperverletzung)
- In einer Weise, die geeignet ist den öffentlichen Frieden zu stören

Die Androhung kann dabei mündlich, fernmündlich, schriftlich oder in anderer Weise erfolgen, soweit sie an die Öffentlichkeit dringt.

5.2.4.1.3 Amtsanmaßung (§ 132 StGB)

Die Amtsanmaßung ist ein Offizialdelikt, das immer von Amts wegen verfolgt wird. Die Strafbarkeit dieser Handlungen soll die öffentliche Sicherheit und Ordnung schützen. Der Bürger soll darauf vertrauen können, dass Eingriffe in seine Rechte (Festnahme, Beschlagnahme usw.) nur von befugten Personen vorgenommen werden.

§ 132 StGB

Wer sich unbefugt mit der Ausübung eines öffentlichen Amtes befasst oder eine Handlung vornimmt, welche nur kraft eines öffentlichen Amtes vorgenommen werden darf, wird mit Freiheitsstrafe bis zu zwei Jahren oder mit Geldstrafe bestraft.

Daraus ergeben sich zwei unterschiedliche **Tatbestände** der Amtsanmaßung:

- Der Täter gibt sich als Inhaber eines Amtes aus und handelt entsprechend. Der Mitarbeiter einer Detektei gibt sich bei der Befragung auf einer Baustelle als Polizeibeamter aus, stellt die Personalien aller Anwesenden fest und führt Vernehmungen durch, um herauszufinden, ob der gesuchte Mitarbeiter des Auftraggebers dort während seiner Krankschreibung arbeitet.
- Der Täter nimmt eine Handlung vor, die nur von Amtsinhabern vorgenommen werden darf.

Ein Mitarbeiter des Werkschutzes entdeckt bei der stichprobenartigen Über-prüfung von Werksangehörigen beim Verlassen des Werkes nach Schichtende eine Tüte Cannabis bei einem Auszubildenden und beschlagnahmt diese.

Der Fokus liegt folglich jeweils auf der **vorgenommenen Handlung.** Beim ersten Tatbestand ist es nicht ausreichend, dass der Täter sich als Amtsperson (z. B. Polizist) ausgibt, nur im Zusammenhang mit einer entsprechenden Handlung wird das Verhalten strafbar.

5.2.4.1.4 Missbrauch von Titeln, Berufsbezeichnungen und Abzeichen (§ 132a StGB)

Auch dieser Tatbestand ist ein Vergehen, das von Amts wegen verfolgt wird, um die öffentliche Sicherheit und Ordnung zu schützen.

Zu unterscheiden sind dabei drei **Tatbestände;** wer unbefugt:

- in- und ausländische Amts- oder Dienstbezeichnungen, akademische Grade, Titel oder öffentliche Würden (oder diesen zum Verwechseln ähnliche) führt
- Berufsbezeichnungen Arzt, Zahnarzt, Psychologe, Rechtsanwalt, Steuerberater usw. (oder diesen zum Verwechseln ähnliche) führt
- die Bezeichnung öffentlich bestellter Sachverständiger führt
- in- oder ausländische Uniformen, Amtskleidungen oder Amtsabzeichen (oder diesen zum Verwechseln ähnliche) trägt

Beispiele für § 132a StGB
Prof., Dr., Pfarrer, Inspektor usw.

Uniformen und Dienstgradabzeichen von Polizei und Armee

5.2.4.1.5 Nichtanzeige geplanter Straftaten (§ 138 StGB)

Auch hier handelt es sich wieder um ein Offizialdelikt, dessen Anzeige dem Schutz der öffentlichen Sicherheit und Ordnung dient.

Wer rechtzeitig vor der Begehung einer Straftat der Aufzählung des § 138 StGB von deren Vorhaben oder der Ausführung Kenntnis erlangt und dies nicht dem potenziellen Opfer oder der Polizei anzeigt, macht sich strafbar.

Tatbestand ist also die Nichtanzeige einer Straftat vor ihrer Begehung, trotz deren rechtzeitiger Kenntnis.

Die folgende Übersicht zeigt einige der Straftaten, die dies betrifft:

Straftaten nach § 138 StGB (Auszug)
Mord/Todschlag
Straftaten gegen die persönliche Freiheit
Raub/Räuberische Erpressung

Sie sind Sicherheitsmitarbeiter beim Werkschutz und werden nach Feierabend in Ihrer Kneipe von zwei Unbekannten angesprochen. Diese planen, in das Werk einzudringen, um die Ex-Freundin des einen Mannes am Arbeitsplatz zu entführen, und wollen von Ihnen die Zugangscodes haben. Natürlich geben Sie die Codes nicht heraus, unterlassen es aber auch, den geplanten Einbruch bei der Polizei anzuzeigen.

5.2.4.1.6 Missbrauch von Notrufen und Beeinträchtigung von Unfallverhütungs- und Nothilfemitteln (§ 145 StGB)

Zweck dieser Vorschrift ist vornehmlich der Schutz von Leib und Leben durch den Schutz der Einrichtungen, die Menschenleben retten sollen, und daher wird sie von Amts wegen verfolgt.

Geschützte Einrichtungen nach § 145 StGB
Notrufe
Warn- und Verbotszeichen
Schutz- und Rettungseinrichtungen

§ 145 StGB kennt vier unterschiedliche **Tatbestände,** die unter Strafe gestellt sind:

- den **Missbrauch** von Notrufen (Spaßanruf bei der 110)
- das **Vortäuschen,** dass Hilfe erforderlich sei (Anruf bei der Feuerwehr, obwohl es nicht brennt)
- das **Entfernen, Unkenntlichmachen und Entstellen** von Warn- und Verbotszeichen (Abschrauben, Beschmieren usw.)
- das **Unbrauchbarmachen oder Entfernen** von Schutz- und Rettungseinrichtungen (Brandmelder, Rettungsringe usw.)

5.2.4.1.7 Widerstand gegen Vollstreckungsbeamte und bestimmte andere Personen (§§ 113 – 115 StGB)

Die §§ 113 – 115 StGB erfassen den Widerstand gegen Amtsträger, bestimmte Soldaten der Bundeswehr, Hilfeleistende (z. B. Feuerwehr) und weitere ihnen gleichgestellte Personen.

Tatbestände

Das Tatopfer muss zur zur Vollstreckung von Gesetzen, Rechtsverordnungen, Urteilen, Gerichtsbeschlüssen oder Verfügungen berufen sein (§ 113 StGB) oder wird vom Personenkries der §§ 114 – 115 StGB erfasst.

Die Tat muss bei der **Vornahme einer Vollstreckungshandlung** (§ 113 StGB) oder einer **anderen Diensthandlung** (§ 114 StGB), bzw. **Hilfeleistung** (§ 115 StGB) begangen werden. Bei der Vornahme der Diensthandlung bedeutet, dass die Vollstreckungshandlung jedenfalls unmittelbar bevorstehen muss und/oder noch nicht beendet ist. Trifft der Täter früh Vorkehrungen, die sich dann aber erst bei der Vollstreckungshandlung auswirken, reicht das zur Tatbestandsverwirklichung aus.

Die Tathandlung besteht im **Widerstandleisten durch Gewalt oder durch Drohung mit Gewalt**. Die Drohung muss der **Verhinderung der jetzigen Vollstreckungshandlung** dienen und sich **gegen den Vollstreckungsbeamten** richten. Da mit körperlicher Gewalt gedroht werden muss, reichen Drohungen z. B. mit einer Strafanzeige, einer Dienstaufsichtsbeschwerde, einer kompromittierenden Presseveröffentlichung oder mit Selbsttötung nicht aus.

Die Diensthandlung muss rechtmäßig sein. D.h. es liegt eine gesetzliche Eingriffsgrundlage vor, der handelnde Beamte ist sachlich und örtlich zuständig, die wesentlichen Förmlichkeiten wurden beachtet und ein eventuelles Ermessen wurde pflichtgemäß ausgeübt.

5.2.4.2 Straftaten als Zeuge

5.2.4.2.1 Falsche uneidliche Aussage (§ 153 StGB)

Werden Straftaten im Zuständigkeitsbereich eines Sicherheitsmitarbeiters verübt, wird dieser häufig auch vor Gericht als Zeuge vernommen. Hier ist es notwendig, die entsprechenden Pflichten zu kennen. Zum Schutz der Rechtspflege sind falsche Aussagen vor Gericht unter Strafe gestellt.

§ 153 StGB

Wer vor einem Gericht oder vor einer anderen zur eidlichen Vernehmung von Zeugen oder Sachverständigen zuständigen Stelle als Zeuge oder

Sachverständiger uneidlich falsch aussagt, wird mit Freiheitsstrafe von drei Monaten bis zu fünf Jahren bestraft.

Der **Tatbestand** des § 153 StGB betrifft also Aussagen, die ohne vorherige Vereidigung von Zeugen oder Sachverständigen vor Gericht – nicht z. B. bei der Polizei – gemacht wurden. Angeklagte oder Parteien im Zivilprozess betrifft dies nicht, sie dürfen falsch aussagen.
Strafbar sind dabei nur vorsätzlich gemachte Falschaussagen.

▶ **Falschaussage** ist eine Aussage, die objektiv falsch ist (objektiv nicht den Tatsachen entspricht) oder etwas Wesentliches verschweigt.

5.2.4.2.2 Meineid (§ 154 StGB)
Eine andere Qualität erhält eine Falschaussage dann, wenn sie unter Eid erfolgt. Zeugen und Sachverständige können im Anschluss an ihre Aussage vereidigt werden, leisten sie einen falschen Schwur, ist dies ein Verbrechen, das mit einer Mindestfreiheitsstrafe von einem Jahr bedroht ist.
Ansonsten entsprechen die **Tatbestandsmerkmale** denen des § 153 StGB (Vorsatz, Falschaussage usw.).

5.2.4.2.3 Falsche Verdächtigung (§ 164 StGB)
Bevor es zu einem Prozess kommt, werden Zeugen in aller Regel zunächst durch Polizei oder Staatsanwaltschaft vernommen. Hier greifen die §§ 153 und 154 StGB nicht.
Dennoch sind auch hier bestimmte Falschaussagen unter Strafe gestellt. Zum einen sollen Unschuldige vor unnötiger Strafverfolgung und zum anderen soll die Rechtspflege selbst vor Missbrauch geschützt werden. Die **Tatbestandsmerkmale** des § 164 StGB sind:

- die Äußerung eines unwahren Verdachts oder die Behauptung unwahrer Tatsachen über eine bestimmte Person
- vor einer Behörde oder Stelle, die für die Entgegennahme von Anzeigen zuständig ist (z. B. Polizei)
- wider besseres Wissen (vorsätzlich)
- mit dem Ziel, ein behördliches Verfahren oder eine behördliche Maßnahme gegen diese Person herbeizuführen oder fortdauern zu lassen (Strafverfahren, Haftbefehl usw.)

5.2.4.3 Beleidigung

5.2.4.3.1 Beleidigung (§ 185 StGB)

Die Beleidigung ist ein Antragsdelikt, das dem Schutz der Ehre und dem Ehrgefühl einer Person dient.

Ehre meint dabei das Ansehen nach außen und Ehrgefühl das innere Wertgefühl.

▶ **Beleidigung** ist die ehrverletzende Kundgabe der Missachtung oder der Nichtachtung gegenüber einer Person oder gegenüber einem Dritten.

Das Gesetz führt dabei nicht näher aus, was unter dem Begriff der Beleidigung zu verstehen ist, so hat die Rechtsprechung eine entsprechende Definition entwickelt.

Es sind folglich alle Äußerungen gemeint, die dazu geeignet sind, die Ehre einer Person zu verletzen, reine Unhöflichkeit reicht nicht aus.

Zum **Tatbestand** der Beleidigung gehört weiterhin, dass die Kundgabe mündlich, schriftlich, bildlich oder durch schlüssiges Verhalten (Gestik, Mimik) erfolgen kann. Strafbar sind folglich nicht nur verbale Äußerungen, sondern auch Tätlichkeiten.

5.2.4.3.2 Üble Nachrede (§ 186 StGB)

Wer Tatsachen behauptet oder verbreitet, die geeignet sind, einen Dritten in der öffentlichen Meinung herabzuwürdigen oder diesen verächtlich zu machen, macht sich strafbar, soweit diese Tatsachen nachweislich unwahr sind. Die üble Nachrede wird als Vergehen nur auf Antrag verfolgt.

- Behauptung von Tatsachen
- über einen Dritten,
- die unwahr und
- geeignet sind, diesen verächtlich zu machen.

5.2.4.3.3 Verleumdung (§ 187 StGB)

Die Verleumdung ist die „schärfere" Variante der üblen Nachrede. Hier handelt der Täter wider besseres Wissen. Entsprechend sind der Grad des Verschuldens und die Strafandrohung höher.

- Wer wider besseres Wissen
- Tatsachen über einen Dritten behauptet,
- die unwahr und
- geeignet sind, diesen verächtlich zu machen.

5.2.4.4 Straftaten gegen den persönlichen Lebens- und Geheimbereich

In den §§ 201 bis 206 StGB stellt der Gesetzgeber Straftaten gegen den durch das Grundgesetz geschützten Persönlichkeitsbereich des Menschen unter Strafe.

Hier soll verhindert werden, dass unbefugte Dritte (Täter) **Informationen erlangen, verwenden und verbreiten** können, ohne den Betroffenen hiervon in Kenntnis zu setzen bzw. ohne dessen Einwilligung. Untersagt ist dies für:

- das nicht öffentlich gesprochene Wort (§ 201 StGB)
- Bildaufnahmen in geschützten Bereichen (§ 201a StGB)
- Briefe (§ 202 StGB)
- Daten (§§ 202a bis 202c StGB)
- Privatgeheimnisse (§§ 203 und 204 StGB)

Die Erlangung und Verwendung solcher Informationen ist nur staatlichen Organen und nur mit richterlichem Beschluss gestattet.

Strafbar ist:

- die Herstellung, Verwendung oder Verbreitung von Bild- und Tonaufnahmen
- die Verletzung des Brief-, Post- und Fernmeldegeheimnisses
- die Ausspähung von Daten
- die Verletzung von Privatgeheimnissen

5.2.4.5 Straftaten gegen die körperliche Unversehrtheit

5.2.4.5.1 Körperverletzung (§ 223 StGB)

Die „einfache" Körperverletzung ist ein Vergehen, das auf Antrag verfolgt wird. Der Versuch ist hier ebenfalls strafbar.

§ 223 StGB

(1) Wer eine andere Person körperlich misshandelt oder an der Gesundheit schädigt, wird mit Freiheitsstrafe bis zu fünf Jahren oder mit Geldstrafe bestraft.

(2) Der Versuch ist strafbar.

Tatbestandsmerkmale des § 223 StGB sind folglich:

- Wenn eine Person (Täter) eine andere Person (Opfer)
- körperlich misshandelt oder
- an der Gesundheit schädigt

Die Handlung (auch hier wieder Tun oder Unterlassen) einer Person führt ursächlich zu einer der möglichen **Taterfolge** körperliche Misshandlung oder Gesundheitsschädigung (Faustschlag, Fesselung, Tritt usw.).

Körperliche Misshandlung	ist jede unangemessene Behandlung, die das körperliche Wohlbefinden des Opfers nicht nur unerheblich beeinträchtigt (Schmerzen, Übelkeit, Verletzungen usw.)
Gesundheitsschädigung	ist die Herbeiführung oder Verschlimmerung eines krankhaften Zustandes (physisch oder psychisch)

5.2.4.5.2 Gefährliche Körperverletzung (§ 224 StGB)

Die gefährliche Körperverletzung ist im Gegensatz zur „einfachen" Körperverletzung ein Offizialdelikt, das von Amts wegen verfolgt wird, auch hier ist der Versuch strafbar.

Die **Tatbestandsmerkmale** sind identisch mit denen des § 223 StGB, bestraft wird hier zusätzlich aber die **Qualität der Tatbegehung.** Die Begehung mithilfe eines gefährlichen Gegenstandes oder in besonders gefährlicher Weise wird mit bis zu zehn Jahren Freiheitsstrafe bestraft:

- mittels Gift oder anderer gesundheitsschädlicher Stoffe
- mittels Waffen oder anderer gefährlicher Werkzeuge
- mittels eines hinterlistigen Überfalls
- mit einem anderen Beteiligten gemeinschaftlich
- mittels einer das Leben gefährdenden Behandlung

Entscheidend ist für das Gesetz nicht die tatsächliche Folge der Körperverletzung, sondern einzig das mögliche Gefährdungspotenzial, das von der Handlung ausgeht.

5.2.4.5.3 Schwere Körperverletzung (§ 226 StGB)

Auch hier handelt es sich um ein Offizialdelikt, das als Verbrechen von Amts wegen verfolgt wird.

Wie bei der gefährlichen Körperverletzung handelt es sich um eine besondere Qualität der Körperverletzung in der **Tatbegehung.** Entscheidend ist hier die Folge der Tat.

Hat die Körperverletzung eine **dauerhafte gesundheitliche oder körperliche Beeinträchtigung** zur Folge, ist die Strafe mindestens ein Jahr Freiheitsstrafe, z. B.:

- Beeinträchtigung oder Verlust des Seh- oder Sprechvermögens
- Verlust eines wichtigen Körpergliedes
- Lähmung oder Entstellung

Ansonsten entsprechen die **Tatbestandsmerkmale** dem § 223 StGB.

5.2.4.5.4 Fahrlässige Körperverletzung (§ 229 StGB)

Entscheidendes Tatbestandsmerkmal ist hier, wie der Name sagt, das Schuldmerkmal der Fahrlässigkeit. Die sonstigen **Tatbestandsmerkmale** sind die des § 223 StGB.

§ 229 StGB

Wer durch Fahrlässigkeit die Körperverletzung einer anderen Person verursacht, wird mit Freiheitsstrafe bis zu drei Jahren oder mit Geldstrafe bestraft.

5.2.4.6 Straftaten gegen die persönliche Freiheit

5.2.4.6.1 Nachstellung (§ 238 StGB)

Die gemeinhin als Stalking bekannte Straftat der **unbefugten Nachstellung** wird je nach Folge und Schwere der Tat von Amts wegen oder nur auf Antrag verfolgt. **Tatbegehungsweisen** sind z. B.:

- das Aufsuchen der räumlichen Nähe zum Opfer
- Kontaktaufnahme
- Missbrauch von persönlichen Daten zur Bestellung von Waren oder Kontaktaufnahme durch Dritte
- Bedrohung von Leben, Freiheit usw. des Opfers oder seiner Angehörigen

Unter **Nachstellen** versteht der Gesetzgeber alle Handlungen, die darauf abzielen, in den Lebensbereich des Opfers einzudringen und die geeignet sind, dessen Lebensgestaltung nicht unerheblich zu beeinträchtigen.

5.2.4.6.2 Freiheitsberaubung (§ 239 StGB)

Die Freiheitsberaubung ist grundsätzlich ein Vergehen, in besonderen Fällen des § 239 Abs. 3 und 4 StGB ein Verbrechen. Der Versuch ist stets strafbar. Die **Tatbestandsmerkmale** sind:

- einen Menschen
- einsperren oder auf andere Weise der persönlichen Freiheit berauben (Festhalten usw.)

Kommt zum eigentlichen Tatbestand eine schwere Folge für Leib oder Leben des Opfers hinzu oder dauert die Freiheitsberaubung länger als eine Woche, wirkt dies strafverschärfend (Verbrechen).

5.2.4.6.3 Erpresserischer Menschenraub (§ 239a StGB)

Ist eine Form der Freiheitsberaubung. Der Täter will die Sorge um das Opfer für eine Erpressung (§ 253 StGB) ausnutzen. Die **Tatbestandsmerkmale** sind:

- einen Menschen entführen oder sich seiner bemächtigten,
- um die Sorge um das Opfer für eine Erpressung zu nutzen

Erpresserischer Menschenraub ist ein Verbrechen, das von Amts wegen verfolgt wird (zur Erinnerung: Verbrechen = Versuch stets strafbar, dies muss nicht ausdrücklich im Gesetz stehen).

5.2.4.6.4 Nötigung (§ 240 StGB)

Die Nötigung ist eine Straftat gegen die persönliche Handlungsfreiheit, nicht gegen die körperliche Freiheit im eigentlichen Sinne.

Das Opfer soll mittels Gewalt oder Drohung dazu gebracht werden, sich in einer bestimmten vom Täter gewünschten Weise zu verhalten. Der Versuch ist stets strafbar. Die **Tatbestandsmerkmale** sind:

- einen Menschen
- rechtswidrig
- durch Gewalt oder Androhung eines empfindlichen Übels
- zu einer Handlung, Duldung oder Unterlassung zwingen

Am Merkmal der Rechtswidrigkeit kann es zum einen fehlen, wenn ein **Rechtfertigungsgrund** wie z. B. Notwehr vorliegt.

Ein Sicherheitsmitarbeiter zwingt einen Täter mit vorgehaltener Waffe, einen Angriff zu unterlassen.

Zum anderen kann die Nötigung durch andere Gesetze (z. B. StGB, StPO usw.) gerechtfertigt sein.

Ein Polizeibeamter vollstreckt einen Haftbefehl und zwingt einen Verdächtigen, der Widerstand leistet, mit Gewalt zur Duldung der Maßnahme.

Trotzdem in beiden Fällen die übrigen Tatbestandsmerkmale erfüllt sind, ist die Tat gerechtfertigt und damit nicht rechtswidrig.

Rechtswidrig meint hier, dass die Nötigungshandlung im Verhältnis zum angestrebten Zweck als verwerflich anzusehen sein muss.

5.2.4.6.5 Bedrohung (§ 241 StGB)

Ist die Drohung mit einem Verbrechen gegen das Opfer oder eine ihm nahestehende Person.

Unter Strafe steht dabei die Drohung mit der Begehung des Verbrechens selbst oder die Vortäuschung, dass ein solches Verbrechen bevorsteht. **Tatbestandsmerkmale** sind:

- einen Menschen
- mit einem Verbrechen gegen sich oder eine nahestehende Person drohen
- vortäuschen, dass eine solche Tat bevorsteht

5.2.4.7 Diebstahl und Unterschlagung

5.2.4.7.1 Diebstahl (§ 242 StGB)

Das erste der Eigentumsdelikte im Strafrecht ist der „einfache" Diebstahl. Es handelt sich um ein Vergehen, dessen Versuch bereits strafbar ist. Das geschützte Rechtsgut hier ist folglich das Eigentum und im weiteren Sinne der Gewahrsam des Eigentums. Die **Tatbestandsmerkmale** sind:

- einer Person
- eine fremde, bewegliche Sache
- wegnehmen,
- in der Absicht, diese Sache sich oder einem Dritten rechtswidrig zuzueignen

Fremd	Nicht im Alleineigentum des Täters
Beweglich	Die Sache kann tatsächlich bewegt oder (z. B. durch ab- oder ausbauen) beweglich gemacht werden
Sachen Tiere	i. S. d. §§ 90 und 90a BGB
Wegnahme	Bruch alten und Begründung neuen Gewahrsams
Zueignungsabsicht	Die Absicht, die Sache für sich oder einen anderen dauerhaft in sein Vermögen einzugliedern

Gewahrsam meint, dass nicht nur dem Eigentümer selbst, sondern auch dem berechtigten Besitzer die Sache weggenommen werden kann, um den Tatbestand zu verwirklichen. Wird z. B. einem Sicherheitsmitarbeiter seine Dienstkleidung gestohlen, ist dies, wenn die übrigen Tatbestandsmerkmale erfüllt sind, ein Diebstahl, obwohl der Mitarbeiter nur Besitzer der Kleidung und nicht deren Eigentümer war.

5.2.4.7.2 Besonders schwerer Fall des Diebstahls (§ 243 StGB)

Ähnlich wie bei den besonderen Formen der Körperverletzung handelt es sich hier um eine strafverschärfende Vorschrift bei bestimmten Begehungsweisen des Diebstahls.

Die **Tatbestandsmerkmale** sind zunächst identisch mit denen des „einfachen" Diebstahls. Zusätzlich werden folgende Fälle vorausgesetzt:

- Einbrechen,
- Einsteigen,
- mit falschen Schlüsseln,
- mit Werkzeugen,
- sich in einem Raum verborgen halten oder
- Ausnutzung der Hilflosigkeit einer Person nach Unglück
- gewerbsmäßiger Diebstahl (berufsmäßig)
- Diebstahl von Waffen, Sprengmitteln, religiösen Gegenständen aus Kirchen oder Gegenständen aus Museen

5.2.4.7.3 Diebstahl mit Waffen, Bandendiebstahl, Wohnungseinbruchsdiebstahl (§ 244 StGB)

Auch hier werden wieder bestimmte Begehungsweisen des Diebstahls unter Strafe gestellt:

- mit Waffen oder anderen gefährlichen Gegenständen
- mit sonstigen Mitteln, die zum Überwinden von Widerständen bestimmt sind
- als Mitglied einer Bande gemeinschaftlich oder
- Diebstahl aus Wohnungen

5.2.4.7.4 Unterschlagung (§ 246 StGB)

Im Unterschied zum Diebstahl hat der Täter hier die Sache bereits vor Tatausführung in seinem Besitz oder Gewahrsam. Eine Wegnahmehandlung ist nicht erforderlich.

Strafbar ist hier die **Tathandlung** der Zueignung der fremden beweglichen Sache.

- eine fremde bewegliche Sache
- aus dem Besitz oder Gewahrsam des Täters
- sich oder einem Dritten zueignen

5.2.4.7.5 Diebstahl und Unterschlagung geringwertiger Sachen (§ 248a StGB)

Betreffen der Diebstahl (§ 242 StGB) oder die Unterschlagung (§ 246 StGB) eine geringwertige Sache, werden die Taten nur auf Antrag bzw. bei besonderem öffentlichen Interesse verfolgt.

5.2.4.8 Raub und Erpressung

5.2.4.8.1 Raub (§ 249 StGB)

Die Tatbestandsmerkmale des Raubes entsprechen denen des Diebstahls. Die Art und Weise der Tatbegehung qualifiziert die Tat in ein Verbrechen um.

Die **Wegnahmehandlung** erfolgt beim Raub mit Gewalt oder mit der Drohung für eine gegenwärtige Gefahr für Leib oder Leben des Opfers:

- einer Person
- eine fremde, bewegliche Sache
- mit Gewalt oder Drohung gegen Leib oder Leben wegnehmen
- in der Absicht, diese Sache sich oder einem Dritten rechtswidrig zuzueignen

5.2.4.8.2 Räuberischer Diebstahl (§ 252 StGB)

Der räuberische Diebstahl qualifiziert einen Diebstahl nach Tatbegehung in einen Raub um, wenn der auf frischer Tat betroffene Täter mit Gewalt oder mit der Drohung für Leib oder Leben (Merkmale des Raubes) versucht, den Besitz der Beute zu erhalten.

Als **Tatbestandsmerkmale** haben wir hier zunächst also die des Diebstahls und zusätzlich die des Raubes.

5.2.4.8.3 Erpressung (§ 253 StGB)

Die Erpressung ist mit ihren Tatbestandsmerkmalen eine Sonderform der Nötigung. Unterschied hier ist die Bereicherungsabsicht des Täters.

Die **Tatbestandsmerkmale** sind:

- einen Menschen
- rechtswidrig
- durch Gewalt oder Androhung eines empfindlichen Übels

- zu einer Handlung, Duldung oder Unterlassung zwingen
- und dadurch dem Vermögen des Opfers oder dem Vermögen eines anderen einen Nachteil zufügen,
- um sich oder einen Dritten zu bereichern

Bereicherungsabsicht meint dabei jede Verschaffung eines Vermögensvorteils neben der eigentlichen Vermögensmehrung, also z. B. auch einen Schuldenerlass.

5.2.4.8.4 Räuberische Erpressung (§ 255 StGB)

Die räuberische Erpressung qualifiziert die Tatbegehung einer Erpressung zum Raub um. Wird die Erpressung unter Anwendung von Drohungen mit einer gegenwärtigen Gefahr für Leib oder Leben begangen, so ist Erpressung als Raub zu behandeln und zu bestrafen.

5.2.4.9 Begünstigung und Hehlerei

5.2.4.9.1 Begünstigung (§ 257 StGB)

Während die Beihilfe (§ 27 StGB) eine Form der Tatbeteiligung vor und während der Tat darstellt, ist die Begünstigung ein eigener Straftatbestand, der sich auf das Verhalten nach der Tat bezieht.

Tatbestand ist die Hilfeleistung (Rat und Tat) für einen Täter, um dessen Taterfolg (z. B. die Beute eines Diebstahls) zu sichern.

5.2.4.9.2 Strafvereitelung (§ 258 StGB)

Auch die Strafvereitelung betrifft wie die Begünstigung die Hilfeleistung für einen Täter nach der Tatbegehung.

Hier hat die Hilfeleistung jedoch nicht die Sicherung des Taterfolges, sondern die Verhinderung der Strafverfolgung des Täters zum Ziel.

Tatbestandsmerkmale sind:

- absichtliche oder wissentliche (Vorsatz)
- durch Tun oder Unterlassen
- Vereitelung der Bestrafung des Täters
- wegen einer rechtswidrig und schuldhaft begangenen Handlung
- Täter ist kein Angehöriger und
- Strafvereitelung nicht zu eigenen Gunsten

Die Strafvereitelung zu eigenen Gunsten oder zugunsten eines Angehörigen ist nicht strafbar.

5.2.4.9.3 Hehlerei (§ 259 StGB)

Auch der Hehler hilft dem Täter, indem er dessen Beute (fremde Sachen) zu Geld macht. Tut er dies in der Absicht, sich oder einen Dritten zu bereichern, macht er sich der Hehlerei strafbar.

Die **Tatbestandsmerkmale** sind:

- eine Sache, die durch eine rechtswidrige Tat erlangt wurde
- ankaufen oder sich oder einem Dritten auf andere Weise verschaffen oder
- verkaufen oder Hilfe zum Verkauf leisten
- um sich oder einen Dritten zu bereichern

Auch hier finden wir wieder die Bereicherungsabsicht als Verschaffung eines Vermögensvorteils.

5.2.4.10 Betrug und Untreue

5.2.4.10.1 Betrug (§ 263 StGB)

Ziel des Täters ist die Verschaffung eines Vermögensvorteils für sich oder einen Dritten (Bereicherungsabsicht) durch die Schädigung des Vermögens eines anderen. Der Versuch ist strafbar.

Die **Tatbestandsmerkmale** sind:

- Schädigung des Vermögens eines anderen (Vermögensschaden)
- in der Absicht, sich oder einen Dritten zu bereichern (Vermögensvorteil)
- durch Irrtumserregung (Vorspiegelung falscher Tatsachen oder Entstellung oder Unterdrückung wahrer Tatsachen)

5.2.4.10.2 Computerbetrug (§ 263a StGB)

§ 263a StGB stellt eine besondere **Tatbegehungsweise** des Betruges unter Strafe (drittes Tatbestandsmerkmal des Betruges oben). Wird der Vermögensvorteil durch:

- unbefugte Eingriffe in Programme, Daten oder sonstige Abläufe der Datenverarbeitung oder
- unbefugte Verwendung von Daten oder
- Verwendung falscher oder unvollständiger Daten

herbeigeführt, ist der **Tatbestand** des Computerbetruges erfüllt.

5.2.4.10.3 Erschleichen von Leistungen (§ 265a StGB)

Auch hier steht die Bereicherungsabsicht des Täters im Mittelpunkt. Der Vermögensvorteil liegt hier in der Inanspruchnahme einer Leistung, die nur gegen Entgelt gewährt wird. Der Täter handelt in der Absicht, dieses Entgelt nicht zu entrichten. Der Versuch ist strafbar. Die **Tatbestandsmerkmale** sind die Inanspruchnahme einer Leistung:

- eines Automaten oder
- eines öffentlichen Telekommunikationsnetzes oder
- eines Verkehrsmittels (Schwarzfahren) oder
- durch den Zutritt zu einer Veranstaltung oder Einrichtung

in der Absicht, das Entgelt für die Leistung nicht zu entrichten.

5.2.4.10.4 Untreue (§ 266 StGB)

Der Straftatbestand der Untreue soll fremdes Vermögen schützen, über das ein Dritter die Verfügungsmacht hat. Die **Tatbestandsmerkmale** sind:

- ein Nachteil der Vermögensinteressen des Eigentümers
- durch den Missbrauch der Verfügungsmacht über fremdes Vermögen oder
- die Verletzung der Pflicht, fremde Vermögensinteressen wahrzunehmen

Voraussetzung ist immer, dass der Täter die Verfügungsmacht über das Vermögen bzw. die Vermögensinteressen eines Dritten zu wahren hat.

5.2.4.11 Urkundenfälschung

Urkunden haben im Rechtsverkehr eine erhebliche Bedeutung. In der Regel dienen sie zum Nachweis eines bestimmten Umstandes (z. B. Urkunde über die bestandene Sachkundeprüfung nach § 34a GewO), auf den jeder vertrauen können muss. Daher stellt das Gesetz die Herstellung und Verwendung falscher Urkunden unter Strafe.

Die **Tatbestandsmerkmale** des § 267 StGB im Einzelnen sind:

- Herstellung einer unechten Urkunde oder
- inhaltliche Veränderung einer echten Urkunde und
- Gebrauch zur Täuschung

Urkunde ist dabei jede verkörperte Gedankenerklärung (Schriftstück, Ausweis, Kfz-Kennzeichen, Vertrag usw.), die im Rechtsverkehr als Beweis bestimmt und geeignet ist und den Aussteller erkennen lässt.

5.2.4.12 Missbrauch von Ausweispapieren (§ 281 StGB)

Ähnlich wie bei der Urkundenfälschung steht hier der Gebrauch (nicht aber die Herstellung) von Ausweispapieren zur Täuschung im Rechtsverkehr unter Strafe und wird als Offizialdelikt von Amts wegen verfolgt. Der Versuch ist strafbar.

- Vorsätzlicher Gebrauch oder
- Überlassung von Ausweispapieren die für einen anderen ausgestellt sind
- zur Täuschung im Rechtsverkehr

Dabei stehen Urkunden und Zeugnisse den Ausweispapieren gleich, soweit sie als Ausweise verwendet werden. Hierzu zählen unter anderem:

- Personalausweise
- Reisepässe
- Führerscheine
- Studentenausweise
- Kraftfahrzeugscheine
- Führungszeugnisse

5.2.4.13 Sachbeschädigung

Neben dem Hausfriedensbruch ist die Sachbeschädigung wohl die zweithäufigste Straftat, mit der Sicherheitsmitarbeiter im Dienst konfrontiert werden. Dies oft z. B. auch in Tateinheit mit anderen Straftaten wie dem Diebstahl. Die **Tatbestandsmerkmale** des § 303 StGB sind:

- die rechtswidrige Beschädigung oder Zerstörung fremder Sachen oder
- die unbefugte Veränderung des Erscheinungsbildes einer fremden Sache, wenn die Veränderung nicht unerheblich und nicht nur vorübergehend ist

Der Versuch der Sachbeschädigung ist strafbar.

5.2.4.14 Gemeingefährliche Straftaten

5.2.4.14.1 Brandstiftung (§ 306 StGB)

Wegen der besonderen Gefährlichkeit des Tatmittels Feuer gehört die Brandstiftung als eine Sonderform der Sachbeschädigung zu den gemeingefährlichen Straftaten und wird als Verbrechen von Amts wegen verfolgt. Die **Tatbestandsmerkmale** sind:

- in Brand setzen oder
- durch Brandlegung ganz oder teilweise Zerstören von
- Gebäuden, Betriebsstätten oder technischen Einrichtungen, Fahrzeugen, Wäldern, Heiden, Mooren oder land- oder forstwirtschaftlichen Anlagen oder Erzeugnissen

5.2.4.14.2 Unterlassene Hilfeleistung (§ 323c StGB)

Die Unterlassene Hilfeleistung gehört zu den so genannten **echten Unterlassungsdelikten**. Die Tathandlung besteht darin, ein gesetzlich gefordertes Tun zu unterlassen.

Mit der Garantenpflicht haben wir bereits ein **unechtes Unterlassungsdelikt** kennengelernt. Hier begeht der Täter eine Straftat sozusagen durch einen anderen Täter, indem er eine Pflicht verletzt, die er als Garant hat, um die Tat zu verhindern.

Die echten Unterlassungsdelikte hingegen sind eigene Straftatbestände mit eigenen Tatbestandsmerkmalen:

- bei Unglücksfällen, gemeiner Gefahr oder Not
- nicht Hilfe leisten, obwohl dies erforderlich ist und
- den Umständen nach möglich und zuzumuten wäre (ohne erhebliche Gefahr für sich selbst oder ohne die Vernachlässigung anderer wichtiger Pflichten möglich)

5.3 Betäubungsmittelgesetz (BtMG)

Zum Strafrecht im weitesten Sinne gehört auch das sogenannte Nebenstrafrecht – Strafvorschriften außerhalb des Strafgesetzbuches, wie z. B. die der GewO, des WaffG oder die des BDSG, die in den jeweiligen Abschnitten bereits behandelt wurden.

Als weiterer Bereich, der im Sicherheitsdienst relevant ist, fehlt an dieser Stelle noch das Betäubungsmittelgesetzes (BtMG).

Straftaten nach dem Betäubungsmittelgesetz
Die Strafvorschriften der §§ 29 bis 31 BtMG regeln, welche Handlungen im Zusammenhang mit Betäubungsmitteln verboten sind. Strafbar sind demnach (**Tatbestände**):

* der Anbau und die Herstellung
* das Handeltreiben und Inverkehrbringen
* das Ein- und Ausführen
* die Veräußerung und die Abgabe und
* der Erwerb und der Besitz von Betäubungsmitteln
* ohne Erlaubnis

Als **Betäubungsmittel** nach dem BtMG gelten alle Stoffe und Zubereitungen (natürliche und künstlich hergestellte Drogen) der Anlagen I bis III zum Gesetz, wie z. B. Kokain, Heroin, Haschisch, LSD und Ecstasy.
Damit ist im Grunde jeder Umgang mit Betäubungsmitteln strafbar, abgesehen vom **Konsum** selbst.
Die **Höhe der Strafe** richtet sich dabei jeweils nach der Menge der Betäubungsmittel bzw. dem Alter des Konsumenten.

Geringe Menge	Von der Strafverfolgung kann abgesehen werden
Normale Menge	Vergehen
Nicht geringe Menge	Verbrechen

Eine **Erlaubnis** zum Umgang mit Betäubungsmitteln kann von der zuständigen Behörde erteilt werden (§ 3 BtMG). Erlaubnisfrei sind nur die in § 4 BtMG bezeichneten Einrichtungen, im Wesentlichen sind dies Apotheken.

5.4   Strafprozessordnung (StPO)

Die Strafprozessordnung regelt das Verfahren der Strafverfolgung von der Einleitung eines Verfahrens bis hin zur Verhandlung vor einem ordentlichen Gericht oder der Einstellung. Dabei legt sie u. a. auch die Rechte und Pflichten von Zeugen und Beschuldigten fest und sichert die Strafverfolgung durch ein weiteres

Jedermannsrecht. Im Folgenden sollen die wichtigsten Vorschriften hierzu erläutert werden.

5.4.1 Rechte und Pflichten des Zeugen

5.4.1.1 Die Pflicht zu erscheinen

Zeugen werden geladen und haben die Pflicht, zu diesem Termin zur Vernehmung zu erscheinen. Bei Zuwiderhandlung drohen die polizeiliche Vorführung, Ordnungsgelder oder -haft.

5.4.1.2 Die Pflicht auszusagen

Die Zeugenvernehmung folgt einem genauen Prozedere (§ 68 StPO), das mit der Belehrung des Zeugen gem. § 57 StPO und den Angaben zur Person beginnt. Der Zeuge kann im Anschluss von allen Verfahrensbeteiligten vernommen werden (§ 240 StPO).

Grundsätzlich haben Zeugen die Pflicht auszusagen (§ 48 StPO), können aber in bestimmten Fällen die Aussage verweigern. § 55 StPO nennt die Fälle, in denen ein Zeuge die Auskunft verweigern kann: Auf Fragen, mit deren Beantwortung:

- er sich selbst oder
- einen Angehörigen gem. § 52 Abs. 1 StPO
- der Gefahr aussetzen würde, wegen einer Straftat oder einer Ordnungswidrigkeit verfolgt zu werden

Die Angabe über seine Personalien muss er jedoch in jedem Fall machen.

5.4.1.3 Die Pflicht, unter Eid auszusagen

Zeugen sind verpflichtet, die Wahrheit zu sagen (siehe auch die Abschn. 5.2.4.2.1 Uneidliche Falschaussage und Abschn. 5.2.4.2.2 Meineid).

Wegen der Bedeutung der Aussage oder zur Wahrheitsfindung können Zeugen im Anschluss an ihre Aussage vereidigt werden (§§ 69 ff. StPO).

5.4.1.4 Das Recht auf anwaltlichen Beistand

Zeugen haben das Recht, bei ihrer Vernehmung einen anwaltlichen Beistand hinzuzuziehen (§ 68b StPO).

5.4.1.5 Das Recht auf Information

Zeugen haben das Recht, dass ihnen der Gegenstand der Untersuchung und die Person des Beschuldigten vor ihrer Vernehmung bekannt gegeben werden (§ 69 StPO).

5.4.2 Rechte und Pflich ten des Beschuldigten

5.4.2.1 Die Pflicht zu erscheinen

Analog zu den Zeugen haben Beschuldigte die Pflicht, zur Vernehmung zu erscheinen.

5.4.2.2 Schweigerecht

Anders als Zeugen haben Beschuldigte im Strafverfahren grundsätzlich das Recht, die Aussage zu verweigern. Lediglich die Angabe ihrer Personalien kann von ihnen verlangt werden.

5.4.2.3 Das Recht auf anwaltlichen Beistand

Auch Beschuldigte haben das Recht, bei ihrer Vernehmung einen anwaltlichen Beistand hinzuzuziehen. Darüber hinaus steht ihnen in den Fällen des § 140 StPO ein Pflichtverteidiger zu.

5.4.3 Vorläufige Festnahme

Im Gegensatz zu den anderen Jedermannsrechten dient die vorläufige Festnahme nach § 127 StPO nicht dem Schutz einzelner Rechtsgüter, sondern der Sicherung der Strafverfolgung nach einer begangenen Straftat.

Damit ist die **erste Voraussetzung** stets das Vorliegen einer strafbaren Handlung (Straftat).

Die **weiteren Voraussetzungen** führt § 127 Abs. 1 StPO aus:

- Täter auf frischer Tat betroffen oder verfolgt und
- Identität nicht sofort feststellbar oder der Flucht verdächtig

Sind alle Voraussetzungen erfüllt, ist jedermann befugt, einen Täter auch ohne richterlichen Haftbefehl vorläufig festzunehmen und dabei, soweit erforderlich, **Zwangsmaßnahmen** anzuwenden.

Damit dient § 127 Abs. 1 StPO als **Rechtfertigungsgrund** für die bei der Festnahmehandlung verwirklichten Tatbestände der Freiheitsberaubung, der Nötigung und unter Umständen der Körperverletzung, soweit diese **verhältnismäßig** waren. Eine **Straftat** liegt vor, wenn der Täter die Tatbestandsmerkmale eines Straftatbestandes des StGB verwirklicht hat bzw. dort, wo bereits der Versuch strafbar ist, mit der Verwirklichung der Tatbestandsmerkmale begonnen hat. Der reine Tatverdacht ist nicht ausreichend.

Auf frischer Tat betroffen oder verfolgt ist der Täter, wenn die Tat mit der Festnahme in einem engen räumlichen und zeitlichen Zusammenhang steht (Tatort oder unmittelbare Nähe bzw. Verfolgung vom Tatort).

Zur **Identitätsfeststellung** des Täters ist in der Regel ein amtlicher Lichtbildausweis erforderlich, soweit der Festnehmende diesen nicht persönlich kennt.

Der Flucht verdächtig ist ein Täter, wenn Umstände die Annahme rechtfertigen, dass er sich der Strafverfolgung zu entziehen versucht (durch Flucht, Untertauchen usw.).

Verhältnismäßig sind die Festnahme und die damit zusammenhängenden Zwangsmaßnahmen (körperliche Gewalt, um Widerstand zu brechen, Fesselung usw.) nur, soweit jeweils das mildeste Mittel angewendet wird, um den Zweck der Festnahme (Identitätsfeststellung, Verhinderung der Flucht) zu erreichen.

Wie bei der Notwehr muss eine Abwägung zwischen den betroffenen Rechtsgütern, hier die durch die Straftat verletzten Rechtsgüter, und dem Recht auf Freiheit und körperliche Unversehrtheit des Täters erfolgen.

Je schwerer die Straftat, desto eher sind Zwangsmaßnahmen gerechtfertigt, geringfügige Vergehen rechtfertigen hingegen in der Regel keine körperliche Gewalt.

Ist die Identität des Täters zweifelsfrei festgestellt und besteht keine Fluchtgefahr, enden die Voraussetzungen für eine vorläufige Festnahme und der Täter ist aus dem Gewahrsam zu entlassen.

Voraussetzungen der vorläufigen Festnahme nach § 127 StPO		
Täter → Straftat		
auf frischer Tat betroffen	oder	auf frischer Tat verfolgt
	und	
Identität nicht feststellbar	oder	der Flucht verdächtig
und soweit erforderlich und verhältnismäßig		
Zwangsmaßnahmen zulässig		

Gewerberecht

Das Gewerberecht regelt als Teil des öffentlichen Rechts die **Berufsausübung der Gewerbebetriebe** und dient vorrangig der **Gefahrenabwehr.** Wie wir im Abschnitt über die freie Berufswahl gesehen haben, kann der Zugang zu bestimmten Berufen und/oder deren Ausübung durch Gesetze näher geregelt werden. Die Gewerbeordnung regelt dies unter anderem für das private Sicherheitsgewerbe.

In den folgenden beiden Abschnitten werden wir uns die beiden für das Sicherheitsgewerbe wichtigen Bereiche näher anschauen: die **Gewerbeordnung** (GewO) und die **Bewachungsverordnung** (BewachV).

6.1 Gewerbeordnung (GewO)

Die Gewerbeordnung ist ein Bundesgesetz, das die Gewerbeausübung bundeseinheitlich regelt.

Übersicht relevanter Paragrafen der GewO		
Paragraf	→	Inhalt
§ 11b GewO	→	Bewacherregister
§ 14 GewO	→	Anzeigepflicht
§ 29 GewO	→	Auskunft und Nachschau
§ 34a GewO	→	Bewachungsgewerbe
§ 144 GewO	→	Ordnungswidrigkeiten

© Springer Fachmedien Wiesbaden GmbH, ein Teil von Springer Nature 2023
R. Schwarz, *Geprüfte Schutz- und Sicherheitskraft (IHK)*,
https://doi.org/10.1007/978-3-658-38138-7_6

Neben den eigentlichen Regelungen bezüglich der Gewerbeausübung finden wir
in der GewO weitere Regelungsbereiche wie z. B. Bestimmungen zum Arbeitsrecht (§§ 105–110 GewO) und Strafvorschriften (§§ 148 f. GewO).
Damit ist die Gewerbeordnung in Teilen auch dem Arbeits- und dem Nebenstrafrecht zu zuordnen.

Historisch stammt sie aus dem Jahr 1869 und wurde als „Gewerbeordnung
für den norddeutschen Bund" erlassen und dann im Jahre 1883 auf das gesamte
Deutsche Reich ausgeweitet.

6.1.1 Gewerbebetrieb

Gewerbe ist jede selbstständige (keine abhängige Beschäftigung, wie z. B. ein
Arbeitsverhältnis), nachhaltige Tätigkeit (auf eine gewisse Dauer angelegt, nicht
einmalig), die unter Beteiligung am allgemeinen wirtschaftlichen Verkehr (nach
außen erkennbar, z. B. Ladengeschäft) mit Gewinnerzielungsabsicht ausgeübt
wird und nicht den Freien Berufen oder der Landwirtschaft zuzuordnen ist.

Bei privaten Sicherheitsunternehmen sind diese Kriterien regelmäßig erfüllt,
sie werden gewerblich tätig und unterliegen damit den Bestimmungen der
Gewerbeordnung.

6.1.2 Anzeigepflicht (§ 14 GewO)

Jeder, der selbstständig ein Gewerbe ausüben möchte, hat dies bei der
zuständigen Behörde anzuzeigen. Zuständig sind die **Gewerbe- oder
Ordnungsämter** der Gemeinde, in dem sich der (Haupt-)Sitz des Gewerbebetriebes befindet.

§ 14 GewO (Auszug)

(1) Wer den selbstständigen Betrieb eines stehenden Gewerbes, (…) anfängt,
muss dies der zuständigen Behörde gleichzeitig anzeigen. (…)

Hier zeigt sich auch die grundsätzliche Haltung zur Gewerbeausübung, die wir
in Deutschland vorfinden. Der Betrieb eines Gewerbes ist erwünscht und bedarf
daher grundsätzlich nicht der Erlaubnis, sondern muss nur angemeldet werden.

6.1.3 Auskunft und Nachschau (§ 29 GewO)

Gewerbebetriebe unterliegen der **Aufsicht durch die zuständige Behörde.** Sie hat die Aufgabe, die Einhaltung der Gesetze und Vorschriften zu überwachen und zu kontrollieren.

Bestimmten Gewerbetreibenden wurden zu diesem Zweck besondere **Auskunfts- und Mitwirkungspflichten** auferlegt.

Dies betrifft unter anderem Gewerbe, die einer Erlaubnis bedürfen. Hierunter fallen mit dem § 34a GewO auch private Sicherheitsunternehmen.

Auf Verlangen der zuständigen Behörde müssen Sicherheitsunternehmen **Auskünfte** (mündlich und schriftlich) erteilen und den **Zugang zu den Geschäftsräumen** gestatten. Die Behörde ist befugt, entsprechende Prüfungen und Besichtigungen durchzuführen und Einsicht in alle Geschäftsunterlagen zu nehmen.

6.1.4 Bewachungsgewerbe (§ 34a GewO)

In Verbindung mit der Bewachungsverordnung (BewachV) bildet der § 34a GewO den rechtlichen Rahmen für die gewerbliche Bewachungstätigkeit.

Erfasst werden mit dieser Vorschrift also nur alle diejenigen Tätigkeiten, die gewerbsmäßig ausgeübt werden sollen (siehe Merkmale einer gewerblichen Tätigkeit in Abschn. 6.1.1) und dem **Schutz des Lebens oder des Eigentums fremder Personen vor rechtswidrigen Eingriffen Dritter** dienen (Definition Bewachung gem. GewO).

§ 34a GewO (Auszug)

(1) Wer gewerbsmäßig Leben oder Eigentum fremder Personen bewachen will (Bewachungsgewerbe), bedarf der Erlaubnis der zuständigen Behörde. Die Erlaubnis kann mit Auflagen verbunden werden, soweit dies zum Schutz der Allgemeinheit oder der Auftraggeber erforderlich ist; unter denselben Voraussetzungen sind auch die nachträgliche Aufnahme, Änderung und Ergänzung von Auflagen zulässig. Die Erlaubnis ist zu versagen, wenn

1. Tatsachen die Annahme rechtfertigen, dass der Antragsteller oder eine der mit der Leitung des Betriebes oder einer Zweigniederlassung beauftragten Personen die für den Gewerbebetrieb erforderliche Zuverlässigkeit nicht besitzt,

2. der Antragsteller in ungeordneten Vermögensverhältnissen lebt,
3. der Antragsteller oder eine mit der Leitung des Betriebes oder einer Zweig-niederlassung beauftragte Person nicht durch eine vor der Industrie- und Handelskammer erfolgreich abgelegte Prüfung nachweist, dass er die für die Ausübung des Bewachungsgewerbes notwendige Sachkunde über die rechtlichen und fachlichen Grundlagen besitzt; für juristische Personen gilt dies für die gesetzlichen Vertreter, soweit sie mit der Durchführung von Bewachungsaufgaben direkt befasst sind oder keine mit der Leitung des Betriebes oder einer Zweigniederlassung beauftragte Person einen Sach-kundenachweis hat, oder
4. der Antragsteller den Nachweis einer Haftpflichtversicherung nicht erbringt.

Die erforderliche Zuverlässigkeit liegt in der Regel nicht vor, wenn der Antragsteller oder eine der mit der Leitung des Betriebes oder einer Zweig-niederlassung beauftragten Person

1. Mitglied in einem Verein, der nach dem Vereinsgesetz als Organisation unanfechtbar verboten wurde oder der einem unanfechtbaren Betätigungs-verbot nach dem Vereinsgesetz unterliegt, war und seit der Beendigung der Mitgliedschaft zehn Jahre noch nicht verstrichen sind,
2. Mitglied in einer Partei, deren Verfassungswidrigkeit das Bundes-verfassungsgericht nach § 46 des Bundesverfassungsgerichtsgesetzes in der Fassung der Bekanntmachung vom 11. August 1993 (BGBl. I S. 1473), das zuletzt durch Artikel 8 der Verordnung vom 31. August 2015 (BGBl. I S. 1474) geändert worden ist, festgestellt hat, war und seit der Beendigung der Mitgliedschaft zehn Jahre noch nicht verstrichen sind,
3. einzeln oder als Mitglied einer Vereinigung Bestrebungen und Tätigkeiten im Sinne des § 3 Absatz 1 des Bundesverfassungsschutzgesetzes vom 20. Dezember 1990 (BGBl. I S. 2954, 2970), das zuletzt durch Artikel 1 des Gesetzes vom 26. Juli 2016 (BGBl. I S. 1818) geändert worden ist, verfolgt oder unterstützt oder in den letzten fünf Jahren verfolgt oder unterstützt hat,
4. in den letzten fünf Jahren vor Stellung des Antrags wegen Versuchs oder Vollendung einer der nachstehend aufgeführten Straftaten zu einer Frei-heitsstrafe, Jugendstrafe, Geldstrafe von mindestens 90 Tagessätzen oder mindestens zweimal zu einer geringeren Geldstrafe rechtskräftig verurteilt worden ist oder bei dem die Verhängung von Jugendstrafe ausgesetzt worden ist, wenn seit dem Eintritt der Rechtskraft der letzten Verurteilung fünf Jahre noch nicht verstrichen sind:

a) Verbrechen im Sinne von § 12 Absatz 1 des Strafgesetzbuches,
b) Straftat gegen die sexuelle Selbstbestimmung, des Menschenhandels oder der Förderung des Menschenhandels, der vorsätzlichen Körperverletzung, Freiheitsberaubung, des Diebstahls, der Unterschlagung, Erpressung, des Betrugs, der Untreue, Hehlerei, Urkundenfälschung, des Landfriedensbruchs oder Hausfriedensbruchs oder des Widerstands gegen oder des tätlichen Angriffs auf Vollstreckungsbeamte oder gegen oder auf Personen, die Vollstreckungsbeamten gleichstehen,
c) Vergehen gegen das Betäubungsmittelgesetz, Arzneimittelgesetz, Waffengesetz, Sprengstoffgesetz, Aufenthaltsgesetz, Arbeitnehmerüberlassungsgesetz oder das Schwarzarbeitsbekämpfungsgesetz oder
d) staatsschutzgefährdende oder gemeingefährliche Straftat.

Zur Überprüfung der Zuverlässigkeit hat die Behörde mindestens einzuholen:

1. eine Auskunft aus dem Gewerbezentralregister nach § 150 Absatz 1,
2. eine unbeschränkte Auskunft nach § 41 Absatz 1 Nummer 9 des Bundeszentralregistergesetzes,
3. eine Stellungnahme der für den Wohnort zuständigen Behörde der Landespolizei, einer zentralen Polizeidienststelle oder des jeweils zuständigen Landeskriminalamts, ob und welche tatsächlichen Anhaltspunkte bekannt sind, die Bedenken gegen die Zuverlässigkeit begründen können, soweit Zwecke der Strafverfolgung oder Gefahrenabwehr einer Übermittlung der tatsächlichen Anhaltspunkte nicht entgegenstehen und
4. über die Schnittstelle des Bewacherregisters zum Bundesamt für Verfassungsschutz nach § 11b eine Stellungnahme der für den Sitz der zuständigen Behörde zuständigen Landesbehörde für Verfassungsschutz zu Erkenntnissen, die für die Beurteilung der Zuverlässigkeit von Bedeutung sein können.

(…)
(1a) Der Gewerbetreibende darf mit der Durchführung von Bewachungsaufgaben nur Personen (Wachpersonen) beschäftigen, die

1. die erforderliche Zuverlässigkeit besitzen und
2. durch eine Bescheinigung der Industrie- und Handelskammer nachweisen, dass sie über die für die Ausübung des Gewerbes notwendigen rechtlichen und fachlichen Grundlagen unterrichtet worden sind und mit ihnen vertraut sind.

Für die Durchführung folgender Tätigkeiten ist zusätzlich zu den Anforderungen des Satzes 1 Nummer 1 der Nachweis einer vor der Industrie- und Handelskammer erfolgreich abgelegten Sachkundeprüfung erforderlich:

1. Kontrollgänge im öffentlichen Verkehrsraum oder in Hausrechtsbereichen mit tatsächlich öffentlichem Verkehr,
2. Schutz vor Ladendieben,
3. Bewachungen im Einlassbereich von gastgewerblichen Diskotheken,
4. Bewachungen von Aufnahmeeinrichtungen nach § 44 des Asylgesetzes in der Fassung der Bekanntmachung vom 2. September 2008 (BGBl. I S. 1798), das zuletzt durch Artikel 6 des Gesetzes vom 31. Juli 2016 (BGBl. I S. 1939) geändert worden ist, von Gemeinschaftsunterkünften nach § 53 des Asylgesetzes oder anderen Immobilien und Einrichtungen, die der auch vorübergehenden amtlichen Unterbringung von Asylsuchenden oder Flüchtlingen dienen, in leitender Funktion,
5. Bewachungen von zugangsgeschützten Großveranstaltungen in leitender Funktion.

Zur Überprüfung der Zuverlässigkeit einer Wachperson und einer mit der Leitung des Betriebes oder einer Zweigniederlassung beauftragten Person hat die am Hauptwohnsitz der natürlichen Person für den Vollzug nach Landesrecht zuständige Behörde mindestens eine unbeschränkte Auskunft nach § 41 Absatz 1 Nummer 9 des Bundeszentralregistergesetzes sowie eine Stellungnahme der für den Wohnort zuständigen Behörde der Landespolizei, einer zentralen Polizeidienststelle oder dem jeweils zuständigen Landeskriminalamt einzuholen, ob und welche tatsächlichen Anhaltspunkte bekannt sind, die Bedenken gegen die Zuverlässigkeit begründen können, soweit Zwecke der Strafverfolgung oder Gefahrenabwehr einer Übermittlung der tatsächlichen Anhaltspunkte nicht entgegen stehen. (…) Absatz 1 Satz 5 Nummer 4 ist entsprechend anzuwenden bei Wachpersonen, die eine der folgenden Aufgaben wahrnehmen sollen:

1. Bewachungen nach Satz 2 Nummer 4 und 5, auch in nicht leitender Funktion, oder
2. Schutzaufgaben im befriedeten Besitztum bei Objekten, von denen im Fall eines kriminellen Eingriffs eine besondere Gefahr für die Allgemeinheit ausgehen kann.

Satz 5 gilt auch nach Aufnahme der Tätigkeit einer Wachperson. Absatz 1 Satz 4, 6 bis 10 ist entsprechend anzuwenden.

(…)

(3) Nach Einholung der unbeschränkten Auskünfte nach § 41 Absatz 1 Nummer 9 des Bundeszentralregistergesetzes zur Überprüfung der Zuverlässigkeit können die zuständigen Behörden das Ergebnis der Überprüfung einschließlich der für die Beurteilung der Zuverlässigkeit erforderlichen Daten an den Gewerbetreibenden übermitteln.

(4) Die Beschäftigung einer Person, die in einem Bewachungsunternehmen mit Bewachungsaufgaben beschäftigt ist, oder einer mit der Leitung des Betriebes oder einer Zweigniederlassung beauftragten Person kann dem Gewerbetreibenden untersagt werden, wenn Tatsachen die Annahme rechtfertigen, dass die Person die für ihre Tätigkeit erforderliche Zuverlässigkeit nicht besitzt.

(5) Der Gewerbetreibende und seine Beschäftigten dürfen bei der Durchführung von Bewachungsaufgaben gegenüber Dritten nur die Rechte, die Jedermann im Falle einer Notwehr, eines Notstandes oder einer Selbsthilfe zustehen, die ihnen vom jeweiligen Auftraggeber vertraglich übertragenen Selbsthilferechte sowie die ihnen gegebenenfalls in Fällen gesetzlicher Übertragung zustehenden Befugnisse eigenverantwortlich ausüben. In den Fällen der Inanspruchnahme dieser Rechte und Befugnisse ist der Grundsatz der Erforderlichkeit zu beachten.

(6) (weggefallen)

Bittet ein Freund Sie beispielsweise im Urlaub, unentgeltlich auf sein Haus aufzupassen, fehlt es dieser Tätigkeit an den Merkmalen einer gewerblichen Tätigkeit, die erlaubnisfrei ausgeübt werden darf. Auch fällt z. B. die Bewachung des eigenen Hauses nicht unter dieses Gesetz, da es sich nicht um fremdes Eigentum handelt.

Damit ergeben sich für die **Ausübung** eines Bewachungsgewerbes folgende zwei Voraussetzungen:

• Anmeldung bei der zuständigen Behörde
• Erlaubniserteilung durch die zuständige Behörde

Für die Erteilung der **Erlaubnis** ergeben sich folgende drei Voraussetzungen:

• Zuverlässigkeit des Gewerbetreibenden
• Geordnete Vermögensverhältnisse
• Nachweis der notwendigen rechtlichen Kenntnisse (mindestens Sachkundeprüfung)

Zu beachten ist dabei, dass jeder das Recht auf Erteilung der Erlaubnis hat, soweit er die Voraussetzungen erfüllt. Es handelt sich hierbei also nicht um eine willkürliche Entscheidung durch die zuständige Behörde. Sie darf die Erlaubnis nur aus den im Gesetz genannten Gründen versagen.

Als nicht **zuverlässig** im Sinne des § 34a GewO gelten Personen, die Mitglied einer verbotenen Organisation oder als verfassungswidrig eingestuften Partei (z. B. die NPD) sind oder in den letzten zehn Jahren waren oder in anderer Weise verfassungsfeindliche Bestrebungen gegen die freiheitliche demokratische Grundordnung verfolgen.

Hierzu muss die zuständige Behörde analog zum § 14 GewO entsprechende Auskünfte einholen und verwenden.

Die Kriterien der Zuverlässigkeit gelten ebenso für den **Inhaber des Gewerbebetriebes** wie für jede Person, die er im Rahmen von Bewachungsaufgaben beschäftigt. Personen, die als nicht zuverlässig gelten, dürfen nicht beschäftigt werden. Insoweit trifft den Unternehmer die gleiche Pflicht zur Prüfung bei der Einstellung von Mitarbeitern (Personalfragebogen mit entsprechenden Fragen, Führungszeugnis usw.).

Der Nachweis der **erforderlichen rechtlichen Kenntnisse** erfolgt mit der Bescheinigung über die sogenannte **Unterrichtung**. Für die meisten Tätigkeiten im Sicherheitsgewerbe ist dies ausreichend. Aber weiter unten führt § 34a GewO drei Tätigkeitsbereiche auf, für die besondere Bestimmungen gelten. Hier reicht die einfache Unterrichtung nicht aus. Dies sind:

- Kontrollgänge im öffentlichen Verkehrsraum oder im Hausrechtsbereich mit tatsächlich öffentlichem Verkehr,
- Schutz vor Ladendieben
- Bewachungen im Einlassbereich von gastgewerblichen Diskotheken
- Bewachungen von Aufnahmeeinrichtungen nach § 44 des Asylgesetzes, von Gemeinschaftsunterkünften nach § 53 des Asylgesetzes oder anderen Immobilien und Einrichtungen, die der auch vorübergehenden amtlichen Unterbringung von Asylsuchenden oder Flüchtlingen dienen, in leitender Funktion,
- Bewachungen von zugangsgeschützten Großveranstaltungen in leitender Funktion.

Mitarbeiter, die mit diesen Aufgaben betraut werden sollen, bedürfen der sogenannten **Sachkundeprüfung** vor der Industrie- und Handelskammer. Auch hier ist ein entsprechender Nachweis gegenüber der zuständigen Behörde erforderlich.

Seit Juni 2019 erfolgt die An- und Abmeldung von Wachpersonen nicht mehr über die zuständigen Gewerbe- oder Ordnungsämter, sondern zentral über das **Bewacherregister** (§ 11b GewO). Hierüber erfolgt auch die Überprüfung der Zuverlässigkeit und der fachlichen Eignung gem. § 34a GewO. Die Einführung des Bewacherregisters mit der Änderung bewachungsrechtlicher Vorschriften im November 2016 soll den Vollzug des Bewachungsrechts verbessern und die Branche damit besser kontrollieren und regulieren.

Im Bewacherregister, das beim Bundesamt für Wirtschaft und Ausfuhrkontrolle (BAFA) geführt wird, werden bundesweit Daten zu Bewachungsgewerbetreibenden und Bewachungspersonal elektronisch auswertbar erfasst und auf dem aktuellen Stand gehalten. Über das Register erfolgt auch die ab dem 1. Juni 2019 verpflichtende Regelabfrage bei der jeweiligen Landesbehörde für Verfassungsschutz.

§ 11b GewO (Auszug)

(1) Beim Bundesamt für Wirtschaft und Ausfuhrkontrolle (Registerbehörde) wird ein Bewacherregister eingerichtet und geführt, in dem zum Zweck der Unterstützung der für den Vollzug des § 34a zuständigen Behörden Daten zu Gewerbetreibenden nach § 34a Absatz 1 Satz 1, Wachpersonen nach § 34a Absatz 1a Satz 1 und mit der Leitung des Betriebes oder einer Zweigniederlassung beauftragten Personen elektronisch auswertbar zu erfassen sind.

(2) Die Registerbehörde darf folgende Daten verarbeiten:

1. Daten zur Identifizierung und Erreichbarkeit des Gewerbetreibenden nach § 34a Absatz 1 Satz 1, bei juristischen Personen der nach Gesetz, Satzung oder Gesellschaftsvertrag jeweils allein oder mit anderen zur Vertretung berufenen Personen, sowie der mit der Leitung des Betriebes oder einer Zweigniederlassung beauftragten Personen:
   a) Familienname, Geburtsname, Vornamen,
   b) Geschlecht,
   c) Geburtsdatum, Geburtsort, Staat,
   d) Staatsangehörigkeiten,
   e) Telefonnummer, E-Mail-Adresse,
   f) Meldeanschrift bestehend aus Straße, Hausnummer, Postleitzahl, Ort, Zusatz, Land, Staat und Regionalschlüssel,
   g) Wohnorte der letzten fünf Jahre bestehend aus Straße, Hausnummer, Postleitzahl, Land und Staat,

h) Art des Ausweisdokuments mit ausstellender Behörde, ausstellendem Staat, Datum der Ausstellung, Ausweisnummer, Ablaufdatum, soweit vorhanden maschinenlesbarem Namen sowie Inhalt der maschinenlesbaren Zone,

i) sofern der Gewerbetreibende eine juristische Person ist:

    aa)   Rechtsform, Registerart, soweit vorhanden im Register eingetragener Name nebst Registernummer, Registergericht oder ausländische Registernummer und Registerbehörde,

    bb)   Betriebliche Anschrift des Sitzes der juristischen Person,

    cc)   Telefonnummer und E-Mail-Adresse der juristischen Person,

2. Daten zur Identifizierung und Erreichbarkeit des Gewerbebetriebes:

    a) Geschäftsbezeichnung,

    b) Rechtsform, Registerart, soweit vorhanden im Register eingetragener Name nebst Registernummer, Registergericht oder ausländische Registernummer und Registerbehörde,

    c) Betriebliche Anschrift von Hauptniederlassung und sonstigen Betriebsstätten,

    d) Telefonnummer, E-Mail-Adresse,

3. Daten zur Identifizierung und Erreichbarkeit von Wachpersonen nach § 34a Absatz 1a Satz 1:

    a) Familienname, Geburtsname, Vornamen,

    b) Geschlecht,

    c) Geburtsdatum, Geburtsort, Geburtsland,

    d) Staatsangehörigkeiten,

    e) Meldeanschrift bestehend aus Straße, Hausnummer, Postleitzahl, Ort, Zusatz, Land, Staat und Regionalschlüssel,

    f) Wohnorte der letzten fünf Jahre bestehend aus Straße, Hausnummer, Postleitzahl, Land und Staat,

    g) Art des Ausweisdokuments mit ausstellender Behörde, ausstellendem Staat, Datum der Ausstellung, Ausweisnummer, Ablaufdatum, soweit vorhanden maschinenlesbarem Namen sowie Inhalt der maschinenlesbaren Zone,

4. den Umfang und das Erlöschen der Erlaubnis nach § 34a Absatz 1 Satz 1 einschließlich des Datums der Erlaubniserteilung und des Erlöschens, der Angabe der Kontaktdaten der zuständigen Erlaubnisbehörde sowie den Stand des Erlaubnisverfahrens,

5. die Anzeige eines Gewerbetreibenden nach § 13a über die vorübergehende Erbringung von Bewachungstätigkeiten in Deutschland nebst den Daten

nach den Nummern 1 bis 3, soweit diese Daten mit der Anzeige zu übermitteln sind,

6. die Angabe der Tätigkeit der Wachperson nach § 34a Absatz 1a Satz 2 und 5,

7. Untersagung der Beschäftigung nach § 34a Absatz 4,

8. Daten zur Überprüfung der Zuverlässigkeit nach § 34a Absatz 1 Satz 3
   Nummer 1, auch in Verbindung mit § 34a Absatz 1a Satz 1 Nummer 1:
   a) Datum, Art und Ergebnis der Überprüfung,
   b) Stand des Überprüfungsprozesses der Zuverlässigkeit,
   c) Datum der Bestands- oder Rechtskraft der Entscheidung,

9. die in Nummer 1 genannten Daten des Gewerbetreibenden, der eine Wachperson zur Überprüfung der Zuverlässigkeit anmeldet,

10. Daten zu Sachkunde- und Unterrichtungsnachweisen der Industrie- und
    Handelskammern:
    a) Art der erworbenen Qualifikation,
    b) bei Unterrichtungsnachweisen der Unterrichtungszeitraum, bei Sach-
       kundenachweisen das Datum der Sachkundeprüfung,
    c) Ausstellungsdatum des Qualifikationsnachweises, Angabe der Identi-
       fikationsnummer der ausstellenden Industrie- und Handelskammer, auf
       dem Qualifikationsnachweis angegebener Familienname, Vornamen,
       Geburtsdatum und Geburtsort,
    d) soweit vorhanden ein Validierungscode der Industrie- und Handels-
       kammer,
    e) Datum und Inhalt der Rückmeldung aus der elektronischen Abfrage über
       die Schnittstelle zu der in § 32 des Umweltauditgesetzes bezeichneten
       gemeinsamen Stelle,

11. Daten zu Qualifikationsnachweisen von Gewerbetreibenden, bei juristischen
    Personen der nach Gesetz, Satzung oder Gesellschaftsvertrag jeweils allein
    oder mit anderen zur Vertretung berufenen Personen, der mit der Leitung des
    Betriebes oder einer Zweigniederlassung beauftragten Personen sowie Wach-
    personen, die dem Sachkunde- oder Unterrichtungsnachweis gleichgestellt
    wurden:
    a) Art der erworbenen Qualifikation,
    b) Unterrichtungszeitraum,
    c) Ausstellungsdatum des Qualifikationsnachweises, Angabe der Kontakt-
       daten der ausstellenden Stelle, auf dem Qualifikationsnachweis
       angegebener Familienname, Vornamen, Geburtsdatum und Geburtsort,
    d) Bescheinigungen des Gewerbetreibenden nach § 17 der Bewachungsver-
       ordnung,

12. Daten aus der Schnittstelle des Bewacherregisters zum Bundesamt für Verfassungsschutz nach § 34a Absatz 1 Satz 5 Nummer 4:
    a) meldendes Landesamt für Verfassungsschutz,
    b) Datum der Meldung sowie
    c) Angabe, ob Erkenntnisse vorliegen,
13. Daten zur Identifikation und Erreichbarkeit der für den Vollzug des § 34a zuständigen Behörden:
    a) Name,
    b) Anschrift,
    c) Kurzbezeichnung,
    d) Land,
    e) Telefonnummer, E-Mail-Adresse,
    f) Regionalschlüssel.

(3) Die Registerbehörde darf Statusangaben zum Ablauf der Verfahren sowie die für den Vollzug des § 34a notwendigen Verknüpfungen aus den Daten nach Absatz 2 und die durch das Register vergebenen Identifikationsnummern für die Datenobjekte speichern. Die Identifikationsnummern enthalten keine personenbezogenen Angaben und werden den Datensätzen zugeordnet.

(…)

(7) Im Bewacherregister sind die Daten aus den folgenden Anlässen zu speichern:

1. Beantragen oder Erteilen einer Erlaubnis nach § 34a Absatz 1 Satz 1,
2. Versagen oder Erlöschen einer Erlaubnis nach § 34a Absatz 1 Satz 1,
3. Untersagen der Beschäftigung nach § 34a Absatz 4,
4. Anmelden und Abmelden von Wachpersonen und mit der Leitung des Betriebes oder einer Zweigniederlassung beauftragter Personen,
5. Melden von Datenänderungen durch den Gewerbetreibenden gegenüber der für den Vollzug des § 34a zuständigen Behörde nach Absatz 6 Satz 2 oder dem Bewacherregister nach Absatz 6 Satz 3,
6. Überprüfen der Zuverlässigkeit im Rahmen der Regelüberprüfung nach spätestens fünf Jahren von Gewerbetreibenden und gesetzlichen Vertretern juristischer Personen nach § 34a Absatz 1 Satz 10 sowie Wachpersonen nach § 34a Absatz 1a Satz 7 und mit der Leitung des Betriebes oder einer Zweigniederlassung beauftragter Personen,
7. Überprüfen aufgrund eines Nachberichts durch die zuständigen Verfassungsschutzbehörden und Polizeibehörden nach § 34a Absatz 1b Satz 1.

(8) Die Registerbehörde löscht auf Veranlassung der für den Vollzug des § 34a zuständigen Behörden die im Bewacherregister gespeicherten Daten:

1. in den Fällen des Absatzes 7 Nummer 1 bei eingetragener Beantragung der Erlaubnis und begonnener Prüfung, sechs Monate nach Rücknahme des Antrags auf Erlaubnis,

2. in den Fällen des Absatzes 7 Nummer 2 betreffend eine versagte oder zurück-genommene oder widerrufene Erlaubnis durch Überschreibung der Daten bei erneuter Beantragung und Erteilung der Erlaubnis, spätestens nach fünf Jahren; bei Erlöschen der Erlaubnis durch Verzicht oder Tod oder Untergang der juristischen Person, sechs Monate nach Erlöschen der Erlaubnis; bei Verzicht während eines Rücknahmeverfahrens oder Widerrufsverfahrens wegen Unzuverlässigkeit, wenn der Verzicht durch eine spätere Entscheidung gegenstandslos wird,

3. in den Fällen des Absatzes 7 Nummer 3 durch Überschreiben der Daten bei einer zeitlich nachfolgenden Feststellung der Zuverlässigkeit,

4. in den Fällen des Absatzes 7 Nummer 4 bei Anmeldungen betreffend Wachpersonen oder mit der Leitung des Betriebes oder einer Zweigniederlassung beauftragten Personen die Wohnorte der letzten fünf Jahre nach der Entscheidung über die Zuverlässigkeit der Wachpersonen oder der mit der Leitung des Betriebes oder einer Zweigniederlassung beauftragten Personen,

5. in den Fällen des Absatzes 7 Nummer 4 bei Abmeldungen betreffend Wachpersonen und mit der Leitung des Betriebes oder einer Zweigniederlassung beauftragten Personen ein Jahr nach Abmeldung des letzten für die natürliche Person gemeldeten Beschäftigungsverhältnisses im Register,

6. in den Fällen des Absatzes 7 Nummer 5 bei Meldung von Änderungen betreffend Daten nach Absatz 2 Nummer 1, 2, 3, 6, 10 und 11 durch Überschreiben der bisherigen Einträge im Register,

7. in den Fällen des Absatzes 7 Nummer 6 bei Unzuverlässigkeit des Gewerbetreibenden, gesetzlicher Vertreter bei juristischen Personen, von mit der Leitung des Betriebes oder einer Zweigniederlassung beauftragten Personen sowie Wachpersonen, durch Überschreiben der Daten nach Absatz 2 Nummer 7 bei späterer Feststellung der Zuverlässigkeit im Rahmen eines neuen Erlaubnis- oder Anmeldeverfahrens, spätestens nach fünf Jahren, und

8. in den Fällen des Absatzes 7 Nummer 7 bei Unzuverlässigkeit des Gewerbetreibenden, der gesetzlichen Vertreter juristischer Personen, von mit der Leitung des Betriebes oder einer Zweigniederlassung beauftragten Personen sowie Wachpersonen, durch Überschreiben der Daten nach Absatz 2 Nummer

7 bei späterer Feststellung der Zuverlässigkeit im Rahmen eines neuen Erlaubnis- oder Anmeldeverfahrens, spätestens nach fünf Jahren.

(…)

▶ **Bewachung** Der gewerbsmäßige Schutz des Lebens oder Eigentums fremder Personen vor rechtswidrigen Eingriffen Dritter.

6.1.5   Ordnungswidrigkeiten (§ 144 GewO)

Immer dort, wo Bestimmungen gelten, müssen den Exekutivorganen Mittel in die Hand gegeben werden, diese Bestimmungen durchzusetzen.

Dies geschieht in der GewO zum einen durch den § 14, in dem der zuständigen Behörde bestimmte Kontrollbefugnisse eingeräumt werden, zum anderen durch die Androhung von Bußgeldern in § 144.

Er sieht für Verstöße gegen § 34a GewO Geldbußen vor. Ein Tätigwerden ohne die erforderliche Erlaubnis kann beispielsweise mit einer Geldbuße bis zu 5000 EUR geahndet werden.

6.2   Verordnung über das Bewachungsgewerbe (BewachV)

Das Bundesministerium für Wirtschaft und Technologie (BMWi) hat auf der Grundlage von § 34a Abs. 2 GewO eine Rechtsverordnung erlassen, um die Bestimmungen der Gewerbeordnung für das Bewachungsgewebe zu konkretisieren: die Verordnung über das Bewachungsgewerbe (BewachV).

▶ Die Bestimmungen der Verordnung über das Bewachungsgewerbe (BewachV) gehen als spezielles Recht den Bestimmungen der Gewerbeordnung (GewO) als allgemeinem Recht vor.

Ihre Bestimmungen gelten in gleichem Maße wie die der Gewerbeordnung, gehen als spezielleres Recht jedoch den allgemeineren Bestimmungen der GewO vor.

6.2.1 Unterrichtungsverfahren und Sachkundeprüfung (§§ 4–8 BewachV)

§ 34a GewO spricht nur allgemein von **Unterrichtungsverfahren und Sachkundeprüfung** als jeweiligen Voraussetzungen zur Ausübung von Bewachungstätigkeiten. Nähere Einzelheiten hierzu wie Zweck, zuständige Stelle, Inhalt und Verfahren regelt die BewachV in den Abschn. 2 und 3. Hier ist auch die Anerkennung anderer Nachweise bestimmt (§ 8 BewachV). So sind Personen, die:

- bestimmte Berufsabschlüsse im Bewachungsgewerbe (z. B. Geprüfte Schutz- und Sicherheitskraft IHK) oder
- Abschlüsse im Rahmen einer Laufbahnprüfung zumindest für den mittleren Polizeivollzugsdienst, auch im Bundesgrenzschutz und in der Bundespolizei, für den mittleren Justizvollzugsdienst, für den mittleren Zolldienst (mit Berechtigung zum Führen einer Waffe) und für Feldjäger der Bundeswehr oder
- Prüfungszeugnisse über einen erfolgreichen Abschluss eines rechtswissenschaftlichen Studiums an einer Hochschule oder Akademie, die einen Abschluss verleiht, der einem Hochschulabschluss gleichgestellt ist, wenn zusätzlich ein Nachweis über eine Unterrichtung durch eine Industrie- und Handelskammer über die Sachgebiete nach § 7 Nummer 5 bis 7 vorliegt,

haben, von der Unterrichtung und der Sachkundeprüfung befreit. Hier gilt der bereits erreichte Abschluss als Nachweis der Kenntnisse gem. § 34a GewO.

6.2.2 Haftpflichtversicherung, Haftungsbeschränkung (§§ 14 und 15 BewachV)

Bewachungsunternehmer müssen für Schäden, die im Rahmen der Bewachungstätigkeit entstehen können, eine Haftpflichtversicherung abschließen und für die Dauer des Gewerbes aufrechterhalten. Die sogenannte **Betriebshaftpflichtversicherung** deckt Schäden des Auftraggebers und Dritter ab, die durch den Unternehmer oder seine Beschäftigten im Dienst verursacht werden. Vorgeschrieben sind folgende Mindestdeckungssummen für jeden Schadenfall:

- für Personenschäden 1.000.000 EUR
- für Sachschäden 250.000 EUR

- für das Abhandenkommen bewachter Sachen 15.000 EUR
- für reine Vermögensschäden 12.500 EUR

Insoweit darf der Unternehmer seine **Haftung** für Schäden nur bis zur Mindesthöhe dieser Versicherungssummen vertraglich beschränken. Für Personenschäden haftet er also immer mindestens mit der Summe von 1.000.000 EUR. Verantwortlich für den Abschluss der Versicherung ist immer der Unternehmer, nicht der Beschäftigte.

6.2.3   Datenschutz, Wahrung von Geschäftsgeheimnissen (§ 17 Abs. 3 BewachV)

Niemand möchte, dass seine Daten ohne sein Einverständnis weitergegeben oder gar veröffentlicht werden.

Im Rahmen der Bewachungstätigkeit für oder bei einem Auftraggeber erlangen Sicherheitsmitarbeiter vielfältige Informationen, wie z. B. persönliche Daten von zutrittsberechtigten Personen.

▶ Als **Geschäfts- oder Betriebsgeheimnis** gelten alle Tatsachen, Umstände und Vorgänge, die nur einem begrenzten Personenkreis zugänglich sind und ein berechtigtes Interesse besteht, dass diese nicht verbreitet werden, insbesondere auch nicht Wettbewerbern zugänglich gemacht werden (Techniken, Rezepte, kaufmännische Daten usw.).

Meist sind diese Informationen notwendig, um den Auftrag durchzuführen. Oft kommt es aber auch vor, dass Mitarbeiter im Rahmen ihrer Tätigkeit „zufällig" an Informationen über den Auftraggeber oder seine Beschäftigten gelangen.

Sicherheitsunternehmer haben ihre Beschäftigten **schriftlich zu verpflichten,** die ihnen im Rahmen der Tätigkeit bekannt gewordenen **Geschäfts- und Betriebsgeheimnisse** nicht unbefugt zu offenbaren. Die Verpflichtung besteht auch nach dem Ende der Beschäftigung fort.

Die gleiche Verpflichtung besteht für **personenbezogene Daten,** die im Rahmen der Tätigkeit (über Beschäftigte des Auftraggebers, Kollegen usw.) erlangt werden.

6.2.4 Beschäftigte; An- und Abmeldung (§ 16 BewachV)

Bereits im § 34a GewO haben wir bestimmte **Anforderungen** gesehen, die an Sicherheitsunternehmer und ihre Beschäftigten gestellt werden. Die Bewachungsverordnung konkretisiert diese Anforderungen noch einmal. Für Bewachungsaufgaben dürfen nur Personen beschäftigt werden, die:

- zuverlässig sind,
- das 18. Lebensjahr vollendet haben und
- in Abhängigkeit von der Tätigkeit den Nachweis der Unterrichtung oder den Nachweis über die erfolgreich abgelegte Sachkundeprüfung erbringen.

Darüber hinaus werden dem Unternehmer besondere Meldepflichten gegenüber dem Bewacherregister (§ 11b GewO) auferlegt. Der Gewerbetreibende hat den fraglichen Mitarbeiter vor Beschäftigungsbeginn dort anzumelden und alle Daten und Unterlagen einzureichen (siehe auch Abschn. 6.1 GewO):

1. Familienname, Geburtsname, frühere Namen, Vornamen,
2. Geschlecht,
3. Geburtsdatum, Geburtsort, Geburtsland, Staat,
4. Staatsangehörigkeiten,
5. Meldeanschrift bestehend aus Straße, Hausnummer, Postleitzahl, Ort, wenn vorhanden Zusatz, Land, Staat,
6. Wohnorte in den letzten fünf Jahren unter Angabe des Zeitraums sowie Straße, Hausnummer, Postleitzahl, Ort, wenn vorhanden Zusatz, Land, Staat,
7. bei einer Wachperson die Angabe der beabsichtigten Tätigkeit der Wachperson nach § 34 Absatz 1a Satz 2 und Satz 5 der Gewerbeordnung,
8. Daten zu Sachkunde- und Unterrichtungsnachweisen oder anderen anerkennungsfähigen Nachweisen bestehend aus Art der Qualifikation, Unterrichtungszeitraum oder Datum der Sachkundeprüfung, Ausstellungsdatum des Qualifikationsnachweises, wenn vorhanden Identifikationsnummer der Industrie- und Handelskammer, sowie eine Kopie des Nachweisdokuments oder Bescheinigungen des Gewerbetreibenden nach § 23.

6.2.5 Dienstanweisung (§ 17 BewachV)

Der Wachdienst ist durch den Gewerbetreibenden mit einer Dienstanweisung zu regeln. Die Dienstanweisung ist den Wachpersonen zusammen mit einer Kopie

der Unfallverhütungsvorschriften (DGUV Vorschrift 23) und den zugehörigen
Durchführungsanweisungen gegen Empfangsbekenntnis auszuhändigen. Die
Dienstanweisung hat unter anderem folgende Hinweise zu enthalten:

- Die Wachperson hat nicht die Eigenschaft und die Befugnisse eines Polizei-
  beamten, Hilfspolizeibeamten oder eines sonstigen Bediensteten einer
  Behörde.
- Waffen (Schuss-, Hieb- und Stoßwaffen) und Reizstoffsprühgeräte dürfen im
  Dienst nur mit ausdrücklicher Zustimmung des Gewerbetreibenden geführt
  werden.
- Jeder Gebrauch von Waffen oder Reizstoffsprühgeräten ist unverzüglich der
  zuständigen Polizeidienststelle und dem Gewerbetreibenden anzuzeigen.

6.2.6   Ausweis und Kennzeichnung (§ 18 BewachV)

Während des Dienstes müssen Wachpersonen stets einen Dienstausweis und
einen Personalausweis oder Reisepass oder ein anderes amtliches Identi-
fizierungsdokument bei sich führen und diese auf Verlangen den zuständigen
Behörden vorzeigen.

Der Bewachungsunternehmer hat seinen Mitarbeitern dazu einen Dienstausweis mit mindestens folgenden Angaben auszustellen:

1. Familienname und Vorname der Wachperson,
2. Name und Anschrift des Gewerbetreibenden,
3. Bezeichnung und Anschrift des Gewerbebetriebs, sofern diese abweichen von
   Name oder Anschrift des Gewerbetreibenden nach Nummer 2,
4. Unterschriften der Wachperson sowie des Gewerbetreibenden, seines Ver-
   treters oder seines Bevollmächtigten,
5. Bewacherregisteridentifikationsnummern der Wachperson und des Bewa-
   chungsunternehmens.

Der Dienstausweis muss sich deutlich von amtlichen Ausweisen unterscheiden
und während des Wachdienstes stets bei sich getragen werden.

Darüber hinaus hat jede Wachperson, die Tätigkeiten nach § 34a Absatz 1a
Satz 2 Nummer 1 und 3 bis 5 der Gewerbeordnung ausübt, während dieser Tätig-
keiten sichtbar ein Schild mit ihrem Namen oder einer Kennnummer sowie der
Bezeichnung des Gewerbebetriebs zu tragen. In den Fällen des § 34a Absatz 1a
Satz 2 Nummer 4 und 5 der Gewerbeordnung gilt das auch für jede Wachperson

in nicht leitender Funktion. Der Gewerbetreibende hat der Wachperson zu diesem Zweck spätestens vor der ersten Aufnahme der Bewachungstätigkeit ein entsprechendes Schild auszustellen.

6.2.7   Dienstkleidung (§ 19 BewachV)

Häufig schreiben Sicherheitsunternehmen ihren Mitarbeitern das Tragen von Dienstkleidung bei der Ausübung ihrer Tätigkeit vor. Gesetzlich vorgeschrieben ist dies für die Fälle, in denen Wachpersonen in Ausübung ihres Dienstes eingefriedetes (in der Regel umzäuntes) Besitztum betreten sollen. Damit soll sichergestellt werden, dass Sicherheitsmitarbeiter auch sofort als solche erkennbar sind.

Die Dienstkleidung muss so beschaffen sein, dass sie nicht mit Uniformen der Angehörigen der Streitkräfte (Bundeswehr) oder mit Uniformen behördlicher Vollzugsorgane (Polizei, Justiz usw.) verwechselt werden kann. Untersagt sind darüber hinaus Abzeichen an der Dienstkleidung, die Amtsabzeichen zum Verwechseln ähnlich sind.

6.2.8   Behandlung der Waffen und Anzeigepflicht nach Waffengebrauch (§ 20 BewachV)

Hier erfolgt ein Hinweis auf die Vorschriften des Waffengesetzes und der DGUV Vorschrift 23 mit ihren Bestimmungen zur Aufbewahrung, zum Führen und zum Gebrauch von Waffen in der Ausübung des Dienstes von Wachpersonen.

Der Gewerbetreibende hat dafür Sorge zu tragen, dass diese Vorschriften jederzeit eingehalten werden. Ferner wird er dazu verpflichtet, eine ordnungsgemäße Rückgabe von Waffen und Munition nach Dienstende der Mitarbeiter zu gewährleisten.

Die einzelnen Vorschriften des Waffengesetzes und der DGUV Vorschrift 23 finden Sie weiter unten in Kap. 7 Waffenrecht und Abschn. 24.2.2 Dienstanweisungen.

6.2.9   Buchführung und Aufbewahrung (§ 21 BewachV)

Wie wir bereits gesehen haben, hat die für die Erteilung der Erlaubnis nach § 34a GewO zuständige Behörde das Recht, Einsicht in die Unterlagen des Gewerbetreibenden zu nehmen. § 21 BewachV konkretisiert hier nun, welche Unterlagen neben den üblichen Buchführungspflichten vom Sicherheitsunternehmen zu führen und aufzubewahren sind. Die Frist zur Aufbewahrung beträgt in der Regel drei Jahre:

- Bewachungsverträge mit Namen und Anschrift des Auftraggebers, Inhalt und
- Art des Auftrages und Datum des Vertragsschlusses
- eine Liste aller Wachpersonen mit Namen, Anschrift, Geburtsdatum und Einstellungsdatum
- Verpflichtungen der Beschäftigten zum Mitführen des Ausweises/Schildes
- Nachweise über Zuverlässigkeit und Sachkunde der Mitarbeiter
- Dienstanweisungen und die Empfangsbestätigungen der Mitarbeiter
- die behördliche Zustimmung nach § 28 WaffG zum Erwerb, Besitz und Führen
- von Schusswaffen und Munition
- die Überlassung von Schusswaffen an Mitarbeiter
- Anzeigen über Waffengebrauch
- die Versicherungsunterlagen

6.2.10 Ordnungswidrigkeiten (§ 22 BewachV)

Auch in der Bewachungsordnung finden sich analog zur Gewerbeordnung Bußgeldvorschriften, die entsprechende Verstößen gegen eine oder mehrere Vorschriften ahnden. Die Höhe des Bußgeldes kann hier ebenfalls bis zu 5000 EUR betragen. Der Verstoß kann dabei vorsätzlich oder fahrlässig herbeigeführt worden sein.

Bis auf die Bestimmungen zur Haftungsbeschränkung und den Bestimmungen zur Dienstkleidung stellt jeder Verstoß gegen einen der hier behandelten Paragrafen einen Verstoß dar, der nach § 22 BewachV mit Bußgeld geahndet werden kann:

- Haftpflichtversicherung
- Datenschutz/Geschäftsgeheimnisse
- Beschäftigte
- Dienstanweisung
- Ausweis/Schild
- Waffen
- Buchführung und Aufbewahrung

Zu beachten ist, dass nicht nur der Gewerbetreibende selbst, sondern auch die bei ihm Beschäftigten Ordnungswidrigkeiten nach § 22 BewachV begehen können und dies entsprechend geahndet werden kann.

Wer als Wachperson vorsätzlich oder fahrlässig:

- einen Ausweis nicht vorschriftsmäßig mitführt/trägt,
- Aufzeichnungen nicht vorschriftsmäßig anfertigt oder
- Aufzeichnungen nicht vorschriftsmäßig aufbewahrt

begeht einen Verstoß im Sinne des § 22 BewachV und kann mit einem Bußgeld belegt werden.

Waffenrecht

Der Umgang mit Waffen ist durch die Bestimmungen des Waffengesetzes (WaffG) geregelt. Für den Bereich der gewerblichen Sicherheit gelten darüber hinaus die speziellen Bestimmungen der Bewachungsverordnung (BewachV) und der DGUV Vorschrift 23.

▶ **Umgang mit einer Waffe** hat, wer diese erwirbt, besitzt, überlässt, führt, verbringt, mitnimmt, damit schießt, sie herstellt, bearbeitet, instand setzt oder damit Handel treibt (§ 1 Abs. 3 WaffG).

Obwohl für den eigentlichen Einsatz von Waffen im Sicherheitsdienst eine separate Sachkundeprüfung notwendig ist, die alle rechtlichen Regelungen zum Gegenstand hat, müssen Sicherheitsmitarbeiter zumindest aber die Grundzüge im Umgang mit Waffen beherrschen.

7.1 Sachkunde

Der Umgang mit Schusswaffen und ihnen gleichgestellten Gegenständen (§ 1 Abs. 2 Nr. 1 WaffG) bedarf der Erlaubnis; diese Erlaubnis setzt die Sachkunde nach § 7 WaffG voraus. Die **Sachkunde** kann nachgewiesen werden:

- durch eine Prüfung vor der zuständigen Stelle oder
- durch eine Tätigkeit oder Ausbildung

© Springer Fachmedien Wiesbaden GmbH, ein Teil von Springer Nature 2023
R. Schwarz, *Geprüfte Schutz- und Sicherheitskraft (IHK)*,
https://doi.org/10.1007/978-3-658-38138-7_7

7.2   Waffen- und munitionstechnische Begriffe

7.2.1   Waffen

Gegenstand und Zweck des Waffengesetzes finden sich im § 1 WaffG, hier wird auch bereits der Begriff der **Waffe** definiert.

Damit umfasst das Waffengesetz den **Umgang** mit allen in der folgenden Übersicht aufgeführten Gegenständen.

Waffen im Sinne des Waffengesetzes
Schusswaffen und gleichgestellte Gegenstände
Tragbare Gegenstände (Hieb- und Stoßwaffen)
Verbotene Waffen

7.2.1.1 Schusswaffen
Gegenstände, die zum Angriff oder zur Verteidigung, zur Signalgebung, zur Jagd, zur Distanzinjektion, zur Markierung, zum Sport oder zum Spiel bestimmt sind und bei denen Geschosse durch einen Lauf getrieben werden.

7.2.1.2 Schusswaffen gleichgestellte Gegenstände
Sind tragbare Gegenstände, die zum Abschießen von Munition, zum Angriff oder zur Verteidigung, zur Signalgebung, zur Jagd, zur Distanzinjektion, zur Markierung, zum Sport oder zum Spiel bestimmt sind.

7.2.1.3 Tragbare Gegenstände
Die ihrem Wesen nach dazu bestimmt sind, die Angriffs- oder Abwehrfähigkeit von Menschen zu beseitigen oder herabzusetzen, insbesondere **Hieb- und Stoßwaffen.** Die ohne dafür bestimmt zu sein, insbesondere wegen ihrer Beschaffenheit, Handhabung oder Wirkungsweise geeignet sind, die Angriffs- oder Abwehrfähigkeit von Menschen zu beseitigen oder herabzusetzen und die im Waffengesetz genannt sind.

7.2.1.4 Verbotene Waffen

Die in der Anlage 2 Abschnitt 1 zum WaffG aufgeführten Gegenstände.
Dies sind u. a.:

- Waffen nach dem Kriegswaffenkontrollgesetz, insbesondere vollautomatische und Anscheinswaffen
- Stahlruten, Totschläger, Schlagringe und Teleskopschlagstöcke bis 19 Zentimeter im zusammengeschobenen Zustand
- Wurfsterne und Butterflymesser
- Zielpunktprojektoren

Bei denen bestimmungsgemäß feste Körper gezielt verschossen werden, deren Antriebsenergie durch Muskelkraft eingebracht und durch eine Sperrvorrichtung gespeichert werden kann, sind den Schusswaffen gleichgestellt.

7.2.2   Munition und Geschosse

Auch der **Umgang mit Munition** ist durch das Waffengesetz reguliert.

Die Übersicht zeigt, was als Munition im Sinne des Waffengesetzes zu verstehen ist.

Munition im Sinne des Waffengesetzes	
Munition	Zum Verschießen aus Schusswaffen bestimmte Patronen- und Kartuschen-Munition, hülsenlose und pyrotechnische Munition sowie Ladungen
Geschosse	Feste Körper oder gasförmige, flüssige oder feste Stoffe in Umhüllungen für das Verschießen

7.3   Waffenrechtliche Begriffe

Waffenrechtliche Begriffe	
Besitz	Ist, die tatsächliche Gewalt über eine Waffe zu haben, das heißt unabhängig von den Eigentumsverhältnissen nach eigenem Willen über sie verfügen zu können.
Erwerb	Die tatsächliche Gewalt (Besitz) über eine Waffe zu erlangen.
Überlassung	Wer einem anderen die tatsächliche Gewalt (Besitz verschaffen) über eine Waffe oder Munition einräumt, **überlässt** ihm die Waffe.
Führen	Die Ausübung der tatsächlichen Gewalt über eine Waffe außerhalb seiner Wohnung, seiner Geschäftsräume, seines umfriedeten Besitztums oder einer Schießstätte in der Art, dass die Waffe zugriffsbereit mitgeführt wird.
Transport	Die Ausübung der tatsächlichen Gewalt über eine Waffe außerhalb seiner Wohnung, seiner Geschäftsräume, seines umfriedeten Besitztums oder einer Schießstätte in der Art, dass die Waffe **nicht** zugriffsbereit mitgeführt wird.
Verwendung	Wer eine Waffe bestimmungsgemäß verwendet – damit schießt.
Schussbereit	Wenn sich Munition in der Waffe befindet.
Zugriffsbereit	Ist eine Waffe, wenn sie unmittelbar, das heißt mit wenigen schnellen Handgriffen, in Anschlag gebracht werden kann.

7.4   Waffenrechtliche Erlaubnisse

Der Umgang mit Waffen und Munition bedarf einer **Erlaubnis** nach dem Waffen-gesetz. Personen unter 18 Jahren ist der Umgang grundsätzlich verboten.

Erlaubnisse nach dem WaffG

Waffenbesitzkarte	Erwerb und Besitz
Waffenschein und kleiner Waffenschein	Führen

Die **Waffenbesitzkarte** erlaubt dem Inhaber, Waffen und Munition zu erwerben und zu besitzen.

Der **Waffenschein** erlaubt dem Inhaber das Führen einer Waffe. Hierzu sind auch die besonderen Vorschriften für Bewachungsunternehmen weiter unten zu beachten.

7.4.1   Waffenbesitzkarte

Die Waffenbesitzkarte wird auf Antrag von der zuständigen Behörde, in der Regel dem Ordnungsamt, ausgestellt.

Dabei wird die genaue Bezeichnung der Waffe und der Munition eingetragen, für die die Erlaubnis gelten soll (z. B. Pistole Kal. 9 mm × 19).

Voraussetzungen für die Erlaubnis nach § 4 WaffG sind:

• das vollendete 18. Lebensjahr
• die erforderliche Zuverlässigkeit (§ 5 WaffG) und die persönliche Eignung (§ 6 WaffG)
• die erforderliche Sachkunde
• Nachweis eines Bedürfnisses

Grundsätzlich wird die Waffenbesitzkarte unbefristet erteilt, kann aber insbesondere zur Gefahrenabwehr mit Auflagen verbunden und dann auch befristet erteilt werden.

Aber drei Jahre nach Erteilung der ersten waffenrechtlichen Erlaubnis wird das Bedürfnis erneut geprüft. Weitere Prüfungen des Bedürfnisses liegen dann im Ermessen der zuständigen Behörde.

Darüber hinaus werden die Zuverlässigkeit und persönliche Eignung des Erlaubnisinhabers regelmäßig, mindestens jedoch alle drei Jahre von der Behörde überprüft. Fällt bei diesen Prüfungen eine der Voraussetzungen weg, so wird auch die waffenrechtliche Erlaubnis entzogen.

7.4.2 Waffenschein

Auch der Waffenschein wird auf Antrag von der zuständigen Behörde ausgestellt. Er berechtigt zum Führen einer Waffe.

Die **Voraussetzungen** sind identisch mit denen der Waffenbesitzkarte, erweitert um den Abschluss einer entsprechenden **Haftpflichtversicherung** mit einer Mindestversicherungssumme in Höhe von einer Million Euro für Personen- und Sachschäden.

Im Gegensatz zur Waffenbesitzkarte gilt die Erlaubnis zum Führen einer Waffe nur begrenzt auf drei Jahre und kann, soweit das Bedürfnis weiter vorliegt, zweimal verlängert werden.

Der sogenannte **kleine Waffenschein** dabei nur zum Führen von Schreckschuss-, Reizstoff- und Signalwaffen (siehe auch § 19 DGUV Vorschrift 23).

7.5 Aufbewahrung von Waffen und Munition

Wer Waffen besitzt, hat die erforderlichen Vorkehrungen zu treffen, um zu verhindern, dass diese abhandenkommen oder Dritte sie unbefugt an sich nehmen können (§ 36 WaffG).

Munition ist grundsätzlich **getrennt von den Waffen** aufzubewahren, es sei denn, die Aufbewahrung erfolgt in einem Sicherheitsbehältnis nach DIN.

Auf Verlangen der zuständigen Behörde muss der Waffenbesitzer die Aufbewahrung nachweisen und die Behörde hat unter bestimmten Voraussetzungen ein Zugangsrecht zu den Wohn- und Geschäftsräumen, in denen die Waffen aufbewahrt werden.

7.6 Anzeigepflichten

Neben dem Erwerb erlaubnispflichtiger Waffen und Munition ist auch deren Verlust unverzüglich der zuständigen Behörde anzuzeigen (§ 37 Abs. 2 WaffG). Weitere Anzeigepflichten nach § 37 WaffG:

- Erbschaft oder Fund oder
- die Zerstörung oder das Unbrauchbarmachen

einer erlaubnispflichtigen Waffe.

Eine weitere Anzeigepflicht betrifft verbotene Waffen (§ 42 WaffG). Werden solche Gegenstände in Besitz genommen, ist dies ebenfalls unverzüglich der zuständigen Behörde anzuzeigen.

7.7 Ausweispflicht

Wer erlaubnispflichtige Waffen transportiert oder führt, muss seinen **Personalausweis** oder **Reisepass** und die entsprechenden **Erlaubnisse** für Waffe und Munition (Waffenbesitzkarte, Waffenschein) mit sich führen und auf Verlangen Polizeibeamten oder sonst zur Personenkontrolle berechtigten Personen vorzeigen (§ 38 WaffG).

7.8 Öffentliche Veranstaltungen

Auf öffentlichen Veranstaltungen ist das Führen einer Waffe im Sinne des § 1 Abs. 2 WaffG grundsätzlich verboten (§ 42 WaffG). Dies sind:

- öffentliche Vergnügen
- Volksfeste
- Sportveranstaltungen
- Messen
- Ausstellungen
- Märkte oder
- ähnliche Veranstaltungen

Eine **Ausnahmegenehmigung** kann von der zuständigen Behörde erteilt werden, wenn keine Gefahr für die öffentliche Sicherheit und Ordnung besteht und der Antragsteller:

- die erforderliche Zuverlässigkeit und persönliche Eignung besitzt und
- nachweist, dass er bei der Veranstaltung nicht auf Waffen verzichten kann (besonderes Bedürfnis)

7.9   Vorschriften für Bewachungsunterneh men

Auch private Bewachungsunternehmen unterliegen den Regelungen des Waffengesetzes und sind an dessen Vorschriften zum Umgang mit erlaubnispflichtigen
Waffen gebunden.

Eine **waffenrechtliche Erlaubnis** zum Erwerb, Besitz und zum Führen
von Schusswaffen kann einem Bewachungsunternehmen erteilt werden, wenn
es glaubhaft macht, dass **Bewachungsaufträge** wahrgenommen werden oder
werden sollen, die aus Gründen der Sicherheit:

- einer gefährdeten Person oder
- eines gefährdeten Objektes

Schusswaffen erfordern (§ 28 Abs. 1 WaffG).

Dabei dürfen die Schusswaffen nur bei der tatsächlichen Durchführung des
Auftrages geführt werden. Vor der **Überlassung** der Waffen an Sicherheits-
mitarbeiter hat der Bewachungsunternehmer diese namentlich der zuständigen
Behörde zur Prüfung zu benennen und die **Genehmigung** einzuholen (§ 28
Abs. 2 und 3 WaffG).

Zusätzlich kann im **Waffenschein** auch aufgenommen werden, welche
Personen nach Weisung des Erlaubnisinhabers (Bewachungsunternehmer) zum
Führen berechtigt sind (§ 28 Abs. 4 WaffG).

Werden Gegenstände, die unter das Waffengesetz fallen, insbesondere erlaubnispflichtige und verbotene Waffen, **durch Sicherheitsmitarbeiter in Besitz
genommen** (z. B. bei einer Kontrolle), muss dies unverzüglich der zuständigen
Behörde angezeigt werden (siehe auch Anzeigepflichten).

Insoweit gelten die allgemeinen Anzeigepflichten natürlich uneingeschränkt
auch für Mitarbeiter von Bewachungsunternehmen.

7.10   Anscheinswaffen und bestimmte tragbare
         Gegenstände

§ 42 a WaffG verbietet das Führen von Anscheinswaffen und bestimmten trag-
baren Gegenständen.

Anscheinswaffen Gegenstände, die ihrer äußeren Form nach den Anschein
von Feuerwaffen hervorrufen, bei denen zum Antrieb der Geschosse jedoch keine
heißen Gase verwendet werden.

Unter die bestimmten Gegenstände fallen z. B. Einhandmesser und Teleskop-schlagstöcke und weitere in der Anlage 1 Abschnitt 1 Unterabschnitt 2 Nr. 1.1 aufgeführten Gegenstände.

7.11 Straf- und Bußgeldvorschriften

Die **Strafvorschriften** des Waffengesetzes finden sich in den §§ 51 bis 52a. Analog zu den Strafvorschriften des Betäubungsmittelgesetzes gehören sie zum Nebenstrafrecht.

Straftaten nach dem WaffG (Beispiele)		
Erwerb, Besitz, Handel oder Führen erlaubnispflichtiger Waffen ohne Erlaubnis	→	Freiheitsstrafe von einem Jahr bis zu fünf Jahren, in besonders schweren Fällen (gewerbsmäßig, als Mitglied einer Bande usw.) Freiheitsstrafe bis zu zehn Jahren

Die Strafandrohung für Verstöße reicht dabei von Geldstrafen bis hin zu Frei-heitsstrafen von zehn Jahren in besonders schweren Fällen. Die vorstehende Übersicht zeigt einige Beispiele.

Die **Bußgeldvorschriften** finden sich im § 53 WaffG. Ordnungswidrigkeiten im Sinne des Waffengesetzes können je nach Schwere des Verstoßes mit einer Geldbuße von bis zu 10.000 EUR geahndet werden.

Ordungswidrigkeiten nach dem WaffG (Beispiele)
Verstöße gegen Auflagen
Verstöße gegen Aufbewahrungspflichten
Erwerb nicht erlaubnispflichtiger Waffen als unter 18-Jähriger

Datenschutz

8

8.1 Zweck und Anwendungsbereich (Art. 1–3 DSGVO)

Die Bewachungsverordnung bezieht sich mit § 8 ausdrücklich auf Informationen und Daten, die Sicherheitsmitarbeiter im Rahmen einer Tätigkeit im Bewachungsgewerbe erlangt haben, und stellt diese unter besonderen Schutz.

Das Bundesdatenschutzgesetz (BDSG) und die Datenschutzgrundverordnung (DSGVO) stellen demgegenüber als wesentliche Rechtsvorschriften für den Bereich des Datenschutzes alle **personenbezogenen Daten (pbD)** unter Schutz, die von öffentlichen Stellen des Bundes oder der Länder und von nicht-öffentlichen Stellen (z. B. Unternehmen) ganz oder teilweise **automatisiert** verarbeitet werden, sowie auch nicht-automatisiert verarbeitete Daten, die in einem Dateisystem gespeichert werden.

Ausgenommen hiervon ist nur die Verarbeitung von personenbezogenen Daten durch natürliche Personen, wenn diese ausschließlich persönlichen oder familiären Tätigkeiten dient.

> **Zweck des Datenschutzes**
> ist es, personenbezogene Daten vor Missbrauch zu schützen und dadurch Beeinträchtigungen Einzelner in ihrem Persönlichkeitsrecht zu verhindern.

Hintergrund ist die sogenannte **informationelle Selbstbestimmung,** die aus dem allgemeinen **Persönlichkeitsrecht** Art. 2 GG resultiert, dem Recht, über die eigenen Daten zu verfügen.

© Springer Fachmedien Wiesbaden GmbH, ein Teil von Springer Nature 2023
R. Schwarz, *Geprüfte Schutz- und Sicherheitskraft (IHK)*,
https://doi.org/10.1007/978-3-658-38138-7_8

Jeder hat das Recht selbst zu bestimmen, wem welche Informationen über ihn zugänglich sein dürfen. Das Bundesdatenschutzgesetz gewährleistet den Schutz dieses Rechtes, indem es den Umgang mit personenbezogenen Daten durch öffentliche und nicht-öffentliche Stellen reguliert.

Anwendungsbereich
Datenschutz gilt für die Erhebung, Verarbeitung und Speicherung personenbezogener Daten durch öffentliche Stellen des Bundes oder der Länder und durch nicht-öffentliche Stellen sowie für die Verarbeitung durch natürliche Personen, wenn diese nicht ausschließlich persönlichen oder familiären Tätigkeiten dient.

8.2   Begriffsbestimmungen (Art. 4, 9 DSGVO)

Zum Verständnis des Datenschutzes und seiner Bestimmungen ist es unerlässlich, vorab einige Begriffe zu klären.

► **Datenschutz – wichtige Begriffe**

Personenbezogene Daten	sind Einzelangaben über persönliche oder sachliche Verhältnisse einer bestimmten oder bestimmbaren natürlichen Person.
Besondere Kategorien personenbezogener Daten	sind Daten, aus denen die ethnische Herkunft, politische Meinung, religiöse oder weltanschauliche Überzeugung oder Gewerkschaftszugehörigkeit hervorgehen. Weiterhin gehören dazu genetische und biometrische Daten, Gesundheitsdaten und Daten zum Sexualleben einer natürlichen Person.
Erheben	ist die Beschaffung der Daten.
Verarbeiten	ist die Speicherung, Veränderung, Übermittlung, Sperrung oder Löschung von Daten.
Speichern	ist die Erfassung, Aufnahme oder Aufbewahrung von Daten auf einem Datenträger, z. B. einer Festplatte.
Verändern	ist die inhaltliche Umgestaltung gespeicherter Daten.
Sperren	ist die Kennzeichnung von Daten, um ihre weitere Verarbeitung oder Nutzung einzuschränken.

Löschen	ist das Unkenntlichmachen gespeicherter Daten.
Nutzen	ist jede Verwendung, soweit es sich um Verarbeitung handelt.
Speichernde Stelle	ist jede öffentliche oder nicht-öffentliche Stelle, die Daten für sich selbst speichert oder durch andere speichern lässt.
Anonymisieren	ist das Verändern von Daten, sodass kein Rückschluss auf die Datenquelle möglich ist.

8.3   Datenschutzbeauftragter (Art. 37–39 DSGVO)

Öffentliche Stellen bestellen grundsätzlich einen Datenschutzbeauftragten.

Nicht-öffentliche Stellen haben einen **betrieblichen Datenschutz-beauftragten** zu bestellen, wenn die Kerntätigkeit des Unternehmens die Verarbeitung besonders sensibler Daten oder die systematische Überwachung von betroffenen Personen ist oder mindestens 20 Personen ständig mit der Verarbeitung personenbezogener Daten beschäftigt sind. Öffentliche Stellen haben immer einen Datenschutzbeauftragten zu bestellen.

Aufgaben des Datenschutzbeauftragten

- Unterrichtung und Beratung des Unternehmens (inkl. Datenschutz-Folgenabschätzung)
- Überwachung der Einhaltung der Datenschutzvorschriften
- Schulung der Mitarbeiter
- Zusammenarbeit mit den Behörden
- Funktion als Ansprechpartner für Betroffene

In Ergänzung dazu bestimmt das deutsche BDSG die Bestellung eines Daten-schutzbeauftragten für nicht-öffentliche Stellen, wenn im Unternehmen in der Regel mindestens zehn Personen ständig mit der automatisierten Verarbeitung personenbezogener Daten beschäftigt sind (§ 38 BDSG). Insoweit besteht die bis-herige Regelung fort.

8.4   Technische und organisatorische Maßnahmen (Art. 24, 32 DSGVO)

Datenverarbeitende Stellen haben die technischen und organisatorischen Maßnahmen zu treffen, die erforderlich sind, um die Ausführung der Vorschriften des Datenschutzes zu gewährleisten.

Verantwortlich hierfür ist die **verantwortliche Stelle** – der Inhaber, Vorstand oder Geschäftsführer mit Unterstützung des Datenschutzbeauftragten.

Die folgende Übersicht enthält die zum Schutz personenbezogener Daten zu treffenden Maßnahmen.

Übersicht der technischen und organisatorischen Maßnahmen		
Bezeichnung		**Inhalt**
Zutrittskontrolle	→	Unbefugten ist der räumliche Zutritt zu Datenverarbeitungsanlagen zu verwehren
Zugriffskontrolle	→	Nur berechtigter Zugriff
Weitergabekontrolle	→	Verhinderung des unbefugten Lesens, Kopierens, Veränderns oder Entfernens von Daten
Eingabekontrolle	→	Nachträgliche Kontrolle, wer wann was eingegeben hat
Auftragskontrolle	→	Verarbeitung von Daten nur gemäß Weisung des Auftraggebers
Verfügbarkeitskontrolle	→	Schutz gegen zufällige Zerstörung oder Verlust
Zweckbindungskontrolle	→	Nur zweckentsprechende Erhebung und Verarbeitung von Daten / Trennung der Daten nach Zwecken
Zugangskontrolle	→	Verhinderung der unbefugten Benutzung von Daten

8.5   Zulässigkeit der Datenerhebung, -verarbeitung und -nutzung (Art. 6, 9 DSGVO)

Dem Schutzzweck der Regelungen zum Datenschutz folgend ist die Erhebung, Verarbeitung und Nutzung personenbezogener Daten an strenge Voraussetzungen geknüpft. Personenbezogene Daten dürfen nur erhoben, verarbeitet und genutzt werden, wenn:

- das BDSG, die DSGVO oder eine andere Rechtsvorschrift dies erlauben (z. B. StPO, SGB VII) oder
- der Betroffene eingewilligt hat.

Die **Einwilligung** muss schriftlich erfolgen und der Betroffene ist auf den Zweck der Speicherung und eine vorgesehene Übermittlung der Daten hinzuweisen. Auf Wunsch des Betroffenen oder soweit dies erforderlich ist, ist er auch auf eventuelle Folgen der Verweigerung einer Einwilligung hinzuweisen (Art. 7 DSGVO).

Besondere Kategorien personenbezogener Daten dürfen grundsätzlich nicht erhoben, gespeichert und verarbeitet werden, es sei denn die Verarbeitung:

- ist ausdrücklich durch den Betroffenen genehmigt worden,
- ist aus arbeits- oder sozialrechtlichen Gründen erforderlich,
- dient dem Schutz lebenswichtiger Interessen des Betroffenen und der Betroffene ist nicht in der Lage, einzuwilligen,
- erfolgt durch Stiftungen o. Ä. ohne Gewinnerzielungsabsicht, soweit die Mitglieder dem zugestimmt haben,
- bezieht sich auf Daten, die der Betroffene öffentlich gemacht hat,
- ist zum Schutz der Grundrechte Dritter erforderlich oder
- erfolgt aus Gründen des öffentlichen Interesses.

Der Betroffene ist grundsätzlich – bis auf wenige Ausnahmen – über die Verarbeitung und ggf. Weitergabe seiner Daten zu Informieren (Art. 13 DSGVO, §§ 32, 33 BDSG).

8.6   Sicherheit der Datenverarbeitung (Art. 32 DSGVO)

Zur Risikominimierung sollen personenbezogene Daten nach Möglichkeit:

*   pseudonymisiert und verschlüsselt werden, zudem soll
*   die Funktionsfähigkeit der Verarbeitungssysteme nachhaltig sichergestellt sein und
*   im Falle eines Zwischenfalls der Zugriff schnellstmöglich wiederhergestellt werden können.

8.7   Meldung von Verletzungen des Schutzes personenbezogener Daten an die Aufsichtsbehörde (Art. 33 DSGVO)

Wurde der Schutz personenbezogener Daten nach dem Datenschutzrecht verletzt, hat der Verantwortliche dies unverzüglich, spätestens jedoch binnen 72 Stunden der zuständigen Aufsichtsbehörde zu melden.

8.8   Grundsätze der Verarbeitung (Art. 5 DSGVO)

Für die Verarbeitung personenbezogener Daten gelten folgende Grundsätze:

Grundsätze bei personenbezogenen Daten
*   **Rechtmäßigkeit:** PbD dürfen nur rechtmäßig erhoben, gespeichert und genutzt werden.
*   **Verarbeitung nach Treu und Glauben:** Auf die Interessen Betroffener ist Rücksicht zu nehmen, Unklarheiten gehen nicht zu deren Lasten.
*   **Transparenz:** Der Betroffene ist grundsätzlich über alles, was seine PbD betrifft, in verständlicher Art und Weise zu informieren.
*   **Zweckbindung:** PbD dürfen nur zu dem Zweck verwendet werden, zu dem sie erhoben wurden.
*   **Datenminimierung:** PbD müssen auf das unbedingt notwendige Maß begrenzt werden.

- **Richtigkeit:** PbD müssen sachlich richtig und auf dem aktuellen Stand sein.
- **Speicherbegrenzung:** PbD müssen unverzüglich gelöscht werden, wenn der Zweck der Verarbeitung entfallen ist oder der Betroffene die Einwilligung widerruft.
- **Integrität und Vertraulichkeit:** PbD müssen vor ungewollter Beschädigung, Löschung oder Veränderung und vor der Kenntnisnahme durch Unbefugte geschützt werden.

8.9   Datenschutz-Folgenabschätzung (Art. 35 DSGVO)

Beinhaltet eine Form der Verarbeitung oder Nutzung von personenbezogenen Daten voraussichtlich ein hohes Risiko für die Rechte der Betroffenen, so hat der Verantwortliche vorab eine Abschätzung der Folgen für den Schutz der Daten durchzuführen.

8.10   Datengeheimnis

Personen, die in der Datenverarbeitung bei nicht-öffentlichen Stellen beschäftigt sind, sind zu Beginn der Tätigkeit auf das Datengeheimnis zu verpflichten. Dieses besteht auch nach Beendigung der Tätigkeit fort.

Solchen Personen ist es untersagt, unbefugt Daten zu erheben, zu verarbeiten oder zu nutzen (Datengeheimnis).

8.11   Rechte Betroffener (Art. 12 ff. DSGVO)

Neben den Vorschriften zum Umgang mit personenbezogenen Daten räumen die Vorschriften zum Datenschutz den Betroffenen weitreichende Rechte in Bezug auf ihre Daten gegenüber den öffentlichen und nicht-öffentlichen Stellen ein.

Hier besteht unter anderem ein Auskunftsanspruch: Der Betroffene soll erfahren können, welche Daten über seine Person zu welchem Zweck gespeichert sind und an wen eine Weitergabe erfolgt (ist). Er hat weiterhin das Recht, die Berichtigung, Löschung und Sperrung von Daten zu verlangen, wenn diese z. B.

unrichtig sind oder unrechtmäßig erhoben wurden. Hat der Betroffene in die Verarbeitung seiner Daten eingewilligt, kann er diese Einwilligung jederzeit widerrufen.

Rechte Betroffener
Auskunft, Benachrichtigung und Einsicht
Berichtigung, Löschung und Sperrung von Daten; Widerspruchsrecht
Anrufung des Datenschutzbeauftragten
Recht auf Datenübertragbarkeit
Einschränkungen beim Profiling

Darüber hinaus kann der Datenschutzbeauftragte im Streitfall vom Betroffenen angerufen werden und es kann eine entsprechende Überprüfung erfolgen.

Neu ist, dass die betroffene Person das Recht hat, die sie betreffenden personenbezogenen Daten, die sie einem Verantwortlichen bereitgestellt hat, in einem strukturierten, gängigen und maschinenlesbaren Format zu erhalten. Weiterhin hat sie das Recht, diese Daten einem anderen Verantwortlichen zu übermitteln (Art. 20 DSGVO).

Neu ist auch das Recht der betroffenen Person, nicht einer ausschließlich auf einer automatisierten Verarbeitung (einschließlich Profiling) beruhenden Entscheidung unterworfen zu werden, die ihr gegenüber rechtliche Wirkung entfaltet oder sie in ähnlicher Weise erheblich beeinträchtigt (Art. 22 DSGVO).

Die Rechte Betroffener können nur durch entsprechende Gesetze in den in Art. 23 DSGVO genannten Fällen eingeschränkt werden.

8.12   Videoüberwachung (Art. 32 DSGVO)

Die Videoüberwachung ist ein erprobtes Mittel der Kriminalitätsbekämpfung, ihr Einsatz jedoch nicht unbeschränkt möglich. Die DSGVO (das BDSG im § 4) regelt den Einsatz von Videotechnik zur Überwachung öffentlich zugänglicher Räume. Zulässig ist sie nur, soweit sie:

- Zur Aufgabenerfüllung öffentlicher Stellen,
- Zur Wahrnehmung des Hausrechts oder
- Zur Wahrnehmung berechtigter Interessen für konkret festgelegte Zwecke

erforderlich ist und keine Anhaltspunkte bestehen, dass **schutzwürdige Interessen** (z. B. ein Grundrecht) **der Betroffenen** überwiegen. Dies ist z. B. regelmäßig in Sanitärräumen der Fall.

Die Beobachtung und die verantwortliche Stelle sind durch geeignete Maßnahmen (üblich sind entsprechende **Hinweisschilder**) erkennbar zu machen. Sind die Aufnahmen zur Erreichung des Zwecks der Überwachung nicht mehr erforderlich oder stehen schutzwürdige Interessen mindestens eines Betroffenen einer Speicherung entgegen, sind die Aufnahmen unverzüglich zu löschen.

Können durch die Videoüberwachung gewonnene Daten einer bestimmten Person zugeordnet werden, ist diese entsprechend zu benachrichtigen.

8.13 Verstöße gegen Vorschriften des Datenschutzes

Verstöße gegen Vorschriften des Datenschutzes werden sehr ernst genommen und in der Regel streng geahndet.

Folgen von Verstößen gegen Bestimmungen des Datenschutzes
Schadenersatz
Bußgeldvorschriften
Strafvorschriften

Entsteht einem Betroffenen aus der unzulässigen oder unrichtigen Erhebung, Verarbeitung oder Nutzung seiner personenbezogenen Daten ein **Schaden,** sind die verantwortliche Stelle oder deren Träger zum Ersatz dieses Schadens verpflichtet (Art. 82 DSGVO, Gefährdungshaftung).

Wer vorsätzlich oder fahrlässig geschützte Daten unzulässig erhebt, verarbeitet oder nutzt, handelt ordnungswidrig und kann mit einem Bußgeld von bis zu 25.000 EUR belegt werden.

Auch Verstöße gegen andere Vorschriften sind ordnungswidrig; wer z. B. keinen Datenschutzbeauftragten bestellt oder vorgeschriebene technische oder organisatorische Maßnahmen nicht trifft, handelt ordnungswidrig.

Wer die Datenschutzbestimmungen vorsätzlich gegen Entgelt oder in der Absicht sich zu bereichern verletzt, kann mit einer Freiheitsstrafe bis zu zwei Jahren oder mit Geldstrafe bestraft werden (siehe auch Strafvorschriften des StGB: §§ 201 StGB ff.).

Teil II

Handlungsbereich 1: Rechts- und aufgabenbezogenes Handeln b) Dienstkunde

Einführung

Die Globalisierung – auch und gerade die Globalisierung von Spionage, Kriminalität und Terrorismus, veränderte Strukturen in der Wirtschaft, neue Technologien und daraus resultierende neue und veränderte Gefahrenpotenziale prägen heute das Umfeld, in dem Sicherheitsunternehmen ihre Dienstleistungen anbieten.

Hieraus leiten sich auch die nachfolgend beschriebenen neuen und veränderten Aufgabenfelder ab, wobei „klassische" Tätigkeiten wie der einfache Pförtnerdienst immer weiter in den Hintergrund rücken.

Themenübersicht
Gefährdungslage und Schutzziele
Sicherheitsdienstleistungen
Aufgabenfelder der privaten Sicherheit
Taktisches Verhalten und Eigensicherung
Meldungen und Berichte

9.1 Schutzziele und Gefährdungslage

Erst eine wie auch immer geartete Gefährdung für Personen, Sachen oder Rechte macht Sicherheit notwendig und löst die Einrichtung von Sicherheitsmaßnahmen aus. Dabei spielt es keine Rolle, ob es sich um eine tatsächliche, potenzielle oder nur empfundene Gefahr handelt.

© Springer Fachmedien Wiesbaden GmbH, ein Teil von Springer Nature 2023
R. Schwarz, *Geprüfte Schutz- und Sicherheitskraft (IHK)*,
https://doi.org/10.1007/978-3-658-38138-7_9

In einem ersten Schritt muss dazu definiert werden, welche Dinge als schützenswert erachtet werden. **Schutzziele** für ein Unternehmen können z. B. sein:

- Schutz des Unternehmens gegen kriminelle Handlungen wie Diebstahl und Sachbeschädigung
- Schutz des Unternehmens vor Industriespionage
- Schutz des Unternehmens vor den Folgen von plötzlichen Ereignissen (technische Defekte, Havarien und Unfälle)
- Schutz von Leib, Leben und Gesundheit der Belegschaft (Arbeits-, Gesundheits- und Umweltschutz)
- usw.

Ausgehend vom Sicherheitsbedürfnis und den definierten Schutzzielen werden eine Analyse der möglichen Gefahren durchgeführt und Sicherheitsaufgaben (Maßnahmen) festgelegt. In die Analyse der Gefährdungslage sollten folgende Aspekte einfließen:

- Kriminalitätsstatistik (regional, überregional)
- Vorkommnisse der Vergangenheit
- Stellung des Objekts (Wettbewerbssituation, Innovationskraft, technisches Know-how usw.)
- Wert der Gegenstände im Unternehmen (und Wiederverkaufswert/Verwertungsfähigkeit auf dem Schwarzmarkt oder im Ausland)
- Wahrscheinlichkeit technischer Defekte, Stromausfälle usw.
- Gefahren für die Umwelt
- Brandgefahr
- Unfallgefahren und
- Wahrscheinlichkeit und Höhe des jeweils möglichen Schadens

In einem weiteren Schritt werden dann die oben beschriebenen Ziele auf die Arbeitsebene „heruntergebrochen" und so formuliert, dass einzelne Aufgaben daraus ableitbar sind (Einzelziele, Operationalisierung).

Ein Einzelziel des Schutzes vor Industriespionage könnte z. B. sein: „Keine unberechtigte Person darf Zugang zum Betriebsgelände erhalten. Jede Person muss dazu vor dem Betreten des Betriebsgeländes ihre Zutrittsberechtigung nachweisen."

Die daraus resultierende Einzelaufgabe wäre die Gewährleistung einer lückenlosen Zutrittskontrolle, z. B. durch Dienstausweise, ergänzt durch eine entsprechende Besucherregelung (siehe auch Kontrollen).

Gefahrenübersicht
Kriminalität und Terrorismus
(Industrie-)Spionage
Natürliche Ereignisse
Menschliches oder technisches Versagen

Dabei darf nicht vergessen werden, dass die Gefahren sowohl von außen als auch von innen kommen können. Die Gefahr von innen (durch z. B. unzufriedene Mitarbeiter) wird zwar oft bedacht, nicht aber im Schutzkonzept mit daraus resultierenden Maßnahmen hinterlegt.

9.2   Sicherheitsdienstleistungen

Bereits die Übersicht der Gefahren zeigt sehr deutlich, dass Sicherheit und Sicherheitsaufgaben sehr weit gefasst sind. Neben dem Schutz vor Gefahren umfassen sie auch die Abwendung und Minimierung von Schäden. Die DIN 77200 definiert Sicherheitsdienstleistungen sinngemäß wie folgt:

▶ **Sicherheitsdienstleistung(en) nach DIN 77200** Alle Handlungen und Maßnahmen auf vertraglicher Grundlage zum Schutz von Leib, Leben, Gesundheit und Eigentum sowie anderer Rechtsgüter.

9.3   Sicherheitskonzept

Die bis hierher gewonnenen Erkenntnisse über Schutzziele, Gefährdungslage und mögliche Maßnahmen und Aufgaben werden in einem letzten Schritt in einem Sicherheitskonzept zusammengefasst.

Festlegung der Schutzziele

↓

Gefährdungsanalyse

↓

Sicherheitskonzept

Das Sicherheits- oder auch Schutzkonzept beschreibt damit den SOLL- Zustand der Sicherheit und dient als Grundlage und Maßstab für die Durchführung und die notwendigen regelmäßigen Kontrollen.

Um den bestmöglichen Schutz zu gewährleisten, reicht die personelle Bewachung aber allein nicht aus. Nur im Zusammenspiel mit technischen Schutzmaßnahmen kann eine optimale Sicherheit erreicht werden.

Moderne Sicherheitskonzepte bestehen daher aus drei aufeinander abgestimmten Maßnahmenpaketen: **T**echnische (mechanische und elektronische), **o**rganisatorische und **p**ersonelle Schutzmaßnahmen (**TOP-Prinzip**).

Sicherheitskonzept (TOP)
Technische Maßnahmen
Organisatorische Maßnahmen
Personelle Maßnahmen

Der Erfolg eines Sicherheitskonzeptes und darauf basierender Maßnahmen steht und fällt mit der Abstimmung und Koordination aller drei Bereiche.

Aufgabenfelder der privaten Sicherheit 10

Grundlage der von der Sicherheitswirtschaft angebotenen Dienstleistungen und Aufgabenfelder ist wie beschrieben die DIN 77200. Sie legt für alle Unternehmen der Branche einheitliche Kriterien und nachprüfbare Anforderungen fest und sichert so die Transparenz und Qualität der erbrachten Leistungen. Für Kunden wird jede Leistung sichtbar und eindeutig definiert. Verbindlich ist sie allerdings nicht.

10.1 Objektschutzdienst

Der Objekt- oder auch Werkschutz beschreibt den Schutz von Objekten vor schädigenden Ereignissen und deren Auswirkungen, wobei **Werkschutz** den Schutz durch firmeneigenes Personal und Objektschutz den Schutz durch firmenfremdes Personal meint.

▶ **Objektschutzdienst nach DIN 77200** Form der Objektsicherung, bei der die Beschäftigten des Auftragnehmers in bzw. an räumlich zusammenhängenden Gebäuden, Objekten und auf Grundstücken Sicherheitsdienstleistungen erbringen.

10.1.1 Schutzziele im Objektschutz

In der Praxis erstreckt sich der Objektschutz nicht nur auf den Schutz vor kriminellen Handlungen, sondern auf alle denkbaren Ereignisse, die einen Schaden für den Auftraggeber oder sich dort aufhaltende Personen hervorrufen können und für die eine entsprechende Leistung vereinbart wurde. Schutz vor:

© Springer Fachmedien Wiesbaden GmbH, ein Teil von Springer Nature 2023 133
R. Schwarz, *Geprüfte Schutz- und Sicherheitskraft (IHK)*,
https://doi.org/10.1007/978-3-658-38138-7_10

- kriminellen Handlungen (Diebstahl, Sachbeschädigung, Sabotage, Demonstrationen, Flugblattaktionen)
- Industriespionage
- Bränden (Brandschutz)
- Schäden für Leib, Leben und Gesundheit (Arbeits- und Gesundheitsschutz)
- Umweltschäden (Umweltschutz)
- den Auswirkungen von technischen Defekten und Havarien
- Unfällen und
- sonstigen störenden oder schädigenden Ereignissen

Dies schließt auch immer die Minimierung von Folgeschäden, z. B. durch Absperrung von Unfallorten, Einleitung erster Maßnahmen bei Havarien usw. mit ein.

10.1.2 Gegenstände des Objektschutzes

Gegenstand des Objektschutzes können alle öffentlichen und privaten Einrichtungen, Anlagen und Grundstücke sein:

- Unternehmen und ihre Betriebsstätten
- Botschaften
- Ministerien
- Bundeswehrkasernen
- sonstige öffentliche und private Einrichtungen und Anlagen und
- Grundstücke

Bemerkenswert ist in diesem Zusammenhang, dass öffentliche Einrichtungen immer häufiger ihre Schutzaufgaben ausgliedern (Outsourcing) und an private Sicherheitsdienstleister abgeben.

10.1.3 Einzelaufgaben im Objektschutz

Dabei umfasst der Objektschutz verschiedene Einzelaufgaben, die von den Sicherheitsmitarbeitern vor Ort wahrzunehmen sind. Hierzu gehören z. B.:

- Zutrittskontrollen
- Zufahrtskontrollen

- Objektbestreifung
- Zustandskontrollen von Sicherheits- und Brandschutzeinrichtungen
- Kontrollen auf Beschädigungen
- Überwachung technischer Einrichtungen wie unterbrechungsfreie Stromversorgung (USV), Notstromaggregate
- Empfang von Meldungen der EMA, BMA und Einleitung von Maßnahmen

Je nach Gefährdungslage, Schutzzielen und Budget des Auftraggebers beginnt Objektschutz im Grunde mit einem einzelnen Pförtner und geht bis hin zu mehrköpfigen Objektschutzteams, die eigenständig die Gesamtverantwortung für die Sicherheit übernehmen.

Wichtig hierbei ist, dass alle Maßnahmen und Aufgaben mit den/dem Verantwortlichen des Auftraggebers abgesprochen, schriftlich festgelegt und regelmäßig aktualisiert werden.

10.1.4 Objektbezogene Dienstanweisung

Ergebnis der Festlegungen ist die objektbezogene Dienstanweisung. Sie enthält alle Einzelaufgaben mit Beschreibung der Prozesse und Maßnahmen, die von den Sicherheitsmitarbeitern im Objekt durchgeführt werden sollen. Hierzu zählen:

- Dienstkleidung, Ausrüstung und Ausstattung
- Funktion und Bedeutung des Objektes
- Objektbeschreibung mit Lageplänen
- Ansprechpartner/Verantwortliche
- allgemeine und spezielle Gefährdungslage
- Schutzziele und Einzelaufgaben
- Dokumentation (Wachbuch usw.)
- Zutritts- und Besucherregelung mit Beschreibung des Ablaufs und der Zuständigkeiten
- Muster von Dienst- oder Firmenausweisen
- Zufahrtsberechtigungen
- Beschreibung der technischen Sicherheitsausstattung inklusive Bedienungsanweisung
- Streifenwege und -zeiten für Kontrollgänge inklusive Kontrollschwerpunkte
- Erste-Hilfe- und Notfallmaßnahmen
- Flucht- und Rettungswege
- Hilfe- und Notfalltelefonnummern
- abzufassende Meldungen mit Mustern

Die Dienstanweisung ist idealerweise so zu gestalten, dass ein neuer Mitarbeiter in der Lage ist, ohne Weiteres nur anhand der Dienstanweisung seinen Dienst vorschriftsmäßig zu versehen (in der Praxis wird dieses Ziel leider aber nur sehr selten erreicht). Umso wichtiger wird daher die Objekteinweisung.

10.1.5 Objekteinweisung

Entsprechend der DGUV Vorschrift 23 muss jeder neue Mitarbeiter umfassend in das zu sichernde Objekt und die objektbezogene Dienstanweisung eingewiesen werden (Objekteinweisung).

Neben den Punkten, die die objektbezogene Dienstanweisung enthält (bzw. enthalten sollte), sind neue Mitarbeiter insbesondere in noch nicht aufgenommene Veränderungen und Ausnahmeregelungen, in Vorkommnisse der letzten Zeit und spezifische Gefahren einzuweisen (siehe hierzu auch Handlungsfeld 2).

Inhaltsübersicht einer objektbezogenen Dienstanweisung (Beispiel)

1. **Allgemeine Dienstanweisung**
    1.1   Allgemeine Bedingungen zur Durchführung des Objektschutzes
    1.2   Unterstellungsverhältnis
    1.3   Anforderungen
    1.4   Allgemeine Aufgaben
    1.5   Befugnisse
    1.6   Verhalten im Dienst
    1.7   Dienstorganisation
    1.8   Dienstverschwiegenheit und Auskunftserteilung
    1.9   Dienstkleidung
    1.10 Ausrüstung
2. **Objektspezifische Aufgaben**
3. **Schlussbestimmungen**
4. **Nachweis der Einweisung** ◄

10.1.6 Dienstübergabe

Bei jedem Schichtwechsel ist eine Dienstübergabe vorzunehmen. Während des laufenden Betriebs ist die Dienstübergabe die wichtigste Informationsquelle für die diensthabenden Schichten. Hier werden alle relevanten Informationen über Änderungen und Vorkommnisse an die nächste Schicht weitergegeben. Die Übergabe und die Vollzähligkeit von Schlüsseln und Ausrüstung werden im Dienstbuch dokumentiert.

Kontrollen im Objektschutz
Kontrolle der Schutz- und Sicherheitsausstattung auf Funktion und Beschädigungen, inkl. Kontrolle auf Einbruchs- oder Bearbeitungsspuren
Verschluss aller Türen und Fenster
Abschaltung der Beleuchtung nach Geschäftsschluss
Kontrolle technischer Einrichtungen (Serverräume, Klimaanlagen usw.)
Kontrolle der Brand-, Umwelt-, Arbeits- und Gesundheitsschutzeinrichtungen (z. B. Vollzähligkeit der Feuerlöscher, Funktionsfähigkeit von Brandschutztüren, freie Flucht- und Rettungswege, Funktion der Notbeleuchtung usw.)
Stichprobenartige Kontrolle der Dienstausweise des Personals auf dem Firmengelände
Einhaltung von Sicherheitsbestimmungen (Schutzkleidung, Verhalten, Lagerung von gefährlichen Stoffen usw.)
Einhaltung der Parkordnung auf dem Firmengelände
Sonstige Veränderungen (Fußspuren, Schäden, Bewuchs auf Nachbargrundstücken, auffällige Personen im Umfeld usw.)
Kontrolle auf Gefahrenstellen
Abgestellte Gegenstände (Koffer, Taschen usw.)
Verschmutzung der Außenseiten mit Plakaten, Graffiti o. ä.
Verstellung der Zufahrten durch falsch geparkte Fahrzeuge

10.1.7 Kontrollen im Objektschutz

Entsprechend der Schutzziele und Einzelaufgaben ergeben sich unterschiedliche Kontrollschwerpunkte. Je nach Gefährdungslage oder Wünschen des Auftraggebers können Kontrollen im Rahmen von regelmäßigen Kontrollgängen und/oder durch zeitlich nicht festgelegte Stichprobenkontrollen durchgeführt werden. Die Übersicht enthält einige Beispiele für Kontrollen.

10.2   Torkontroll- und Empfangsdienst

Der Torkontroll- und Empfangsdienst ist gemäß DIN 77200 verantwortlich für die Kontrolle des Personen-, Fahrzeug- und Güterverkehrs an Ein- und Ausfahrten und Ein- und Ausgängen.

▶ **Torkontroll- und Empfangsdienst nach DIN 77200** Form der Objektsicherung an einem ortsfesten Punkt zur Überwachung, Kontrolle, Sicherung und Regelung des Personen-, Fahrzeug-, Waren- und/oder Güterverkehrs.

Insoweit ist der Torkontroll- und Empfangsdienst eine Teilaufgabe des Objektschutzes und insbesondere bei größeren Objekten auch in das Schutzkonzept integriert.

- Mitarbeiter des Auftraggebers
- Besucher
- Kunden
- Lieferanten
- Fremdfirmen (Handwerker)

Er setzt damit die für ein Objekt bestehenden Zutritts- und Zufahrtsregelungen unmittelbar um. Darüber hinaus kann der Tordienst weitere Aufgaben z. B. im Rahmen des Notfallmanagements oder im Rahmen des Umweltschutzes wahrnehmen (siehe auch Handlungsfeld 2).

- Umsetzung der Zutritts- und Zufahrtsregelungen
- Kontrolle des Warenverkehrs
- Mitwirkung bei Alarmierungen
- Leitung von Feuerwehr und Rettungsdienst in Notfällen
- Kontrolle von Gefahrguttransporten

Ist für das Objekt ein separater Empfangsdienst eingerichtet, der sich nicht unmittelbar an einem Ein- und Ausgang befindet, sind die Aufgaben hier getrennt. Der **Empfangsdienst** hat dann ausschließlich die Aufgabe, den Verkehr betriebsfremder Personen (Besucher, Kunden usw.) zu regeln, während die eigentliche Zutrittskontrolle räumlich danach durch einen Torkontrolldienst eingerichtet ist. Damit kommt dem Empfangsdienst eine überwiegend repräsentierende Funktion zu. Er ist die erste Person des Unternehmens, mit der Betriebsfremde in Kontakt kommen. Insoweit übertragen diese den so gewonnenen ersten Eindruck auf das gesamte Kundenunternehmen. Hier ist folglich besonderes Fingerspitzengefühl gefragt, eine Aufgabe, die nicht jedem liegt (siehe auch Handlungsfeld 3).

10.2.1 Schließdienst

Der Schließdienst ist (oder sollte dies zumindest sein) integraler Bestandteil des Objektschutzes. Über die Regelung der **Schlüsselgewalt** bzw. der **Empfangsberechtigung** für einzelne Schlüssel (oder Zugangskarten) wird der Zugang zu den Bereichen des Betriebsgeländes geregelt. Daher wird diese Aufgabe meist von den Mitarbeitern im Torkontroll- oder Empfangsdienst mit wahrgenommen (zu Einzelheiten von Schließanlagen und deren Möglichkeiten siehe Handlungsfeld 2).

Die eigentliche Regelung der Schlüsselgewalt und die Erstellung einer **Schlüsselordnung** obliegen dabei einem Verantwortlichen des Kunden. Entsprechend dieser Weisungen werden die Schlüssel oder Zugangskarten dann gegen Unterschrift an die Berechtigten ausgegeben und zurückgenommen. Bei jeder Dienstübergabe ist die Vollzähligkeit des Schlüsselbestandes zu prüfen und zu dokumentieren.

Besonderes Augenmerk ist auf die sichere **Aufbewahrung der Schlüssel,** insbesondere der Generalschlüssel, zu legen. Hier muss sichergestellt sein, dass keine Unberechtigten Zugriff auf die Schlüssel haben und jeder Zugriff aufgezeichnet wird. Die Aufbewahrung erfolgt in aller Regel in speziellen Schlüsselkästen oder Tresoren in einem nicht für alle zugänglichen Raum.

10.3   Posten- und Streifendienst

Der Posten- und Streifendienst besteht aus örtlich und zeitlich genau ein-
gegrenzten Schutzaufgaben, die ebenfalls nicht oder nur schwer vom Objektschutz abzugrenzen sind.

▶ **Posten- und Streifendienst nach DIN 77200** Form der Objektsicherung mit
zeitlich und/oder örtlich festgelegten Schutzaufgaben.

Im Wesentlichen stellen auch sie Einzelaufgaben des Objektschutzes dar. Insbesondere in kleinen Objekten oder Objekten, deren Gefährdungslage als niedrig
eingeschätzt wurde, reicht es oft aus, nur einzelne Aufgaben zu besetzen.

10.3.1 Postendienst

Der Postendienst nimmt gemäß DIN 77200 örtlich und/oder zeitlich begrenzte
Sicherheitsaufgaben wahr. Dies kann z. B. im Rahmen des Objektschutzes, der
Baustellenbewachung oder anderen „kleineren" Aufträgen erfolgen, wie z. B.:

- Baustellen
- Ausrüstung und Drehorte von Filmproduktionen bei Außenaufnahmen
- zeitlich begrenzte Zutritts- und Zufahrtskontrollen bei Systemausfall
- Sicherheitsposten nach Notfällen oder Katastrophen
- usw.

10.3.2 Streifendienst

Der Streifendienst nimmt gemäß DIN 77200 Sicherheitsaufgaben im Rahmen
von zeitlich und/oder räumlich festgelegten Streifenwegen wahr. Auf dem
Streifenweg werden zuvor festgelegte Kontrolltätigkeiten und -schwerpunkte
abgearbeitet und bei Bedarf dokumentiert, z. B. auch mithilfe eines Wächter-
kontrollsystems.

Kontrollen im Streifendienst
Kontrolle der Schutz- und Sicherheitsausstattung auf Funktion und Beschädigungen, inkl. Kontrolle auf Einbruchs- oder Bearbeitungsspuren
Verschluss aller Türen und Fenster
Kontrolle der Brand-, Umwelt-, Arbeits- und Gesundheitsschutzeinrichtungen (z. B. Feuerlöscher, Brandschutztüren, freie Flucht- und Rettungswege, Funktion der Notbeleuchtung usw.)
Einhaltung von Sicherheitsbestimmungen (Schutzkleidung, Verhalten usw.) und Kontrolle auf Gefahrenstellen
Sonstige Veränderungen (Fußspuren, Schäden, Bewuchs auf Nachbargrundstücken, auffällige Personen im Umfeld usw.)

Er ist somit das mobile Gegenstück zum Postendienst, der örtlich gebunden ist. Analog zu den Kontrolltätigkeiten im Objektschutz sind folgende Kontrollen denkbar:

10.3.3 Umgang mit Fundsachen

Der Umgang mit Fundsachen, in deren Besitz Sicherheitsmitarbeiter während des Dienstes kommen, unterliegt einer Reihe von Regelungen. Ziel ist es, die verlorene Sache dem ursprünglichen Besitzer zurückzugeben.

FUNDMELDUNG	
	Datum, Uhrzeit
Beschreibung der Fundsache inkl. geschätzter Wert	
Angaben zum Finder	Annehmender
Unterschrift	Unterschrift
Übergabe an Behörde	Rückgabe an Verlierer
Datum	Datum, Unterschrift
Rückgabe an Finder	
Datum, Unterschrift	

Fundsachen sind vorübergehend besitzlos gewordene Sachen, gehen aber nicht automatisch in den Besitz des Finders über. Vielmehr ist der Finder zur sicheren Aufbewahrung verpflichtet:

- Registrierung der Fundsache
- Ermittlung des ursprünglichen Besitzers
- Aufbewahrung bis zur Übergabe

Liegt der Wert einer im Betrieb gefundenen Sache unter fünf Euro, kann die Sache im Betrieb aufbewahrt werden (Frist: sechs Monate). Liegt der Wert über fünf Euro, ist die Sache nach der Registrierung an das Fundamt zu übergeben. Hierfür wird eine Fundmeldung nach dem Muster auf der vorhergehenden Seite erstellt.

10.4   Alarm- und Interventionsdienst

Hierzu gehören nach DIN 77200 die Entgegennahme, Dokumentation und Weiterleitung von Alarm- und Ereignismeldungen sowie die Einleitung entsprechend vereinbarter Reaktionen darauf. Zum einen kann dies die Weiterleitung an externe Hilfskräfte sein, zum anderen aber die Abarbeitung von Maßnahmen durch eigenes Personal – durch Interventionskräfte.

▶ **Alarmdienst DIN nach 77200** umfasst die Entgegennahme, Dokumentation und Weiterleitung von Alarm- oder Ereignismeldungen an inner- oder außerbetriebliche Hilfe leistende Stellen sowie die Einleitung von vereinbarten Maßnahmen.

Abgewickelt wird der Alarm- und Interventionsdienst für ein oder mehrere Objekte durch eine Einsatzzentrale oder durch speziell zertifizierte Notruf- und Serviceleitstellen (NSL).

10.4.1 Entgegennahme von Ereignis- oder Alarmmeldungen

Dies umfasst telefonische Notrufe und Meldungen von Kunden, Bürgern oder eigenen Kräften, aber auch auflaufende Meldungen von Gefahrenmeldeanlagen (GMA), wie z. B.:

- Einbruchalarm
- Brandalarm
- technische Defekte an Anlagen
- sonstige aufgeschaltete Störungen oder Gefahren

Hierzu muss die Einsatzzentrale/NSL ständig mit geeignetem Personal besetzt sein, das in der Lage ist, die notwendigen Maßnahmen einzuleiten und zu koordinieren. Dabei gelten für NSL besondere Kriterien, die später noch genau erläutert werden.

10.4.2 Dokumentation

Die so aufgelaufenen Informationen werden noch während der Entgegennahme bzw. unmittelbar im Anschluss dokumentiert. Hierzu werden häufig entsprechende Formblätter verwendet, die es den Mitarbeitern erleichtern, alle Informationen systematisch und vollständig aufzunehmen.

- Name des Diensthabenden
- Kunde
- Datum und Uhrzeit der Meldung
- Art der Meldung
- Was genau ist passiert?
- Gibt es verletzte Personen?
- Ereignisort
- Meldender
- eingeleitete Maßnahmen mit Art und Uhrzeit
- eingesetzte Interventionskraft
- vor Ort angetroffene Personen
- festgestellte Ursache des Alarms
- Einsatzende

10.4.3 Einleitung von Maßnahmen

Je nach vereinbarter Reaktion werden entsprechende Maßnahmen durch die Einsatzzentrale eingeleitet und den Kräften vor Ort weitere verfügbare Informationen und Mittel zur Verfügung gestellt. Dies können z. B. sein:

- Schlüssel und Zugangskarten
- Feuerwehrlaufkarten
- Übersichtspläne des betreffenden Objektes
- genauer Standort des auslösenden Melders der GMA
- usw.

10.4.4 Intervention durch eigene Kräfte (Interventionsdienst)

Wird die Alarmverfolgung durch eigenes Personal durchgeführt, spricht man von Interventionsdienst. Dies ist nach DIN 77200 die Durchführung von Maßnahmen am Ereignisort innerhalb einer festgelegten Zeit (Interventionszeit).

▶ **Interventionsdienst nach DIN 77200** umfasst die Durchführung vereinbarter Maßnahmen am Ereignisort innerhalb einer festgelegten Zeit (Interventionszeit).

Dazu wird bei der Übernahme des Auftrags ein sogenannter **Interventionsplan** für jedes Objekt erstellt, der folgende Punkte enthalten sollte:

• Bezeichnung und Anschrift
• Gefahreneinschätzung
• zuständige Polizeidienststelle
• Anfahrtsweg mit Besonderheiten
• Angaben über vorhandene GMA
• Angaben zum Zutritt
• Verantwortliche/Ansprechpartner
• Art und Zeit der Interventionsmaßnahmen

Für den Interventionsdienst ist nur geeignetes, zuverlässiges und gesondert ausgebildetes Personal einzusetzen. Vorgeschrieben ist, zusätzlich zur Sachkundeprüfung, als Mindestvoraussetzung eine mindestens 24-stündige Schulung mit anschließender Prüfung bei einer anerkannten Sicherheits- und Werkschutzschule oder den Verbänden für Sicherheit in der Wirtschaft.

Im Alarmfall begibt sich die Interventionskraft (IK) zum betreffenden Objekt und prüft zunächst, ob es sich um einen Fehlalarm oder eine reale Alarmierung handelt (Alarmverfolgung). Handelt es sich um einen realen Alarm, verschafft sich die IK einen Überblick über die Situation und veranlasst noch vor Ort entsprechende Maßnahmen:

• Prüfung des Alarms
• Lagefeststellung am Objekt
• Information an inner- oder außerbetriebliche Hilfe leistende Stellen (Polizei, Feuerwehr usw.)
• Information der Einsatzzentrale/NSL

Wird dies von der Polizei gefordert, ist die Alarmmeldung in Form einer sogenannten Alarmkarte per Fax an die zuständige Polizeidienststelle mit folgendem Inhalt zu senden:

- Adressat
- Absender, inklusive Name des Diensthabenden in der NSL
- Alarmobjekt
- Art der Meldung
- Auslösezeit
- Besonderheiten des Objekts
- eingeleitete Maßnahmen
- Kurzmitteilung des Diensthabenden in der NSL
- Datenschutzhinweis

10.4.5 Auswertung des Einsatzes

Nach Beendigung des Einsatzes werden nochmals alle Informationen in der Zentrale zusammengefasst und ausgewertet. Insbesondere:

- Ablauf und Zeiten der Reaktion
- Verhalten der Kräfte vor Ort
- Zusammenarbeit mit anderen Kräften
- verfügbare Informationen vor, während und nach dem Einsatz
- Ergebnis der eingeleiteten Maßnahmen
- Verbesserungsvorschläge

Die abschließende Auswertung stellt sicher, dass gemachte Fehler für die Zukunft vermieden und das Reaktionsverhalten kontinuierlich verbessert werden. So kommen beispielsweise auch Aspekte ans Licht, die im Vorfeld des Einsatzes nicht oder nicht in dieser Art absehbar waren, zukünftig jedoch in den Prozess eingearbeitet werden müssen.

10.5   Notruf- und Serviceleitstellen (NSL)

Als besondere Form der Einsatzzentrale haben Notruf- und Serviceleitstellen im Wesentlichen die gleichen Aufgaben wie „normale" Einsatzzentralen.

▶ **Notruf- und Serviceleitstellen (NSL) nach DIN 77200** ist ein gesicherter, ständig besetzter Bereich eines Auftragnehmers, in dem Alarmempfangseinrichtungen für Gefahrenmeldungen betrieben und von dem aus Interventionen eingeleitet, überwacht und dokumentiert werden.

Im Gegensatz zu diesen gelten hier jedoch spezielle Vorgaben. NSL werden vom Verband der Schadenversicherer (VdS) gesondert geprüft und zertifiziert. Einschlägig sind die VdS-Richtlinien 3138-1 (Anforderungen) und 3138-2 (Anerkennungsverfahren).

Die NSL muss durch eine leitende NSL-Fachkraft (L-NSL-FK) mit entsprechender Qualifikation nach den VdS-Richtlinien, die hauptberuflich im Unternehmen beschäftigt ist, geleitet werden. Das darüber hinaus eingesetzte Personal muss über die Qualifikation als NSL-Fachkraft (NSL-FK) nach den VdS-Richtlinien verfügen. Beide Qualifikationen sind durch eine gesonderte Prüfung nachzuweisen.

10.6 Revierdienst

Der Revierdienst ist im weitesten Sinne auch dem **Objektschutz** zuzuordnen. Hierbei werden jedoch mehrere, räumlich nicht zusammenhängende Objekte, Einrichtungen oder Grundstücke punktuell gesichert.

▶ **Revierdienst nach DIN 77200** Form der Objektsicherung, bei der die Sicherheitsmitarbeiter mehrere räumlich voneinander entfernte Objekte in einer definierten Häufigkeit und nur für einen relativ kurzen Zeitraum mit dem Auftrag aufsuchen, spezifische Arbeiten, Vorgänge und Zustände zu sichern, zu überwachen und zu kontrollieren, Alarme bzw. Notmeldungen zu verfolgen sowie bei sicherheitsrelevanten Feststellungen bestimmte Personen oder Stellen zu informieren und/oder Erstmaßnahmen einzuleiten.

Mitarbeiter im Revierdienst können aber auch zur Verstärkung von Objektschutzkräften eingesetzt werden, wenn dies z. B. bei Notfällen oder für zusätzliche Kontrollen erforderlich ist.

Im regulären Dienst kontrollieren sie in festgelegten zeitlichen Abständen verschiedene Objekte nach bestimmten Vorgaben. Sie bestreifen die Objekte innerhalb eines Einsatzraumes **(Revier),** insoweit ist die Tätigkeit vergleichbar mit den Kontrollrunden im stationären Objektschutz oder Streifendienst.

Sie verfolgen aber auch Alarm- und Ereignismeldungen nach bestimmten Vorgaben, insoweit enthält ihre Tätigkeit auch Elemente des Interventionsdienstes.

Der Revierdienst stellt aus Sicht des Kunden die kostengünstigere Variante zur vollständigen Objektbewachung dar und wird häufig dann gewählt, wenn die zu sichernden Objekte und Einrichtungen wenig sicherheitsempfindlich sind. **Gegenstände** des Revierdienstes können z. B. sein:

*   unbebaute Grundstücke
*   Arztpraxen
*   Anwaltskanzleien
*   Apotheken
*   sonstige Büros und Ladengeschäfte
*   Privathäuser
*   usw.

Geführt wird der Revierdienst üblicherweise durch **Einsatzzentralen** oder **NSL,** wobei nach Möglichkeit ständig eine Funkverbindung zwischen beiden besteht. Dazu sind die Streifenfahrzeuge mit entsprechender Technik ausgestattet:

*   Funk
*   Mobiltelefon
*   GPS-Navigation/Ortung

Auch für den Revierdienst werden **objektbezogene Dienstanweisungen** mit im Grunde den gleichen Angaben wie im „normalen" Objektschutz erstellt und neue Mitarbeiter entsprechend eingewiesen **(Objekteinweisung).** Lediglich der Umfang der Aufgaben unterscheidet sich natürlich bei beiden Dienstarten erheblich.

Besonderes Augenmerk verdient die **Schlüsselsicherheit** im Revierdienst, da naturgemäß zahlreiche Schlüssel und/oder Zutrittskarten auf den Revierfahrten mitgeführt werden müssen und so ein erhöhtes Verlustrisiko besteht.

Hierfür sind drei unterschiedliche **Sicherheitsmaßnahmen** möglich. Zum einen sind die nicht benötigten Schlüssel in einem verschlossenen Behältnis im Fahrzeug und getrennt von den Objektunterlagen aufzubewahren.

Zum zweiten sollten die Schlüssel nicht erkennbar gekennzeichnet und damit einem bestimmten Schloss zuzuordnen sein. Hierfür kann beispielsweise eine Art Code verwendet werden, indem die Schlüssel zwar fortlaufend, aber falsch nummeriert werden. Erst durch Addition einer bestimmten Zahl ergibt sich die richtige Zuordnung.

Zum dritten sollten, soweit mehrere Schlüssel notwendig sind, diese an fest verplombten Schlüsselringen befestigt werden. Das kann entweder objektbezogen oder für eine ganze Tour erfolgen.

10.7 Verkehrsdienst

Der Verkehrsdienst privater Sicherheitskräfte bezieht sich ausschließlich auf den innerbetrieblichen Bereich von Kundenunternehmen. Außerhalb des Hausrechtsbereichs fehlen die hierfür erforderlichen Befugnisse. Grundlage für die Durchführung und Handlungsvollmachten gegenüber Betriebsangehörigen und Besuchern auf dem Betriebsgelände bilden entsprechende Regelungen und Vereinbarungen in Tarifverträgen, Betriebsvereinbarungen, Dienstanweisungen oder der Hausordnung.

Aufgaben im betrieblichen Verkehrsdienst:

* Kontrolle,
* Regelung,
* Überwachung und
* Sicherung

des ruhenden und fließenden betrieblichen Verkehrs. Hinzu kommt häufig noch die Aufgabe der Bearbeitung von Verkehrsunfällen.

Hintergrund der Aufgabenstellung ist die Pflicht des Unternehmens, seine Verkehrsflächen (Straßen, Parkplätze und Anlagen) in gefahrlosem Zustand zu halten, sobald diese für den Verkehr zugänglich gemacht werden (Betriebsangehörige, Lieferanten, Besucher).

Dem privaten Sicherheitsdienst (meist natürlich im Rahmen des Objektschutzes) werden dazu regelmäßig folgende **Einzelaufgaben** übertragen:

* Überwachung der Einhaltung der Parkordnung
* Kontrolle der Fahrzeuge auf dem Betriebsgelände
* Kontrolle der Verkehrsflächen auf Beschädigungen/Funktion
* Sperrung von Gefahrenstellen
* Verkehrsleitung und -regelung
* Aufnahme von Schäden an Fahrzeugen inklusive Unfallschäden
* Hilfeleistung bei Unfällen

10.7.1 Verkehrsunfallaufnahme

Im Falle eines Verkehrsunfalls haben natürlich die Rettung und Versorgung von Verletzten und die Vermeidung von Umweltschäden, z. B. durch auslaufendes Öl, absoluten Vorrang. Ist die Unfallstelle gesichert und sind erste Hilfemaßnahmen (Erstversorgung, Feuerwehr usw.) erfolgt, kann mit der Unfallaufnahme begonnen werden. Der erste Schritt ist die **Dokumentation** des IST-Zustandes am Unfallort:

- Anfertigen von Fotos und einer Unfallskizze
- Markierung der Endstellung aller beteiligten Fahrzeuge

Die **Unfallfotos** sollen einen guten Überblick über die Unfallstelle vermitteln können. Dazu sind zunächst mehrere Panoramaaufnahmen aus unterschiedlichen Blickwinkeln aufzunehmen, wobei sich die Blickwinkel überschneiden sollten. Anschließend werden Fotos der beteiligten Fahrzeuge aus allen vier Perspektiven aufgenommen und als Letztes noch der Schaden mit allen Details fotografiert. Achten Sie auch darauf, dass die amtlichen Kennzeichen der Unfallfahrzeuge gut zu erkennen sind.

Die **Unfallskizze** wird aus der Vogelperspektive angefertigt und sollte möglichst viele Details wie Stellung und Fahrtrichtung der Fahrzeuge, Straßenverlauf und -verhältnisse, Verkehrszeichen und Referenzpunkte in der unmittelbaren Nähe enthalten. Als Referenzpunkte eignen sich Kreuzungen, Hydranten, Verkehrszeichen oder andere leicht erkennbare Objekte, die ihren Standort nicht verändern. Von zwei festen Referenzpunkten aus werden nun alle relevanten Punkte des Unfallortes (Zusammenprall, Anfangs- und Endpunkt der Unfallfahrzeuge usw.) ausgemessen und in der Skizze vermerkt, sodass für jeden Punkt zwei Entfernungsangaben existieren.

Der zweite Schritt ist die **Feststellung des Unfallherganges.** Hierzu werden die Unfallbeteiligten und mögliche Zeugen befragt.

Dabei sind folgende Angaben aufzunehmen:

- Name und Anschrift
- Führerschein
- Amtliches Kennzeichen
- Fahrzeugtyp und Erstzulassung
- letzte Hauptuntersuchung
- Art der Bereifung
- Unfallzeitpunkt

Darüber hinaus wird eine Schilderung des Unfallhergangs von allen Befragten in freier Formulierung niedergeschrieben und nach Möglichkeit von der aussagenden Person unterschrieben.

Im Anschluss können die Unfallstelle dann geräumt und die Fläche wieder für den Verkehr geöffnet werden.

10.8 Veranstaltungsdienst

Neben dem Objektschutz ist der Schutz von Veranstaltungen eine der häufigsten Aufgaben privater Sicherheitsdienste.

▶ **Veranstaltungsdienst nach DIN 77200** Durchführung von Sicherungs-, Kontroll- und Serviceaufgaben bei zeitlich und räumlich begrenzten Ereignissen mit Publikumsverkehr.

10.8.1 Gegenstände des Veranstaltungsschutzes

Auch hier ist die Definition sehr weit gefasst und enthält neben reinen Sicherheitsaufgaben auch Servicetätigkeiten im Zusammenhang mit Veranstaltungen aller Art.

* Messen
* Konzerte
* Sportveranstaltungen
* Spendenveranstaltungen
* Preisverleihungen
* Märkte und Straßenfeste
* usw.

10.8.2 Einzelaufgaben im Veranstaltungsschutz

Von der Aufgabenstellung her ähneln sich beide Bereiche sehr stark, gemäß Definition bedeutet Veranstaltungsschutz im Grunde die Übernahme von zeitlich begrenzten Objektschutzaufgaben, ergänzt um Servicetätigkeiten.

- Zutritts- und Zufahrtskontrolle (Einlasskontrolle)
- Bestreifung des Veranstaltungsortes
- Postengestellung an sicherheitsrelevanten Punkten
- Schutz von Ausrüstung und Technik
- Personenschutz
- Mitwirken in Notfallsituationen
- Besetzung von Servicestellen (Kasse, Garderobe usw.)

10.8.3 Einsatzplanung und -führung

Analog zum Objektschutz stehen zu Beginn der Planung eine Gefahren-beurteilung und die Festlegung von Schutzzielen im Zusammenwirken mit dem Auftraggeber. Daraus abgeleitet ergeben sich dann Art und Umfang der konkreten Einzelaufgaben, die durch das Sicherheitspersonal wahrzunehmen sind (weitere Ausführungen zur Einsatzplanung und -führung siehe Handlungsfeld 3, Beispiel Zusammenarbeit).

Ein besonderes Risiko bei allen Veranstaltungen besteht in der Möglich-keit einer ausbrechenden **Panik,** dies ist bei allen Planungen zu berück-sichtigen (Einzelheiten hierzu siehe Handlungsfeld 3) und entsprechende Notfallmaßnahmen sind vorzusehen.

10.8.4 Einsatzbezogene Dienstanweisung

Es ist sinnvoll, für jede Veranstaltung eine einsatzbezogene Dienstanweisung (analog zur objektbezogenen Dienstanweisung) zu erstellen und alle beteiligten Mitarbeiter umfassend darin einzuweisen. Hier fließen die Erkenntnisse und Fest-legungen der Einsatzplanung ein.

Folgende **Inhalte** sollten enthalten sein:

- Dienstkleidung, Ausrüstung und Ausstattung
- Funktion und Bedeutung der Veranstaltung
- Objektbeschreibung mit Lageplänen und Flächennutzung
- Ablaufplan der Veranstaltung mit Auf- und Abbauzeiten
- Ansprechpartner/Verantwortliche
- Verantwortliche anderer Kräfte (Polizei usw.) und zuständige Behörden/Ämter
- allgemeine und spezielle Gefährdungslage
- Schutzziele und Einzelaufgaben

- Zutritts- und Besucherregelung mit Beschreibung des Ablaufs und der Zuständigkeiten
- Muster von Eintrittskarten o. Ä.
- Zufahrtsberechtigungen
- Beschreibung der technischen Sicherheitsausstattung inklusive Bedienungsanweisung
- Streifenwege und -zeiten für Kontrollgänge inklusive Kontrollschwerpunkte
- Erste-Hilfe- und Notfallmaßnahmen
- Flucht- und Rettungswege
- Hilfe- und Notfalltelefonnummern
- usw.

Insbesondere Notfallmaßnahmen und Evakuierungen sollten neben der eigentlichen Einweisung in den Einsatz eingeübt und trainiert werden.

10.9 Sicherheitsdienstleistungen im ÖPNV

Der öffentliche Personennahverkehr (ÖPNV) gewinnt als Auftraggeber für die private Sicherheitswirtschaft zunehmend an Bedeutung, da gerade hier viele Aufgaben im Rahmen des Outsourcing an externe Dienstleister vergeben werden.

Das Aufgabenspektrum umfasst im Wesentlichen zwei große Bereiche. Zum einen sind dies der allgemeine Sicherungs- und Ordnungsdienst und zum anderen der sogenannte Prüfdienst zur Einnahmensicherung – die Kontrolle von Fahrtausweisen.

Zum öffentlichen Personennahverkehr zählen Busse, Bahnen (Tram, U-, S- und Regionalbahnen, aber auch die Deutsche Bundesbahn) und die zugehörigen Liegenschaften wie Bahnhöfe, Wartebereiche und Verkaufsstellen.

10.9.1 Sicherungs- und Ordnungsdienst im ÖPNV

Der Sicherungs- und Ordnungsdienst ist vergleichbar mit dem Streifendienst im Objektschutz.

▶ **Sicherungs- und Ordnungsdienst im ÖPNV nach DIN 77200** Durchführung eines Streifendienstes in Verkehrsstationen, Bussen und Bahnen im Auftrag von Verkehrsbetrieben.

Auch hier werden zeitlich und räumlich begrenzt Schutz- und Sicherheitsaufgaben wahrgenommen und so zur Herstellung und Erhaltung der Ordnung und
Sicherheit beigetragen. Durchgeführt wird der Dienst in der Regel als Bahnhofs-
oder Zugstreife.

Im Einzelnen umfasst der Streifendienst folgende **Aufgaben:**

- Schutz der Fahrgäste vor Straftaten
- Schutz des Eigentums der Verkehrsbetriebe vor Straftaten
- Schutz vor Unfällen und anderen Gefahren
- Einhaltung der Hausordnung/Beförderungsordnung
- Aufrechterhaltung der Sauberkeit
- Hilfeleistung für Fahrgäste (Auskünfte, Hilfestellung usw.)
- Mitwirken bei Notfällen, technischen Defekten und Havarien

10.9.2 Prüfdienst zur Einnahmensicherung im ÖPNV

Hierbei handelt es sich, wie beschrieben, um eine besondere Form der Tätigkeit,
die auch besondere Qualifikationen des eingesetzten Personals erfordert. Entsprechend ist eine gesonderte Ausbildung inklusive Abschlussprüfung notwendig.

▶ **Prüfdienst zur Einnahmensicherung nach DIN 77200** Überprüfung der
rechtmäßigen Benutzung von Beförderungsmitteln im öffentlichen Personennahverkehr.

Auftraggeber solcher Dienstleistungen sind, wie auch beim Sicherungs- und
Ordnungsdienst, die jeweiligen Verkehrsbetriebe.

Es handelt sich um Aufgaben, die mit besonders häufigem Kontakt zu anderen
Personen einhergehen. Insoweit sind vertiefte Kenntnisse des Umgangs mit
Menschen und der Konfliktbewältigung erforderlich, denn die Kontrolltätigkeit
darf die Kundenzufriedenheit der Fahrgäste nicht wesentlich beeinträchtigen.
Folgende **Kenntnisse** sind zu erwerben und nachzuweisen:

- Psychologie und Menschenkenntnis
- Verhaltenstraining
- Konfliktverhütung und -bewältigung
- Kenntnisse des Tarifsystems des Auftraggebers, einschließlich der unter-
  schiedlichen Fahrausweise
- Rechtsgrundlagen und Befugnisse
- Selbstverteidigung

10.10   City-Streifen

City-Streifen dienen vornehmlich der Herstellung bzw. Aufrechterhaltung der Ordnung und Sicherheit in zumeist innerstädtischen Bereichen. Die Aufgabenbereiche unterscheiden sich je nach Auftraggeber und Einsatzgebiet.

10.10.1   Kommunale City-Streifen

▶ **Kommunale City-Streifen nach DIN 77200** Durchführung eines Streifendienstes im öffentlichen Verkehrsraum mit unterschiedlichen Schwerpunkten (Parkanlagen, Parkhäuser, Haltestellen des ÖPNV usw.).

Auftraggeber solcher Leistungen ist immer die jeweils zuständige Kommune. In ihrem Auftrag nehmen die Mitarbeiter Sicherungs- und Ordnungsaufgaben wahr.

Da es sich um öffentlichen Verkehrsraum handelt, sind als Mindestqualifikation hier die Sachkundeprüfung nach § 34a GewO sowie das Tragen von Dienstkleidung zwingend vorgeschrieben.

Trotz des öffentlichen Auftraggebers handelt das eingesetzte Sicherheitspersonal aber aufgrund privatrechtlicher Regelungen und nimmt **keine hoheitlichen Rechte** wahr. In erster Linie hat es also die Funktion, Verstöße festzustellen und bei Bedarf die zuständigen Stellen zu informieren.

Gegenstände und Einzelaufgaben kommunaler City-Streifen können sein:

- Überwachung von Parkanlagen
- Überwachung der Straßenverkehrsflächen und der Parkordnung
- Überwachung öffentlicher Parkhäuser
- Kontrolle der Einhaltung von Umweltschutzbestimmungen (Lärm, Müll usw.)
- sonstige Verstöße gegen Gesetze oder Verordnungen je nach Schwerpunktbildung durch den Auftraggeber

10.10.2   Private City-Streifen

Auftraggeber solcher Leistungen sind die Inhaber von Geschäften und Gewerbebetrieben im zumeist innerstädtischen Bereich. In ihrem Auftrag nehmen die Mitarbeiter Sicherungs- und Ordnungsaufgaben wahr.

Da es sich um öffentlich zugängliche Hausrechtsbereiche handelt, sind als Mindestqualifikation auch hier die Sachkundeprüfung nach § 34a GewO sowie das Tragen von Dienstkleidung zwingend vorgeschrieben.

▶ **Private City-Streifen nach DIN 77200** Durchführung eines Streifendienstes im öffentlich zugänglichen Hausrechtsbereich von Handel und Gewerbe in Innenstädten und Einkaufszentren.

Gegenstände und Einzelaufgaben privater City-Streifen können sein:

* Überwachung der Ladengeschäfte und Betriebsstätten der Auftraggeber
* Schutz der Kundschaft vor Taschendieben, Trickbetrügern und anderen Straftaten
* Schutz vor Belästigung durch Bettler, Betrunkene usw.
* Schutz des Eigentums der Auftraggeber vor Straftaten wie Diebstahl, Sachbeschädigung usw.
* Herstellung bzw. Erhaltung der Sauberkeit und Ordnung in und um die Ladengeschäfte
* Feststellung von Verstößen, Beschädigungen usw. und Information der zuständigen Stellen

Insgesamt haben beide Formen der City-Streifen hauptsächlich das Ziel, das Sicherheitsempfinden von Bürgern und Kundschaft zu steigern und Verstöße gegen geltendes Recht durch „zusätzliche" Augen frühzeitig zu erkennen. Insoweit sind die Sicherheitsmitarbeiter hier das „verlängerte Auge" von Polizei und Ordnungsämtern. Durch ihren Einsatz ist es möglich, zeitlich und räumlich größere Bereiche zu überwachen.

10.11 Überwachung des ruhenden Verkehrs (HIPO)

Der Einsatz von Mitarbeitern privater Sicherheitsdienste als Hilfspolizisten (HIPO) stellt eine Besonderheit im Aufgabenspektrum der Sicherheitswirtschaft dar. Hier werden die Mitarbeiter an die Kommune ausgeliehen (**Arbeitnehmerüberlassung**) und nehmen in deren Auftrag Aufgaben der Parkraumüberwachung wahr.

▶ **HIPO nach DIN 77200** Überwachung des ruhenden Verkehrs durch private Hilfspolizisten in Arbeitnehmerüberlassung.

Auch hier erfolgt die Durchführung des Dienstes stets in Dienstkleidung und erfordert die Sachkundeprüfung nach § 34a GewO. Dabei werden die Mitarbeiter hauptsächlich in Bereichen mit Parkraumbewirtschaftung (Parkuhren oder Parkscheine) zur Überwachung der Parkzeit eingesetzt. Aber auch der Einsatz in anderen Bereichen, in denen es besonders häufig zu Verstößen gegen die Parkordnung kommt, ist möglich.

Wird eine Überschreitung der Parkzeit festgestellt, sind folgende Dinge zur Beweissicherung zu dokumentieren:

- Abstellort (genaue Bezeichnung mit Straße und Hausnummer und Parkzone)
- Zeit der Feststellung
- Ende der Parkzeit laut Parkschein/Parkuhr
- Fahrzeugtyp und amtliches Kennzeichen
- Radstellung (am besten anhand der Ventile)

Am besten erfolgt die Dokumentation mithilfe von Fotos, die die obigen Angaben und die Stellung des Fahrzeuges genau zeigen. Hierzu sind neben einer Panoramaaufnahme jede Seite des Fahrzeuges und der Parkschein/die Parkuhr zu fotografieren.

10.12   Geld- und Werttransporte

Geld- und Werttransporte nehmen wegen sinkender Bargeldbestände in Ladengeschäften immer mehr an Bedeutung ab. Trotzdem stellen sie immer noch einen relativ großen Bereich der Branche dar. Inzwischen haben sich einige wenige Unternehmen darauf spezialisiert, während andere Unternehmen sich ganz aus diesem Aufgabengebiet zurückgezogen haben.

▶ **Geld- und Werttransport nach DIN 77200** Der gewerbsmäßige Transport von Bargeld, Barschecks und sonstigen Wertgegenständen.

Es ist eine der wenigen Dienstarten, die mit Waffe versehen wird, insoweit ist neben der Sachkundeprüfung die Sachkundeprüfung nach dem Waffengesetz (siehe Handlungsfeld 1, Rechtskunde) erforderlich. Darüber hinaus benötigt das eingesetzte Personal eine zusätzliche Ausbildung, die den spezifischen Gefahren gerecht wird (siehe auch Handlungsfeld 2, DGUV Vorschrift 23).

In besonders geschützten und ausgestatteten Fahrzeugen mit mindestens zwei, in der Regel drei Mann Besatzung wird eine im Voraus geplante Route gefahren und werden die Geldbestände der Kunden eingesammelt bzw. verteilt (Wechselgeld).

Ein Mann muss dabei stets im Fahrzeug verbleiben, während die anderen beiden Mitarbeiter den Transport vom und zum Fahrzeug übernehmen. Die Aufgabe des zweiten Mannes ist es, den Geldboten auf dem Weg zu sichern.

10.13 Personenschutz

Personenschutz hat die Bewachung von gefährdeten Personen und deren Schutz zur Aufgabe. Ziel ist es, Angriffe auf Leib, Leben, Gesundheit und Willens- und Handlungsfreiheit der Schutzperson(en) frühzeitig zu erkennen und zu verhindern.

Auch der Personenschutzdienst wird in aller Regel mit Schusswaffen versehen und erfordert demzufolge die Sachkundeprüfung nach dem Waffengesetz.

Je nach Gefährdungslage, Auftrag und Budget des Auftraggebers besteht ein Personenschutzteam (Close-Protection-Team, CPT) aus zwei bis sechs Mann. Natürlich ist auch hierfür eine Spezialausbildung erforderlich, die von vielen Schulen angeboten wird.

In der Praxis hat der Personenschutz aber nur eine untergeordnete Bedeutung, da der Bedarf in Deutschland eher gering ist.

Größere Bedeutung hat der Schutz von Personen dagegen im Ausland, insbesondere im Rahmen der Unternehmenssicherheit, wenn z. B. Mitarbeiter des Kundenunternehmens ins Ausland entsendet werden.

Aber auch im Rahmen des Veranstaltungsschutzes gewinnt der zeitlich begrenzte Schutz vor, während und nach einer Veranstaltung an Bedeutung. Hier gilt der Schutz jedoch weniger kriminellen Handlungen als vielmehr den Fans oder der Presse.

10.14 Sonstige Einsatzbereiche

Neben den bisher beschriebenen Dienstarten lassen sich noch zahlreiche weitere Einsatzgebiete der privaten Sicherheit aufzählen.

Der Vollständigkeit halber seien hier noch drei wichtige Bereiche erwähnt: Die Luftsicherheit, die Bewachung von Bundeswehrliegenschaften und Privatdetektive.

10.14.1 Luftsicherheit

Der eigentlich hoheitliche Bereich der Luftsicherheit ist an fast allen Flughäfen an private Sicherheitsunternehmen ausgegliedert worden. Sicherheitsmitarbeiter werden hier zur Kontrolle der Fluggäste und des Gepäcks eingesetzt (sogenannter Security-Check).

Ihre Aufgabe ist es zu verhindern, dass verbotene Gegenstände an Bord eines Luftfahrzeuges gelangen und so die Sicherheit des Flugverkehrs gefährdet wird. Insbesondere nach den Anschlägen vom 11. September 2001 in New York ist die Sensibilität dafür stark gestiegen.

Für die Ausübung dieser Tätigkeit ist neben einer Sicherheitsüberprüfung auch eine zusätzliche Ausbildung und Abschlussprüfung als Luftsicherheitsassistent erforderlich.

10.14.2 Bewachung von Bundeswehrliegenschaften

Auch die Bewachung von Liegenschaften der Bundeswehr gehört in den Bereich des Objektschutzes, unterliegt aber einer Reihe besonderer Vorschriften.

Maßgebend ist die **Wachvorschrift der Bundeswehr,** nach deren Regelungen der Dienst zu besetzen und zu gestalten ist. Insoweit ist der Spielraum zur Erstellung einer objektbezogenen Dienstvorschrift stark eingeschränkt (ZDV 10/6 Der Wachdienst in der Bundeswehr).

Der Dienst wird grundsätzlich mit Waffe versehen und die Schichten sind jeweils durch einen **Wachschichtführer** mit gesonderter Qualifikation zu besetzen. Alle Sicherheitsmitarbeiter müssen vor Beginn der Tätigkeit die Wachschießübungen der Bundeswehr absolvieren und diese in regelmäßigen Abständen wiederholen.

Unterstellt sind sie im Dienst dem Offizier vom Wachdienst (OvWa) und dem Offizier der Führungsbereitschaft (OffzFü). Üblich ist dabei ein 24-h-Dienst.

Rechtlich haben die diensthabenden Sicherheitskräfte weitere Befugnisse, als dies im normalen Objektschutz üblich ist.

Rechtsgrundlage für das Handeln bilden neben den Jedermannsrechten das Gesetz über die Anwendung unmittelbaren Zwanges und die Ausübung besonderer Befugnisse durch Soldaten der Bundeswehr und verbündeter Streitkräfte sowie zivile Wachpersonen (UZwGBw). Bei Angriffen auf Leib, Leben oder Gesundheit von Bundeswehrangehörigen oder bei Angriffen auf sonstige Rechtsgüter der Bundeswehr wie Eigentum, Hausrecht usw. ist die Anwendung von Zwangsmaßnahmen zulässig, soweit sie erforderlich und verhältnismäßig sind, um den Angriff abzuwenden.

10.14.3 Privatdetektive

Hier werden im Wesentlichen zwei Tätigkeitsfelder unterschieden, die sogenannten Ladendetektive und private Detekteien bzw. Ermittlungen. **Ladendetektive** sind im Auftrag von Ladengeschäften zur Warensicherung eingesetzt. Ihre Aufgabe besteht darin, Ladendiebstähle zu erkennen und zu verhindern. Der Dienst wird hier aus leicht nachvollziehbaren Gründen in bürgerlicher Kleidung versehen.

Privatdetekteien bieten eine für den Sicherheitsbereich spezielle Dienstleistung für ihre Kunden an – die Beschaffung von Informationen.

- Unternehmen, die ihre Mitarbeiter überwachen wollen
- Menschen, die ihre Ehegatten überwachen wollen
- Rechtsanwälte, die Beweise und andere Informationen brauchen
- Erbenermittlungen
- usw.

Bei allen Aufträgen sind die rechtlichen Möglichkeiten genau zu prüfen, denn nicht jeder Auftrag bewegt sich im Rahmen des Gesetzes. So ist z. B. die Überwachung der Mitarbeiter durch ihre Unternehmen nur in sehr engen Grenzen zulässig.

Kontrollen

11

Kontrollen dienen der Erkennung von Gefahren und von Verstößen gegen geltende Regeln. Will man beides verhindern, sind Kontrollen unerlässlich und nehmen deshalb zeitlich und inhaltlich einen großen Anteil der Sicherheitstätigkeiten ein (zum Vorgehen bei Kontrollen siehe Verhaltensgrundsätze und Eigensicherung). Wie bereits bei den einzelnen Aufgabenfeldern beschrieben, erfordern unterschiedliche Aufgabenbereiche auch unterschiedliche Kontrollen.

An dieser Stelle sei noch einmal auf die Rechtsgrundlagen und Befugnisse privater Sicherheitsdienste und insbesondere auf die bestehenden Einschränkungen verwiesen. Die Durchführung von Kontrollen kann und darf nur in diesem Rahmen erfolgen.

Rechtsgrundlagen für Kontrollen
Hausrecht (Feststellung der Zutritts- und Aufenthaltsberechtigung)
Vorläufige Festnahme nach § 127 StPO (Identitätsfeststellung)
Einwilligung (einmalig bei der Kontrolle oder pauschal z. B. durch Arbeitsverträge, Betriebsvereinbarungen usw.)
Übertragene Befugnisse (z. B. Luftsicherheit, Bundeswehrliegenschaften, kommunale City- Streifen, aber auch z. B. im Gesundheits- und Umweltschutz in Unternehmen)

© Springer Fachmedien Wiesbaden GmbH, ein Teil von Springer Nature 2023
R. Schwarz, *Geprüfte Schutz- und Sicherheitskraft (IHK)*,
https://doi.org/10.1007/978-3-658-38138-7_11

11.1   Kontrolltätigkeit und Anlässe

Das Vorgehen bei Kontrollen ist schnell beschrieben. Ein vorgegebener SOLL-Zustand wird mit dem in der Kontrollsituation vorgefundenen IST-Zustand verglichen. Werden hierbei Abweichungen festgestellt, sind die (in der Dienstanweisung) festgelegten Maßnahmen einzuleiten.

Kontrollen
Personenkontrollen
Fahrzeugkontrollen
Zustandskontrollen

Anlässe für Kontrollen können sein:

* Personenkontrollen beim Betreten oder Aufenthalt in einem Hausrechtsbereich (Firmengelände, Veranstaltung)
* Fahrzeugkontrollen beim Befahren oder Aufenthalt in einem Hausrechtsbereich (Firmengelände, Veranstaltung)
* Kontrolle der Einhaltung der Parkordnung
* Zustandskontrollen von Anlagen und Einrichtungen (Brand-, Umwelt-, Gesundheitsschutzanlagen und -einrichtungen usw.)
* Verhaltenskontrollen von Personen (Einhaltung von Sicherheitsbestimmungen usw.)
* Identitätsfeststellung eines auf frischer Tat betroffenen Verdächtigen als Voraussetzung der vorläufigen Festnahme
* Kontrolle von ausfahrenden Fahrzeugen (Gefahrgutverordnung Straße, Eisenbahn und Binnenschifffahrt (GGVSEB) usw.)
* usw.

11.2   Personenkontrollen

Gegenstand von Personenkontrollen sind, wie der Name sagt, Personen.
  Sie dienen der Feststellung:

* der Identität einer Person
* der Zutrittsberechtigung einer Person

- der Aufenthaltsberechtigung einer Person
- des (regelgerechten) Verhaltens einer Person oder
- der Einhaltung von Bestimmungen (z. B. Luftsicherheit)

11.2.1 Identitätsfeststellung

Die Identität einer Person lässt sich am besten mit Hilfe eines amtlichen Lichtbildausweise feststellen. Im betrieblichen Umfeld kann hierfür aber auch der Firmen-, Werks-, oder Dienstausweis verwendet werden.

Firmen-, Werks- oder Dienstausweise enthalten meist folgende Angaben:

- Lichtbild
- Name und Vorname
- Personalnummer
- Ausweisnummer
- Abteilung/Bereich
- Ausstellungsdatum
- Gültigkeitsvermerk
- Unterschrift

Ist die Identität einer Person nicht feststellbar, ist in der Regel auch die Zutritts- oder Aufenthaltsberechtigung nicht oder nur schwer ermittelbar.

Handelt es sich bei der kontrollierten Person um einen auf frischer Tat betroffenen oder verfolgten Täter, ist die Identitätsfeststellung eine Voraussetzung der **vorläufigen Festnahme** nach § 127 StPO. Erst, wenn die Identität nicht festgestellt werden kann, kann der Verdächtige unter den weiteren Voraussetzungen des § 127 StPO festgenommen werden.

Bei der **Ausweiskontrolle** ist auf folgende Punkte zu achten:

- Entspricht das Muster den üblichen Ausweisen?
- Stimmt das Foto mit dem Inhaber überein?
- Passt der Name zum Inhaber?
- Passt das Geburtdatum zum Inhaber?
- Sind erkennbare Beschädigungen am Ausweis?
- Gibt es Hinweise auf eine Fälschung?

11.2.2 Feststellung der Zutritts- und Aufenthaltsberechtigung

Der Zutritt zu den meisten bewachten Objekten ist beschränkt, wobei innerhalb der Objekte zusätzlich Bereiche existieren, die besonders sicherheitsrelevant sind und für die folgerichtig besonders strenge Zugangsregelungen gelten.

Die Entscheidung wer, wo und wann Zutritt erhält, wird durch einen Verantwortlichen des Auftraggebers getroffen und in der **Schlüsselordnung** verbindlich geregelt.

* Betriebsangehörige
* Besucher
* Kunden
* Lieferanten

Für alle **betriebsfremden Personen,** die Zutritt zum Betriebsgelände oder bestimmten Bereichen erhalten sollen, wird eine Besucherregelung festgelegt. Hier sind der Personenkreis, die Verantwortlichkeiten und das Verfahren festzulegen:

* Wer erhält unter welchen Bedingungen zu welchen Bereichen Zutritt?
* Sind Besucher u. a. zu begleiten/abzuholen?
* Erhalten Besucher u. a. einen Ausweis für den Aufenthalt?
* Bis wann müssen Besucher u. a. das Gelände wieder verlassen?
* Wer ist wann und wie zu benachrichtigen?

Für Personen, die nur auf bestimmte Zeit dem Betrieb angehören (Zeit- und Leiharbeitskräfte, Praktikanten, Fremdfirmen usw.) werden in der Praxis häufig keine besonderen Zutrittsregelungen erlassen.

Entweder werden sie wie betriebsfremde Personen behandelt oder erhalten einen zeitlich befristeten Zutritt wie Betriebsangehörige.

Wichtig für betriebliche **Zutrittsregelungen** sind zwei Dinge: Erstens müssen alle Regelungen und Listen, die den Zutritt und den Aufenthalt festlegen, stets aktuell gehalten werden. Dies bedingt ein Verfahren, das bei kurzfristigen Änderungen (z. B. fristlose Kündigungen) eine zeitnahe Änderung bewirkt.

Zweitens muss die Ausgabe und Rücknahme von Zutrittsausweisen genau dokumentiert werden. Ausgabe und Rücknahme sind immer mit einer eigenhändigen Unterschrift zu bestätigen. Nur so ist ein Überblick darüber möglich, welche Ausweise im Umlauf sind und wer welchen Zutrittsausweis hat.

11.2.3   Kontrolle des Verhaltens von Personen

Im Rahmen der übertragenen Aufgaben und Befugnisse überwachen Sicherheits-
mitarbeiter häufig auch die Einhaltung von Sicherheits-, Umweltschutz- und
Arbeitsschutzbestimmungen und anderer Regelungen von Personen, die sich im
Hausrechtsbereich des Auftraggebers aufhalten.

Die durchzuführenden Kontrollen sind bereits in den einzelnen Dienstarten
aufgeführt. Zur Beschreibung der Kontrollaufgaben im Bereich des Arbeits-,
Umwelt- und Gesundheitsschutzes siehe ausführlich Handlungsfeld 2.

11.2.4   Kontrollen beim Verlassen des Firmen- oder Werksgeländes

Sehen betriebsinterne Regelungen dies vor, können Betriebsangehörige (und
deren Fahrzeuge) beim Verlassen des Betriebsgeländes kontrolliert werden. Ziel
dieser Kontrollen ist zu verhindern, dass Firmeneigentum unberechtigt aus dem
Betrieb entfernt wird.

Dabei ist zwischen Routine- und Verdachtskontrollen zu unterscheiden.
Routinekontrollen finden in der Regel stichprobenartig, ohne konkreten Anlass
statt, **Verdachtskontrollen** nur bei einem konkreten Verdacht gegen einen
bestimmten Mitarbeiter bzw. nach der Feststellung, dass Firmeneigentum entfernt
wurde, ohne dass der Verdacht auf eine bestimmte Person gefallen ist.

11.3   Fahrzeugkontrollen

Analog zu Personenkontrollen dienen Fahrzeugkontrollen der Feststellung der
Zufahrts- und Aufenthaltsberechtigung. Darüber hinaus gelten sie der Einhaltung
der Verkehrsregeln und der Parkordnung in den bewachten Bereichen.

Fahrzeugkontrollen erstrecken sich dabei immer auch auf die Insassen und die
Ladung der betreffenden Fahrzeuge, insbesondere natürlich bei Lkw und Trans-
porten, die der GGVSEB unterliegen.

Gegenstände von Fahrzeugkontrollen sind:

- das Fahrzeug (amtliches Kennzeichen, Typ usw.)
- die Zufahrtsberechtigung
- die Aufenthaltsberechtigung

- das (regelgerechte) Verhalten
- die Insassen (Identität, Zutrittsberechtigung)
- die Ladung

Analog zur Zutritts- und Besucherregelung für Personen muss eine entsprechende Regelung auch für Fahrzeuge geschaffen werden. Darüber hinaus ist es sinnvoll, eine Parkordnung zu erlassen, für deren Einhaltung ebenfalls das Sicherheitspersonal verantwortlich ist.

11.4 Zustandskontrollen

Auch Zustandskontrollen sind im Wesentlichen auf die Einhaltung von Sicherheitsvorschriften und Regeln gerichtet, Gegenstand sind aber hier bestehende Verhältnisse – IST-Zustände von Einrichtungen und Anlagen, von Flächen, Räumen und auch Ladungen.

Gegenstände von Zustandskontrollen können sein:

- Brandschutz- und Brandbekämpfungseinrichtungen
- Gefahrenmeldeanlagen
- Klimaanlagen
- Ein- und Anbauten, Fenster, Türen usw.
- Verschluss von Türen, Fenstern und Toren
- Erste-Hilfe-Einrichtungen
- Verkehrsflächen
- Lagerbestände
- Ladungen

Handeln in besonderen Situationen 12

12.1 Grundzüge des Notfallmanagements

Trotz aller Sicherheitsmaßnahmen und Vorkehrungen können Notfälle und Schadenereignisse nie ausgeschlossen werden.

Tritt ein solches Ereignis ein, ist schnelles und besonnenes Handeln gefragt. Insbesondere, wenn es sich um Ereignisse von größerem Ausmaß handelt, können auch die daraus resultierenden Folgen schwerwiegend sein. So definiert sich der Begriff **Katastrophe** nicht über das Ausmaß des schädigenden Ereignisses, sondern über die Folgen – das Ausmaß des Schadens (Großschadenereignis).

> Der Faktor Zeit ist entscheidend.

Zahlreiche Gesetze und Verordnungen (z. B. das Arbeitsschutzgesetz, ArbSchG) fordern daher die Einrichtung eines betrieblichen Notfallmanagements. Aber auch bei Veranstaltungen ist ein Sicherheitskonzept vorgeschrieben, wenn die Art der Veranstaltung dies erfordert. In Unternehmen nehmen Betriebliche Gefahrenabwehrorganisationen (BGAO) diese Aufgabe wahr.

12.1.1 Aufgaben des Notfallmanagements

- zeitgerechte Feststellung relevanter Ereignisse
- zeitnahe Einleitung von geeigneten Gegenmaßnahmen
- Koordination der eingeleiteten Maßnahmen

© Springer Fachmedien Wiesbaden GmbH, ein Teil von Springer Nature 2023
R. Schwarz, *Geprüfte Schutz- und Sicherheitskraft (IHK)*,
https://doi.org/10.1007/978-3-658-38138-7_12

Wobei die Rettung von Menschenleben, die Verhinderung einer Panik (siehe hierzu auch Handlungsbereich 3) und die Verhinderung von Folgeschäden stets oberste Priorität haben.

12.1.2 Voraussetzungen

Voraussetzung für die Erfüllung der Aufgaben sind ein realistisches Gefahrenbewusstsein, eine adäquate Gefährdungsanalyse, eine vorausschauende Planung und der Einsatz von qualifiziertem Personal.

Analog zur Erarbeitung von Sicherheitskonzepten werden auch Notfallkonzepte in mehreren Schritten erstellt.

12.1.3 Feststellung relevanter Ereignisse

Verantwortlich für die Feststellung ist in der Regel das Sicherheitspersonal, denn Meldungen über Schadenereignisse werden in der Leitstelle über die Gefahrenmeldeanlage empfangen und verarbeitet. Moderne Systeme erlauben dabei die Feststellung in Echtzeit und darüber hinaus die Programmierung mit ersten Handlungsanweisungen, die zusammen mit der Meldung aufkommen und damit die Reaktionsgeschwindigkeit erhöhen.

12.1.4 Einleitung von Gegenmaßnahmen

Hier greifen die Alarm- und Notfallpläne. Sie müssen klare Handlungsanweisungen und Abläufe definieren, die von den Mitarbeitern Schritt für Schritt abzuarbeiten sind. Folgendes sollte enthalten sein:

- Überprüfung vor Ort (Fehlalarm oder echtes Ereignis? Wenn ja, was genau und wo?)
- Alarmierungsplan (Wer, wann, wie und durch wen?)
- Evakuierungsplan (Evakuierungshelfer, Fluchtwege, Sammelplätze)
- Öffnung von Ausgängen und Ausfahrten (Fluchtausgänge und Bewachung nach Öffnung vor unbefugtem Zutritt)
- Erste Gegenmaßnahmen (Absperren, Löschen)
- Unterstützung externer Hilfskräfte (Navigation)

12.1.5 Koordination des Einsatzes

Je mehr unterschiedliche Kräfte im Einsatz sind, desto wichtiger wird die Koordination. Hier sind in aller Regel aber externe Kräfte verantwortlich. Polizei, Feuerwehr oder leitende Notärzte werden die Leitung des Einsatzes übernehmen und Sicherheitsmitarbeiter zur Unterstützung einsetzen. Insbesondere deren Ortskenntnis ist von großer Bedeutung, um Hilfe schnell an den Ereignisort zu bringen.

12.2 Handeln bei (Groß-)Schadenereignissen

Die wesentlichen Aufgaben für das Sicherheitspersonal lassen sich aus den Aufgaben des Notfallmanagements herleiten. Zunächst sind das die Feststellung eines Ereignisses (Alarm in Leitstelle, aber z. B. auch bei Rundgängen usw.) und dessen Verifizierung (Fehlalarm? Was, wo und wie?). Unmittelbar danach beginnt die Abarbeitung der Notfallpläne und damit die Einleitung von Gegenmaßnahmen.

- Feststellung und Verifizierung des Schadenereignisses
- Alarmierung und Evakuierung gem. Planung
- Durchführung von Erste Hilfe Maßnahmen
- Öffnung von Ausgängen und Ausfahrten
- Bewachung der nun offenen Zugänge und Zufahrten
- Navigation der Hilfskräfte auf dem Gelände

Da Notfallpläne jedoch nicht jede erdenkliche Situation oder Lageentwicklung berücksichtigen können, kommt es im Ernstfall auf die Mitarbeiter vor Ort an. Sie müssen lagegerecht entscheiden und handeln.

12.3   Bedrohungen

Bedrohungen haben oft das Ziel, den Bedrohten zu einem Handeln oder Unterlassen zu nötigen oder die Herausgabe einer Sache zu erpressen. Häufig bleibt es jedoch bei der Androhung, ohne dass eine Tatausführung folgt. Wegen der möglichen schweren Folgen ist aber jede Drohung ernst zu nehmen und entsprechend zu handeln.

12.3.1 Bombendrohungen

Bombendrohungen können telefonisch, per E- Mail oder Fax eingehen. Erfolgt die Drohung telefonisch, sollten das Merkblatt Bombendrohungen verwendet und alle Informationen so genau wie möglich notiert werden.

Besteht die Möglichkeit das Gespräch aufzuzeichnen, ist dies in jedem Fall zu nutzen. Im Gespräch selbst kommt es darauf an, möglichst viele Einzelheiten herauszubekommen:

- Alter, Geschlecht und Herkunft des Anrufers,
- Motivation des Täters,
- Standort des Anrufers und
- Art und Lage der Bombe

Merkblatt Verhalten bei telefonischen Bombendrohungen

Wichtige Rufnummern

- Polizei: Notruf 110 oder über Amt: ....
- Sicherheitszentrale: ....

Verhalten

- Vereinbartes Signal bei Bombendrohungen geben
- Tonband einschalten
- Zuhören
- Anrufer nicht unterbrechen
- Notizen machen
- So viel Informationen wie möglich gewinnen
- Weitersprechen erreichen

Sie notieren:

Datum und Uhrzeit: ....

Genauer Text der Drohung: ....

....

....

Dauer des Anrufes: ....

Sie fragen:

Wann wird die Bombe explodieren?

....

Wo befindet sich die Bombe?

....

Was ist das für eine Bombe?

....

Wie ist die Bombe verzögert?

....

Warum haben Sie die Bombe gelegt?

....

Von wo rufen Sie an?

....

Wie heißen Sie?

....

Erklären Sie sich jetzt für nicht zuständig und versuchen Sie, den Anrufer weiterzuvermitteln.

Angaben zum Anrufer

- Geschlecht □ männlich □ weiblich □ unbekannt
- Geschätztes Alter: ....
- Verwendete Sprache: ....
  □ muttersprachlich □ gebrochen □ unbekannt
- Dialekt: ....
- Akzent: ....

Sprachliche Merkmale

- Sprachtempo:...
- Lautstärke: ....
- Sprachfehler: ....
- Verstellung: ....
- Sonstige Besonderheiten: ....
- Hintergrundgeräusche? Wenn ja, welche? ....
  ....

Meldung der Drohung an

- Polizei
- Sonstige Stellen:..

Personalien des Angerufenen

- Name:..
- Vorname: ....
- Funktion: ....
- Anschrift:...
  ....
- Erreichbarkeit: ....
  ....

Merkblatt Bombendrohungen nach Empfehlungen des Bundeskriminal-amtes

Sprache, Tonlage, Akzent, Dialekt und Sprechweise geben dabei Hinweise auf den Täter, Hintergrundgeräusche Hinweise auf den Standort.

Versuchen Sie, das Gespräch nach Möglichkeit durch Rückfragen zu verlängern. So erhöht sich die Wahrscheinlichkeit, weitere nützliche Einzelheiten zu erfahren. Bleiben Sie dabei aber immer ruhig und lassen Sie den Anrufer ausreden, auf keinen Fall darf er provoziert werden.

Ist der Anruf beendet, sind unverzüglich die festgelegten Maßnahmen einzuleiten, die je nach Objekt unterschiedlich sein können. Folgende Einzelmaßnahmen sind meist jedoch identisch:

- Alarmierung der Verantwortlichen vor Ort
- Alarmierung der Polizei
- Zutritt und Zufahrt zum Objekt unterbrechen
- Vorbereitung der Evakuierung

Damit unterscheiden sich die Maßnahmen nicht wesentlich von denen, die im Falle eines Brandes zu treffen sind.

Auf keinen Fall sollte versucht werden, sich dem mutmaßlichen Sprengsatz zu nähern. Bereits das Umfeld der Bombe kann durch Drähte, Lichtschranken o. Ä. gesichert worden sein und die Detonation auslösen. Auch kann es sein, dass es durch einen technischen Fehler zu einer früheren Detonation als angekündigt kommt.

Im Gegensatz zu einigen Kollegen rate ich daher von einer Absuche des Objekts dringend ab. Dies ist Aufgabe von Spezialisten der Polizei.

Die gleichen Verhaltensgrundsätze gelten analog für das Auffinden von herrenlosen Gepäckstücken oder Briefbomben im oder am Objekt. Ein Sprengsatz kann natürlich auch ohne Ankündigung platziert und zur Detonation gebracht werden.

In keinem Fall darf das **Gepäckstück** berührt oder sogar bewegt werden. Gleiches gilt für eine erkannte Briefbombe, auch sie sollte dann nicht mehr berührt oder bewegt werden.

In diesem Fall sind alle Personen, die sich in der näheren Umgebung aufhalten, unter einem Vorwand zu evakuieren. Zur Verhinderung einer Panik sollten so wenig wie möglich Personen Kenntnis vom eigentlichen Grund der eingeleiteten Maßnahmen haben.

Das Erkennen von **Briefbomben** gestaltet sich in der Praxis sehr schwierig, da sie meist von herkömmlichen Sendungen nicht zu unterscheiden sind. Anhaltspunkte können neben einer vorausgegangenen Drohung sein:

- Flecken oder Verfärbungen
- Herausragende Drähte o. Ä.
- Geruch nach Mandeln, Marzipan
- Ungewöhnliches Gewicht
- Fehlender Absender

12.3.2 Anschläge mit biologischen, chemischen oder radioaktiven Stoffen

Auch für Anschläge dieser Art werden häufig Postsendungen verwendet und auch diese sind meist nicht von herkömmlichen Sendungen zu unterscheiden. Anhaltspunkte können sein:

- Verfärbungen
- Gerüche
- Entfärbung
- Kristallbildung

Ist eine Drohung erfolgt oder ist aus anderen Gründen mit derartigen Anschlägen zu rechnen, sind entsprechende Vorsichtsmaßnahmen zu treffen:

- Zentraler, extra geschützter Postempfang
- Öffnung der Post nur in Schutzkleidung (Handschuhe, Overall, Gesichtsschutz)
- Notfallplanung

Wird eine verdächtige Sendung erkannt, gilt Folgendes:

- Sendung nicht mehr berühren oder bewegen
- Jeden Kontakt vermeiden
- Zutritt zum gefährdeten Bereich sperren
- Verfahren gemäß Notfallplanung
- Personen, die in Kontakt mit der Sendung gekommen sind, sind zu isolieren

12.4 Demonstrative Aktionen

Demonstrationen und Proteste sind im Rahmen der Meinungs- und Versammlungsfreiheit grundsätzlich jederzeit und an jedem Ort möglich und kommen natürlich auch im Umfeld bewachter Objekte vor. Insbesondere bei Kernkraftwerken, Werken der chemischen und kosmetischen Industrie und anderen Einrichtungen, die Kontroversen jeder Art auslösen.

Solange sich die Aktion friedlich und außerhalb des Hausrechtsbereichs bewegt, haben Sicherheitskräfte keine Möglichkeit des Eingreifens. Aus den zumeist friedlichen Demonstrationen heraus können jedoch auch Störungen entstehen und Straftaten begangen werden:

• genaue Beobachtung der Aktion
• Beobachtung des Umfeldes
• Provokationen vermeiden
• Verstärkung der Bewachung und Bestreifung
• Verschluss aller nicht zwingend benötigten Durchlässe
• Verschluss von Rollos und Jalousien, soweit vorhanden
• Einschränkung des Besucherverkehrs, wenn möglich
• Umleitung des ein- und ausfahrenden Verkehrs, wenn nötig

12.4.1 Störungen und Straftaten außerhalb des Hausrechtsbereichs

Kommt es zu Störungen in den Betriebsabläufen, z. B. durch Blockaden, oder sogar zu Straftaten aus der Menschenmenge heraus (Drohungen, Steinwürfe usw.), sind umgehend die Polizei und die Verantwortlichen des Objekts zu verständigen. Die Urheber der Verstöße sind nach Möglichkeit zu identifizieren und Beweise zu sichern.

Ansonsten stehen den Sicherheitsmitarbeitern zum Eingreifen natürlich die Jedermannsrechte zur Verfügung. Das Einschreiten gegen eine Menschenmenge birgt aber ein sehr hohes Risiko und sollte daher nur in Ausnahmefällen erfolgen (Gefahr für Leib, Leben oder Gesundheit).

12.4.2 Störungen und Straftaten innerhalb des Hausrechtsbereichs

Drohen Personen aus der Aktion heraus in den Hausrechtsbereich einzudringen, sind umgehend weitere Maßnahmen einzuleiten. Hier besteht akute Gefahr von Straftaten gegen das Objekt und die dortigen Mitarbeiter. Unbefugte könnten sich so Zutritt zu sensiblen Bereichen verschaffen und dort erheblichen Schaden anrichten.

Auch besteht die Möglichkeit, dass Dritte die Demonstration für ihre Zwecke nutzen, um leichter in gesicherte Bereiche zu gelangen (Industriespionage).

- zusätzliche Sicherung und Überwachung aller sensiblen Bereiche
- Verstärkung anfordern
- Information der Mitarbeiter
- Verschluss aller unbesetzten Räume
- Bereithalten von Absperrmaterial
- Bereithalten von Feuerlöschmaterial
- Umlenkung des Werkverkehrs

Dringen Demonstranten unbefugt in den Hausrechtsbereich ein, handelt es sich um Hausfriedensbruch, auf den das Sicherheitspersonal entsprechend reagieren kann und muss. Nach Möglichkeit ist die Einbruchstelle abzuriegeln und sind die Täter am weiteren Vorgehen zu hindern.

Gelingt dies nicht, sind die eingedrungenen Personen durch Sicherheitsmitarbeiter (soweit verfügbar) zu begleiten und zu beobachten. Unter Umständen können weitere Störungen und Straftaten verhindert, zumindest aber Beweise gesammelt und gesichert werden.

- Einweisung der Verstärkung
- Begleitung und Überwachung
- Lenkung in ungefährliche Bereiche
- Umleitung des Werkverkehrs
- weitere Maßnahmen in Absprache mit der Polizei und Verantwortlichen des Objekts
- Plakate und Transparente entfernen
- Flugblätter einsammeln

12.4.3 Umgang mit Medienvertretern

Demonstrative Aktionen lösen meist auch ein reges Medieninteresse aus. Grundsätzlich gilt: keine Auskünfte, welcher Art auch immer, an Medienvertreter! Verweisen Sie in so einem Fall immer auf den Verantwortlichen für die Presse- und Öffentlichkeitsarbeit des Objekts, in dem Sie Dienst tun. Das gilt selbstverständlich auch im normalen täglichen Dienst.

Tipp für die Praxis: Achten Sie darauf, dass Pressevertreter nicht Ihren Namen erfahren, verdecken Sie Namensschilder, Ausweise u. Ä. und stellen Sie sich nicht mit Namen vor.

12.5 Tatorte

Tatort ist der Ort, an dem eine Straftat begonnen, fortgesetzt oder beendet worden ist. Häufig sind es Sicherheitsmitarbeiter, die einen Tatort auffinden und somit als Erste vor Ort sind. Grundkenntnisse im Umgang mit Tatorten sind daher unerlässlich, denn die dort von Tätern hinterlassenen Spuren dürfen keinesfalls unbrauchbar gemacht werden.

12.5.1 Sicherung eines Tatortes

Als Spur bezeichnet man jede Veränderung, die bewusst oder unbewusst durch die Tat verursacht wurde. Werden nun durch falsches Verhalten am Tatort neue, nicht mit der Tat zusammenhängende Veränderungen vorgenommen, kann dies Spuren der Tat unbrauchbar machen, oder sie verlieren ihre Beweiskraft:

Von Verunreinigung eines Tatortes spricht man, wenn neue Veränderungen, also Spuren, hinzukommen, die mit der Tat nicht in Zusammenhang stehen.

Verunreinigung des Tatortes
Zerstörung von Spuren
Abhandenkommen von Spuren

Spuren können z. B. durch Überlagerung und Verwischen, bewusste Entfernung vom Tatort oder auch durch Witterungseinflüsse wie Regen, Schnee und Wind zerstört werden oder abhandenkommen.

Die erste Aufgabe besteht daher in der **Sicherung und Absperrung** des Tatortes. Schaulustige sind nach Möglichkeit aus der näheren Umgebung des Tatortes zu verweisen. Der Tatort ist bis zum Eintreffen der Polizei (oder der Feldjäger in Bundeswehrliegenschaften) ununterbrochen zu bewachen, mit Ausnahme der Rettungskräfte erhält niemand mehr Zutritt zu diesem Bereich.

Besteht keine Gefahr der Vernichtung von Spuren, endet hier in der Regel die Befugnis und damit die Tätigkeit von Sicherheitsdiensten. Der Tatort wird dann nur noch an die zuständigen Behörden übergeben.

12.5.2 Erster Angriff

Tatorte werden stets von außen nach innen bearbeitet. Dazu wird ein Trampel-
pfad eingerichtet, der immer wieder zum Betreten und Verlassen genutzt wird.
Während der Tatortarbeit ist Schutzkleidung bestehend aus Einweghandschuhen
und einem Ganzkörperoverall zu tragen, um eine Verunreinigung des Tatortes zu
vermeiden.

Die erste Maßnahme nach der **Tatortbesichtigung** besteht in der bildlichen
Darstellung aus allen Blickwinkeln (Tatortfotos). Dies kann mithilfe einer
Kamera oder auch mit einer Skizze geschehen. In der Skizze sind nach und nach
alle Spuren mit ihrer genauen Lage einzuzeichnen (Spurenbild).

Im Anschluss an die Panoramaaufnahmen ist jede einzelne Spur so detail-
getreu wie möglich aus verschiedenen Blickwinkeln zu fotografieren. Als
Maßstab wird jeweils ein Gegenstand neben der Spur und somit auf der Aufnahme platziert, dessen Größe bekannt ist (Kugelschreiber, Lineal o. Ä.). Erst,
wenn die Fotos gemacht sind, kann der Gegenstand (Spurenträger) in einer
Plastiktüte verpackt werden.

Unterscheidung nach Spurenart
Daktyloskopische Spuren
Formspuren
Materialspuren
Gegenstandsspuren
Situationsspuren
Trugspuren
Fingierte Spuren

Daktyloskopische Spuren sind Spuren, die vom Ein- oder Abdrücken von
Finger- und Handflächen herrühren. Anhand des Papillarlinienmusters können
die Abdrücke einer bestimmten Person zugeordnet und so deren Anwesenheit am
Tatort nachgewiesen werden.

Formspuren entstehen durch Einwirkung auf Personen oder Objekte. Sie
treten als Brüche, Risse, Eindrücke o. Ä. in Erscheinung und lassen Rückschlüsse
auf benutzte Werkzeuge, Waffen und andere Dinge zu.

Materialspuren sind mineralogische, biologische oder chemische Rück-
stände, die bewusst oder unbewusst am Tatort zurückgelassen wurden. Hierzu

zählen z. B. Blut, Hautpartikel, Schmauchspuren, Lacksplitter und andere Substanzen.

Gegenstandsspuren sind alle greifbaren gegenständlichen Dinge, die im Zusammenhang mit der Tat beweiserheblich sind. Dies sind Waffen, Werkzeuge, aber auch z. B. persönliche Gegenstände des Täters.

Situationsspuren bezeichnen im Wesentlichen das Spurenbild, die Anordnung, relative Lage zueinander und Zuordnung einzelner Spuren. Aus der Auffinde-Situation lassen sich z. B. Rückschlüsse über den Tathergang, die Anzahl der Täter und weitere Gegebenheiten ziehen.

Trugspuren sind am Tatort gefundene Spuren, die jedoch keinen Zusammenhang mit der Tat aufweisen. Entweder waren diese bereits vor der Tat dort oder sind nachträglich, z. B. durch eine Verunreinigung des Tatortes, dorthin gelangt.

Fingierte Spuren sind absichtlich von dem oder den Tätern falsch gelegte Spuren, die Ermittler in die Irre führen sollen. Sie können von den eigentlichen Spuren ablenken oder z. B. auf einen Unbeteiligten als Täter hinweisen.

Zusätzlich kann die Befragung von Zeugen, insbesondere von Augenzeugen, die am oder in der Nähe des Tatortes angetroffen wurden, zusätzlich beweiserhebliche Tatsachen ergeben (siehe hierzu auch Handlungsfeld 3).

Taktisches Verhalten und Eigensicherung

13

Eigensicherung beginnt mit dem taktischen Verhalten im Dienst eines jeden Mitarbeiters. Es gibt keine Situation im Arbeitsalltag, die nicht – auch plötzlich – eskalieren und zu einer Gefahr werden könnte.

Wir sind daher gut beraten, jede Situation auch als solche zu betrachten und ihr mit voller Aufmerksamkeit zu begegnen. Routine, übertriebene Selbstsicherheit (Überschätzung) und eine falsche Lagebeurteilung (Unterschätzung) sind dabei die häufigsten Fehler.

Dabei sind es gerade die vermeintlich harmlosen Personen oder Situationen, die unterschätzt werden. Betrunkene, raufende und lautstarke Zeitgenossen – die üblichen Verdächtigen – unterschätzen wir selten, als potenzielle Bedrohung sind sie kaum zu übersehen. Die eigentlichen Gefahren aber sind der stille, unscheinbare Typ und die vermeintlich harmlose Situation.

Eigensicherung beginnt daher schon mit der Dienstübernahme und endet erst wieder nach der Dienstübergabe. Ebenso verhält es sich mit Situationen: Eine Situation ist erst unter Kontrolle, wenn sie vorbei ist. Auch in letzter Sekunde kann eine Situation noch kippen.

Da sich das taktische Vorgehen in den einzelnen Dienstarten nur geringfügig unterscheidet, werden die Verhaltensgrundsätze im Folgenden für alle Aufgabenfelder zusammen beschrieben.

13.1 Häufige Fehler

„Vorsicht ist die Mutter der Porzellankiste" und Vorsicht sollte jedem Sicherheitsmitarbeiter zur zweiten Natur werden. Fehlende Vorsicht, fehlendes Gefahrenbewusstsein (Arglosigkeit) und Routine sind die Fehler, die Sicherheitsmitarbeitern im Einsatz am häufigsten gefährlich werden:

© Springer Fachmedien Wiesbaden GmbH, ein Teil von Springer Nature 2023
R. Schwarz, *Geprüfte Schutz- und Sicherheitskraft (IHK)*,
https://doi.org/10.1007/978-3-658-38138-7_13

- fehlendes Gefahrenbewusstsein
- Routine
- Überschätzung der eigenen Fähigkeiten
- Überschätzung der eigenen Handlungsmöglichkeiten
- Unterschätzung des Gegners
- Unterschätzung der Situation
- unvollständige oder funktionsunfähige Ausrüstung
- fehlende Informationen
- fehlende Absprachen im Team
- unzureichende Ausbildung

13.2 Grundsätze

Regelmäßiges Training, die Kontrolle der Ausrüstung, sachgerechte Informationen und eine realistische Lagebeurteilung helfen – zusammen mit einem ruhigen und besonnenen Vorgehen – die meisten Gefahren rechtzeitig zu erkennen und zu vermeiden.

Ziel der Eigensicherung ist die frühzeitige Erkennung und Vermeidung von Gefahren für Einsatzkräfte, wobei die Auftragsdurchführung gleichzeitig gewährleistet bleiben muss.

In den Berufsgenossenschaftlichen Vorschriften finden sich bereits einige Grundsätze, die auf die Vermeidung von Gefahren im Dienst zielen, so z. B. für die Objektbezogene Dienstvorschrift, die Objekteinweisung und den Umgang mit Waffen und Munition. Zusammengefasst ergibt das folgende Grundsätze:

- keinen Alkohol oder Drogen
- ausgeruht zum Dienst erscheinen
- umfassende Einweisung in den Verantwortungsbereich
- Kenntnis besonderer Gefahren(-bereiche)
- Kenntnis der Vorschriften zur Unfallverhütung und zum Arbeits- und Gesundheitsschutz
- regelmäßiges, einsatznahes Training
- Kontrolle der Ausrüstung zu Dienstbeginn
- Vermeidung von Routine
- immer das ungünstigste Verhalten des Gegners erwarten
- vollständige und regelmäßige Informationsweitergabe
- stets Verbindung zu Leitstellen und Verstärkungskräften halten
- ständige Absprachen im Team

13.3   Streifen- und Kontrollgänge

Ausgehend vom Grundsatz, dass bei Tätern immer das ungünstigste Verhalten anzunehmen ist, ist davon auszugehen, dass Täter Objekte und Einrichtungen vor der Tat über einen längeren Zeitraum beobachten. So gewinnen sie wertvolle Informationen für ihre Tatausführung und erlangen Ortskenntnis.

Wege und Zeiten von Kontrollen sollten daher immer wieder variiert werden, so ist es potenziellen Tätern unmöglich, sich auf ein bestimmtes Muster einzustellen und uns auf Kontrollgängen zu überraschen.

Zusätzlich ist es ratsam, Kontrollgänge in unregelmäßigen Abständen kurz zu unterbrechen, um die Umgebung zu beobachten und Geräusche besser wahrzunehmen.

Auch sollte, soweit dies möglich ist, zwischen offen und verdeckt durchgeführten Kontrollen gewechselt werden. Bei verdeckten Kontrollen benutzt man dann nur Wege, die von außen nicht einsehbar sind und verzichtet weitgehend auf Licht.

- Variation von Zeiten und Wegen
- Wechsel zwischen offenen und verdeckten Kontrollen
- so wenig wie möglich Licht verwenden
- Umfeld ständig beobachten
- unregelmäßig kurze Stopps
- ständige Verbindung zur Leitstelle offenhalten
- regelmäßige Meldung/Information bei der Leitstelle

13.4   Annäherung Objekte

Gerade im Interventionsdienst muss immer davon ausgegangen werden, dass sich der oder die Täter noch im betreffenden Objekt befinden. Die Annäherung sollte daher möglichst gedeckt und leise erfolgen. Je später wir wahrgenommen werden, desto unvorbereiteter treffen wir die Personen an. Das bedeutet auch, auf Licht weitgehend zu verzichten: sehen, aber nicht gesehen werden.

Besteht der Verdacht, dass Täter tatsächlich im Objekt sind, ist die Leitstelle zu informieren, Verstärkung anzufordern bzw. die Polizei zu benachrichtigen. Keinesfalls sollten Sie einen Alleingang wagen. Die Leitstelle sollte über jeden einzelnen Schritt genau informiert werden. Im Notfall kann Hilfe dann schneller zum Tatort gelangen.

- langsam und gedeckt annähern (Schatten, Hauswände usw.)
- Fahrzeuge abseits in einiger Entfernung abstellen, Türen leise schließen
- aufmerksam beobachten (Veränderungen, Bewegungen, Personen oder Fahrzeuge in der Umgebung usw.)
- Licht nur, wenn unbedingt notwendig
- Information der Leitstelle über alle Schritte
- nach Möglichkeit immer eine Wand im Rücken
- vor Türen nicht stehen bleiben
- vor Fenstern kurz halten und hineinsehen
- Einsatzmittel bereithalten

13.5 Personenkontrollen

Für die Annäherung an Personen gelten im Wesentlichen die gleichen Grundsätze. Möglichst unauffällig und von der Seite oder von hinten, insbesondere bei Verdächtigen, sollte das Überraschungsmoment genutzt werden. Während der Annäherung ist auch das Umfeld aufmerksam zu beobachten, so ergeben sich unter Umständen Hinweise auf zugehörige Personen, Personengruppen, Fahrzeuge o. Ä.

- langsame und ruhige Bewegungen
- Annäherung von hinten oder der Seite
- Umfeld-Beobachtung
- Licht erst kurz vor dem Kontakt
- möglichst eine Wand o. Ä. im Rücken

Wird eine Person angesprochen, geschieht dies freundlich, aber bestimmt, und mit etwa zwei Armlängen Abstand.

Der eigene Körper befindet sich in leichter Schrittstellung und zeigt mit der schmalen Seite zur kontrollierten Person, Rechtsschützen links vorn und Linksschützen rechts vorn, sodass die Einsatzmittel nicht einsehbar sind.

- nach Möglichkeit zu zweit arbeiten
- zwei Armlängen Abstand
- Schrittstellung
- offene, entspannte Körperhaltung

- keine Drohgebärden
- defensives Verhalten
- Verhaltens- und Kommunikationsregeln beachten
- Begrüßung
- Grund der Ansprache nennen und begründen
- das Gegenüber niemals aus den Augen lassen
- niemals den Rücken zuwenden
- Umfeld im Auge behalten
- die kontrollierte Person bitten, keine schnellen Bewegungen zu machen
- Rückzugsmöglichkeit offenhalten

Beispiel für die Stellung bei einer Personenkontrolle durch zwei Sicherheitsmitarbeiter:

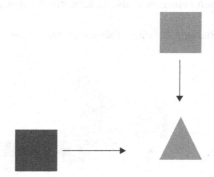

Die beiden Mitarbeiter (■) stehen dabei im rechten Winkel zu der Person, die kontrolliert werden soll (▲). Ein Mitarbeiter führt die Kontrolle durch, während der andere sichert und den Schauplatz, das Umfeld und den Verdächtigen im Auge behält.

Der Sichernde hat dabei einen etwas größeren (Sicherheits-)Abstand als der Kontrolleur. Wichtig ist, dass beide sich bei (vor!) Bewegungen absprechen und verhindern, dass der Verdächtige in den toten Winkel gerät oder die Umgebung nicht mehr ausreichend beobachtet werden kann.

Die Durchführung von Kontrollen und Eingriffen sollte nach Möglichkeit immer mindestens zu zweit erfolgen. Wenn nötig, muss hierfür entsprechend Verstärkung angefordert und bis zu deren Eintreffen gewartet werden.

13.6   Fahrzeugkontrollen

Bei Fahrzeugkontrollen ist besondere Vorsicht geboten. Das Auto selbst kann durch den Fahrer als Waffe eingesetzt werden. Darüber hinaus ist die Sicht auf Personen im Fahrzeuginneren eingeschränkt, oft ist es nicht möglich, sofort zu überblicken, wie viele Insassen sich im Inneren befinden.

Die beiden Mitarbeiter (■) treten gleichzeitig an das Fahrzeug heran. Der Kontrolleur (links) tritt entweder von hinten oder von der Seite so weit an die Fahrerseite des Fahrzeugs heran, dass ein ausreichender Sicherheitsabstand bleibt, falls z. B. die Tür unvermittelt geöffnet wird.

Der sichernde Mitarbeiter tritt von hinten an die Beifahrerseite des Fahrzeugs heran und bleibt etwa zwischen B- und C-Säule stehen, sodass er sowohl die Vorder- als auch die Rücksitze im Blick hat. Von hier aus kann er das Fahrzeuginnere und die Insassen beobachten und gleichzeitig das nähere Umfeld im Auge behalten.

Beispiel für die Stellung bei einer Fahrzeugkontrolle durch zwei Sicherheitsmitarbeiter:

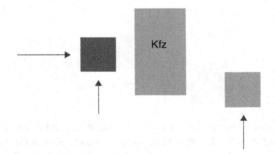

Verhaltensgrundsätze:

- von der Seite oder von hinten an das Fahrzeug herantreten
- Abstand halten
- nicht in das Fahrzeug hineinlehnen
- Motor abstellen und Zündschlüssel abziehen lassen
- Insassen nacheinander aussteigen lassen

Wichtig ist, dass beide jederzeit mit einem plötzlichen Losfahren des Wagens rechnen. Daher sollte der Fahrer zu Beginn der Kontrolle gebeten werden, den Motor abzustellen und den Zündschlüssel abzuziehen.

Zusammenfassung Grundsätze der Eigensicherung
Gefahrenbewusstsein
Gefahrenerkennung
Ausbildung und Training (Taktik, Ausrüstung, Situationstraining)
Einsatzbereite Ausrüstung
Ungeteilte Aufmerksamkeit, keine Routine aufkommen lassen
Realistische Lagebeurteilung
Ein gesundes Misstrauen
So viel Abstand, wie der Auftrag es zulässt
Eingreifen nur bei zahlenmäßiger Überlegenheit, wenn möglich Verstärkung abwarten
Permanente Absprache im Team
Information der Leitstelle, Verbindung halten
Umfeld ständig beobachten
Immer eine Rückzugsmöglichkeit offenhalten
Einem Verdächtigen niemals den Rücken zuwenden oder ihn aus den Augen lassen

Meldungen und Berichte 14

Für die Erstellung und Abgabe von Meldungen und Berichten gibt es zahlreiche Vorgaben in Gesetzen, Vorschriften und Dienstanweisungen. Zwecke der schriftlichen Abfassung und Weiterleitung von Informationen sind:

- zeitnahe und sachgerechte Information von zuständigen Stellen
- Vermeidung von Missverständnissen und Übermittlungsfehlern
- Vermeidung von fehlenden Details in Ereignisdarstellungen
- Beweissicherung
- Aufbewahrung von Informationen

Wobei Meldungen als kurze Information und Berichte als umfassende Sachverhaltsdarstellungen verstanden werden.

Eine **Meldung** dient eher der schnellen Information, meist um zeitnah geeignete Maßnahmen einleiten zu können (Sofortmeldung).

Wohingegen **Berichte** eher zur umfassenden Information über Sachverhalte im Nachhinein verwendet werden. Berichte folgen daher meist einer Meldung nach. Eine genaue Abgrenzung ist in der Praxis aber schwer möglich und auch nicht notwendig, die Vorschriften geben jeweils vor, welche Form gefordert ist. So meinen die Begriffe Unfallmeldung und Unfallbericht beispielsweise häufig ein und dasselbe.

Vorgaben bestehen dabei meist hinsichtlich:

- Zeitpunkt der Abgabe
- Adressat(en)
- Inhalt
- Form

© Springer Fachmedien Wiesbaden GmbH, ein Teil von Springer Nature 2023
R. Schwarz, *Geprüfte Schutz- und Sicherheitskraft (IHK)*,
https://doi.org/10.1007/978-3-658-38138-7_14

Zu unterscheiden ist grundsätzlich zwischen Routinemeldungen, die zu einem fest vorgegebenen Zeitpunkt an einen bestimmten Adressatenkreis abgegeben werden, und anlassbezogenen Meldungen, die nur abgegeben werden, wenn ein bestimmtes Ereignis eingetreten ist.

14.1   Routinemeldungen und -berichte

Je nach Objekt und Auftraggeber kann gefordert sein, dass über den Verlauf des Dienstes oder das Ergebnis von Kontrollen und Kontrollgängen in regelmäßigen Abständen Meldungen und Berichte anzufertigen sind. Hier werden dann alle nicht akuten Ereignisse niedergeschrieben und über die Einsatzleitung an den Auftraggeber weitergeleitet.

In der einfachsten Form kennen Sie dieses Vorgehen aus dem **Wach- oder Dienstbuch.** In knapper Form finden sich hier die Tätigkeiten des Sicherheitspersonals während des Dienstes und entsprechende Vorkommnisse wieder:

- Diensthabende
- Dienstzeit
- Dienstübernahme
- Vollzähligkeit/Fehlen der Schlüssel und Karten
- Durchführung von Kontrollen und Kontrollgängen
- festgestellte Mängel
- usw.

14.2   Anlassbezogene Meldungen und -berichte

Sicherheitsrelevante Vorkommnisse und gefährliche Ereignisse zwingen in aller Regel zum sofortigen Handeln. Dazu sind Hilfe leistende Stellen und die Einsatzzentrale unverzüglich über die wichtigsten Eckpunkte zu informieren.

Die **Alarmkarte** im Alarm- und Interventionsdienst ist so ein Beispiel für eine Meldung bei sicherheitsrelevanten Ereignissen.

Weitere Beispiele für **Anlässe** von Meldungen sind:

- Unfälle mit Personenschäden, insbesondere Arbeitsunfälle
- akute Verstöße gegen Sicherheitsbestimmungen (Arbeits- und Gesundheitsschutzbestimmungen, verstellte Flucht- und Rettungswege usw.)
- technische Störungen an relevanten Einrichtungen (EMA, BMA usw.)

- Brände
- (drohende) Umweltschäden
- festgestellte Straftaten
- vorläufige Festnahmen
- Schusswaffengebrauch im Dienst
- Abhandenkommen von Waffen, Munition
- Abhandenkommen von Schlüsseln und Zutrittskarten, insbesondere General-schlüssel
- Demonstrationen im Objektumfeld
- Bombendrohungen
- Ausspähversuche
- Aktivitäten von Medien

Einige Gesetze und Verordnungen sehen darüber hinaus bestimmte **Melde-pflichten** vor. Der Vollständigkeit halber seien einige hier noch einmal erwähnt. Die vollständige Beschreibung findet sich im jeweiligen Abschnitt.

- Gewerbeordnung (GewO)
- Bewachungsverordnung (BewachV)
- Siebtes Buch Sozialgesetzbuch (SGB VII)
- Berufsgenossenschaftliche Vorschriften (DGUV)
- Waffengesetz (WaffG)
- Strafgesetzbuch (StGB)

Für nicht gesetzlich vorgeschriebene Formen kann das folgende Muster ver-wendet oder für eigene Zwecke abgewandelt bzw. ergänzt werden.

MELDUNG	
Empfänger der Meidung:	
Datum, Uhrzeit:	
Meldender:	
Wer:	Personen, Täter, Unbekannt
Wo:	Ort des Ereignisses
Wann:	Zeitpunkt des Ereignisses
Was, wie und womit:	Beschreibung des Sachverhaltes
Unterschrift	

Teil III

Handlungsbereich 2: Gefahrenabwehr sowie Einsatz von Schutz- und Sicherheitstechnik a) Brandschutz

Grundsätze des Brandschutzes 15

Brände stellen neben Straftaten die größte Bedrohung für Unternehmen und Objekte dar. Von ihnen geht eine erhebliche Gefahr für Leib und Leben aus. Nicht zuletzt deswegen besteht eine gesetzliche Verpflichtung zum Brandschutz.

Unter Brandschutz versteht man alle Maßnahmen, die getroffen werden, um die **Entstehung** und **Ausbreitung** von Bränden zu verhindern und **Schäden** zu minimieren.

Betrieblichen Brandschutz unterscheidet man dabei in **vorbeugenden** und **abwehrenden** Brandschutz.

Brandschutz	
Vorbeugender	**Abwehrender**
Technische, bauliche, organisatorische und personelle Maßnahmen zur Brandverhütung bzw. Schadenminimierung für den Brandfall	Technische, organisatorische und personelle Maßnahmen zur Brandbekämpfung und Schadenminimierung

Schäden, die durch Brände entstehen können, sind vielfältig. Neben Personen- und Sachschäden entstehen in der Folge eines Brandes meist auch Vermögens- und Umweltschäden.

Vermögensschäden entstehen dabei z. B. durch den Ausfall von Produktions- anlagen, Geschäftsräumen u. Ä. Der Betrieb ist teilweise oder vollständig für eine gewisse Zeit unterbrochen.

© Springer Fachmedien Wiesbaden GmbH, ein Teil von Springer Nature 2023
R. Schwarz, *Geprüfte Schutz- und Sicherheitskraft (IHK),*
https://doi.org/10.1007/978-3-658-38138-7_15

Umweltschäden entstehen hauptsächlich durch Löschmittel, aber auch, indem andere schädliche Stoffe z. B. aus dem Lager während des Brandes in die Umwelt gelangen.

Vorbeugender Brandschutz 16

Unter vorbeugendem Brandschutz versteht man alle technischen, baulichen, organisatorischen und personellen Maßnahmen zur Brandverhütung bzw. Schadenminimierung im Brandfall und zur Freihaltung der Flucht- und Rettungswege.

Vorbeugender Brandschutz
Bauliche Maßnahmen
Technische Maßnahmen
Organisatorische Maßnahmen
Personelle Maßnahmen
Freihaltung der Flucht- und Rettungswege

Bauliche Maßnahmen sind:

- Verwendung nicht oder schwer brennbarer Stoffe
- Brandwände und -abschnitte
- stationäre Feuerlöschanlagen
- Flucht- und Rettungswege

Technische Maßnahmen sind (siehe auch Gefahrenmeldeanlagen):

- Brandmelde- und Brandbekämpfungsanlagen (BMA, automatische Brandschutztüren, Sprinkleranlagen usw.)
- Rauch- und Wärmeabzugsanlagen
- sauerstoffreduzierte Räume

© Springer Fachmedien Wiesbaden GmbH, ein Teil von Springer Nature 2023
R. Schwarz, *Geprüfte Schutz- und Sicherheitskraft (IHK)*,
https://doi.org/10.1007/978-3-658-38138-7_16

Organisatorische Maßnahmen sind:

- Brandschutzpläne (Flucht- und Rettungspläne usw.)
- Dienstanweisungen (Umgang mit brennbaren Stoffen, Gefahrenquellen usw.)
- Funktionsprüfungen
- Brandschutzprüfungen und -kontrollen
- Rauchverbote

Personelle Maßnahmen sind:

- Bestellung eines Brandschutzbeauftragten   -
- Belehrung des Personals
- Brandschutzübungen
- Ausbildung der Brandschutzhelfer

Brandschutzeinrichtungen 17

17.1 Bauliche Einrichtungen

Um die Ausbreitung von Bränden zu verhindern bzw. zu verlangsamen, werden Gebäude in **Brandabschnitte** unterteilt.

Dazu werden feuerbeständige Brandwände und Geschossdecken verbaut und notwendige Öffnungen (Türen, Flurdurchlässe) mit Brandschutztüren versehen, die sich im Brandfall automatisch verschließen – sogenannte **Feuerschutzabschlüsse.**

Kennzeichnung der Feuerwiderstandsklassen (Auszug)		
F	→	Wände, Decken, Gebäudestützen
W	→	Nichttragende Außenwände
T	→	Feuerschutzabschlüsse
G	→	Brandschutzverglasungen und Fensterelemente
L	→	Lüftungskanäle und -leitungen
K	→	Absperrvorrichtungen in Lüftungsleitungen
S	→	Kabelbrandabschottungen
R	→	Rohrkanäle und -leitungen
E	→	Elektrische Kabelanlagen

Die **Anforderungen** an Bauteile und Materialen richten sich dabei nach der DIN 4102. Hier sind die entsprechenden Feuerwiderstandsklassen festgehalten. **Feuerwiderstandsklasse** bezeichnet die Zeit, die ein Bauteil einem Schadenfeuer

© Springer Fachmedien Wiesbaden GmbH, ein Teil von Springer Nature 2023
R. Schwarz, *Geprüfte Schutz- und Sicherheitskraft (IHK)*,
https://doi.org/10.1007/978-3-658-38138-7_17

standhält und dabei noch seine Funktionsfähigkeit erhält. Sie wird in Minuten angegeben (F 30, F 60 usw.).

Die Ausstattung von Gebäuden mit **Flucht- und Rettungswegen** und Notausgängen richtet sich nach der Nutzung des Gebäudes und der im Gebäude vorhandenen Personenzahl.

Notausgänge müssen frei zugänglich und jederzeit von jedermann in Fluchtrichtung zu öffnen sein. Hierfür werden meist besondere Schließsysteme verwendet und die Notausgänge zusätzlich alarmgesichert.

Beide müssen darüber hinaus so gekennzeichnet sein, dass sie auch bei Dunkelheit jederzeit gut erkennbar sind.

Der bauliche Brandschutz beginnt allerdings bereits in der Planungsphase eines Gebäudeneubaus mit der Auswahl des Standortes, der Auswahl der Bauweise, Zugangs- und Zufahrtmöglichkeiten usw. Bereits hier sind die entsprechenden Bau- und Brandschutzvorschriften zu berücksichtigen.

17.2 Technische Einrichtungen

Zu den technischen Brandschutzeinrichtungen gehören Brandmelde- und Brandbekämpfungsanlagen, Rauch- und Wärmeabzüge und Steigleitungen (Löschwasserleitungen).

Bei Steigleitungen wird zwischen nassen und trockenen Steigleitungen unterschieden.

Nasse Steigleitungen stehen dauerhaft unter Druck und dienen im Ernstfall für den Selbstangriff unterwiesener Personen. Zu finden sind sie meist in oder an Treppenhäusern zusammen mit entsprechenden Schläuchen.

Trockene Steigleitungen sind ausschließlich für die Feuerwehr gedacht, durch sie wird im Brandfall extern Löschwasser eingespeist.

Rauch- und Wärmeabzüge sind Öffnungen im Dach eines Gebäudes (Abzugsklappen), die im Brandfall automatisch freigegeben werden. Sie sollen die Stauung von Rauch und Rauchgasen verhindern, vor allem in Flucht- und Rettungswegen, und die Erhitzung des Gebäudes verringern.

Sauerstoffreduzierte Räume sollen eine Brandentstehung von vornherein verhindern, indem der Sauerstoffgehalt der Luft so weit reduziert wird, dass die Menge nicht mehr ausreichend ist, um eine Verbrennungsreaktion entstehen zu lassen.

Achtung: Für das Betreten solcher Räume gelten besondere Sicherheitsbestimmungen.

Brandschutzkontrollen 18

Im Rahmen von Bewachungsaufgaben können Mitarbeiter im Objekt- und Revierdienst verschiedene **Aufgaben des vorbeugenden Brandschutzes** bei ihren Kontrollen und Kontrollgängen ausführen:

- Einhaltung von Rauchverboten
- Lagerung gefährlicher Stoffe
- Ablagerung von Abfall
- Funktion und Freiheit von Brandschutztüren
- Vollzähligkeit von Feuerlöschern (Sichtprüfung) und anderen Brandbekämpfungsmitteln
- Vorhandensein von Flucht- und Rettungsplänen
- Einrichtungen für die Feuerwehr
- Flucht- und Rettungswege, insbesondere Funktion der Beleuchtung und freie Zugänglichkeit
- vorhandene Ablagerungen (Gefahr der Selbstzündung)

© Springer Fachmedien Wiesbaden GmbH, ein Teil von Springer Nature 2023 201
R. Schwarz, *Geprüfte Schutz- und Sicherheitskraft (IHK)*,
https://doi.org/10.1007/978-3-658-38138-7_18

Abwehrender Brandschutz 19

Unter abwehrendem Brandschutz versteht man alle technischen, organisatorischen und personellen Maßnahmen zur Brandbekämpfung bzw. Schadenminimierung im Brandfall.

Selbstverständlich hat die Rettung von Menschenleben stets Vorrang vor der eigentlichen Brandbekämpfung.

Entscheidend im Brandfall ist, dass alle notwendigen Maßnahmen ohne Zeitverzug und professionell eingeleitet werden.

Nach der Rettung von Menschenleben hat die **Lokalisierung des oder der Brandherde** also oberste Priorität, um die Feuerwehr schnellstmöglich zum Einsatzort bringen zu können.

Zusammengefasst hat das Sicherheitspersonal im Brandfall folgende Maßnahmen einzuleiten:

- Brand melden
- Feststellung des oder der Brandherde
- Menschen retten
- Brand bekämpfen
- Brandschutztüren und -abschnitte verschließen
- Unterstützung der Feuerwehr vor Ort

© Springer Fachmedien Wiesbaden GmbH, ein Teil von Springer Nature 2023
R. Schwarz, *Geprüfte Schutz- und Sicherheitskraft (IHK)*,
https://doi.org/10.1007/978-3-658-38138-7_19

BRAND MELDEN → MENSCHEN RETTEN → BRAND BEKÄMPFEN

1. Brand melden	2. Menschen retten	3. Brand bekämpfen
Wer meldet?	Sich selbst und	Wenn dies ohne
Was brennt?	gefährdete Personen	Gefahr möglich ist
Wo brennt es?	retten.	und geeignete
Wie viele Personen	Türen und Fenster	Löschmittel
sind verletzt?	schließen.	vorhanden sind.
Rückfragen	Fluchtwege benutzen.	
abwarten!	Keine Aufzüge!	

Die umfassende Einweisung und Unterrichtung des eingesetzten Sicherheitspersonals ist daher eine Forderung im Rahmen der Objekteinweisung und sollte
in regelmäßigen Abständen wiederholt werden. **Einweisung** in:

- Brandschutzordnung
- Standorte und Funktionsweise der Feuerlöschgeräte
- Standorte der Löschwasseranschlüsse für die Feuerwehr
- Fluchtwege
- einzuleitende Maßnahmen
- Feuerwehrlaufkarten
- sonstige Brandschutzanlagen und -maßnahmen

Grundlagen der Brandentstehung und -bekämpfung

20

20.1 Entstehung von Bränden

Brände haben vielfältige Ursachen – technische Defekte, Unachtsamkeit im Umgang mit Feuer und brennbaren Stoffen, aber z. B. auch Straftaten wie Brandstiftung.

Voraussetzung für die Entstehung und Ausbreitung eines Brandes ist jedoch stets das Vorhandensein von drei Komponenten (auch als **Verbrennungsdreieck** bezeichnet):

- brennbarer Stoff
- Sauerstoff
- Zündenergie

Kommen alle Komponenten im richtigen **Mischungsverhältnis** zusammen, entsteht ein Brand – eine chemische Reaktion (Oxidation), bei der sich Sauerstoff mit einem brennbaren Gas verbindet.

Die Licht- und Wärmeentwicklung (Flamme, Glut) ist dabei nur ein „Nebenprodukt" der Sauerstoffreaktion des Brandes. Bei festen und flüssigen Stoffen muss im Vorfeld der Verbrennung eine so hohe Temperatur erreicht werden und über einen längeren Zeitraum bestehen (Zündtemperatur), dass der Stoff beginnt, brennbare Gase auszubilden.

© Springer Fachmedien Wiesbaden GmbH, ein Teil von Springer Nature 2023
R. Schwarz, *Geprüfte Schutz- und Sicherheitskraft (IHK)*,
https://doi.org/10.1007/978-3-658-38138-7_20

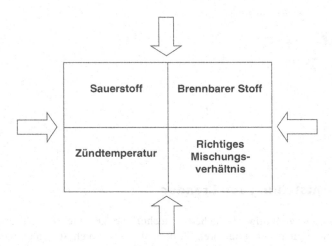

Von **Fremdzündung** spricht man, wenn die Zündenergie von außen zugeführt wird. Wird die Zündenergie durch den brennbaren Stoff selbst entwickelt (z. B. durch eine biologische oder chemische Reaktion), spricht man von **Selbstzündung**.

20.2   Brandklassen

Brennbare Stoffe werden in verschiedene **Brandklassen** mit den jeweils zugehörigen **Löschmitteln** eingeteilt.

Übersicht der Brandklassen		
Klasse	Brennbarere Stoffe	Löschmittel
A	Feste Stoffe, die unter Flammen- und Glutbildung verbrennen (Kohle, Holz, Papier)	Wasser, Pulver, Schaum
B	Flüssige oder flüssig werdende Stoffe (Alkohol, Benzin, Lacke)	Pulver, Schaum, CO_2, N_2
C	Gase (Wasserstoff, Methan, Propan)	Pulver, CO_2, N_2
D	Metalle oder Legierungen (Magnesium, Natrium)	Pulver, N_2, Sand
F	Organische Fette und Öle (Fritteuse usw.)	Pulver, Schaum, CO_2, N_2

Es ist u. a. die Aufgabe des vorbeugenden Brandschutzes, jeweils ausreichend geeignete Löschmittel an potenziellen Brandherden vorzuhalten.

20.2.1 Brennbare Flüssigkeiten

Liegt der Flammpunkt von Flüssigkeiten unter 100 Grad Celsius, unterliegen sie besonderen Sicherheitsbestimmungen. Umgang und Lagerung sind in der Verordnung über brennbare Flüssigkeiten geregelt.

Der Grund hierfür ist, dass von ihnen eine besondere Brandgefahr ausgeht, bei Flüssigkeiten mit einem Flammpunkt von unter 21 Grad Celsius besteht zusätzlich Explosionsgefahr.

- absolutes Rauchverbot, Verbot von Feuer und offenem Licht
- Lagerung nur in speziell gekennzeichneten Behältnissen
- Bevorratung in Betriebsräumen von maximal einem halben Tagesbedarf, der zur Produktion benötigt wird
- Vorhandensein entsprechender Feuerlöscheinrichtungen

20.2.2 Brennbare Gase

Die Besonderheit bei brennbaren Gasen ist, dass sie bei Raumtemperatur bereits den Zustand erreicht haben, der für eine Verbrennung erforderlich ist. Bei Zufuhr von Sauerstoff vermischen sie sich automatisch zu einem zündfähigen Gemisch. Daher bedarf es lediglich noch einer Zündquelle, die die nötige Zündenergie zuführt, um das Gemisch schlagartig zu entzünden.

20.2.3 Fette

Für das Löschen von Fettbränden dürfen nur Kohlendioxid und speziell dafür vorgesehene Löschmittel eingesetzt werden. Der Versuch, solche Brände mit Wasser zu löschen, kann zu einer verheerenden Kettenreaktion führen. Kommt das Wasser mit dem heißen Fett in Berührung, beginnt es explosionsartig zu verdampfen und vergrößert sein Volumen um das 1500-Fache. Mit dem Wasserdampf wird das brennende Fett großflächig verteilt und der Brand kann sich unkontrolliert ausbreiten.

20.3   Brandbekämpfung

Die Bekämpfung eines Brandes mit Hilfe von Löschmitteln führt je nach eingesetztem Mittel zu folgenden Effekten:

- Ersticken
- Kühlen
- Inhibitionseffekt

20.3.1 Ersticken (Entzug von Sauerstoff)

Der Brandherd wird beim Löschvorgang von der Sauerstoffzufuhr abgeschnitten und dadurch das für einen Brand notwendige Mischungsverhältnis gestört. $\rightarrow$ Schaum, CO_2.

20.3.2 Kühlen (Entzug der Zündenergie)

Durch das Herunterkühlen des Brandherdes mit dem Löschmittel fehlt die für die Verbrennung notwendige Zündenergie und die Verbrennungsreaktion kommt zum Erliegen. → Wasser, Schaum.

20.3.3 Inhibitionseffekt (Verzögerung der Verbrennungsreaktion)

Durch das Einbringen des Löschmittels wird die Reaktionsgeschwindigkeit des Verbrennungsvorganges verlangsamt bzw. die Reaktion kommt vollständig zum Erliegen. → Pulver.

20.3.4 Löschmittel

20.3.4.1 Wasser
Wasser ist das historisch älteste Löschmittel, seine Vorteile liegen in der guten Verfügbarkeit und der Möglichkeit, es schnell über größere Entfernungen zum Brandherd transportieren zu können. Hinzu kommt, dass es im Vergleich mit anderen Löschmitteln sehr preiswert ist.

Der Nachteil liegt hauptsächlich in seiner Zerstörungswirkung, Löschwasserschäden nach Bränden sind häufig größer als die Brandschäden selbst. Zudem ist es im Winter nur eingeschränkt nutzbar.

20.3.4.2 Schaum
Schaumlöschmittel bestehen aus Wasser, Schaumzusätzen und Füllgasen. Analog zu Wasser liegt auch hier der Nachteil hauptsächlich in der Zerstörungswirkung infolge des Löschvorganges. Im Vergleich mit Wasser ist Schaum aber breiter einsetzbar.

Im Gegensatz zu Wasser entfaltet Schaum hauptsächlich einen Erstickungseffekt, die Kühlung durch das beigemischte Wasser ist nur ein Nebeneffekt. Löschschaum gibt es in drei Varianten: Schwerschaum für Flüssigkeitsbrände, Mittelschaum für Feststoffbrände und Leichtschaum z. B. für den Einsatz in Bunkern.

20.3.4.3 Pulver

Löschpulver wird aus gemahlenen Salzen hergestellt, die sowohl einen Stickeffekt als auch einen Inhibitionseffekt entfalten. Je nach Einsatzzweck wird zwischen ABC-, BC- und D-Pulver unterschieden. ABC-Pulver ist für alle Brandklassen (außer Metall) geeignet, BC-Pulver ist für Brände flüssiger und gasförmiger Stoffe geeignet. D-Pulver wird für Metallbrände verwendet.

Der größte Vorteil von ABC-Pulver liegt im weiten Einsatzspektrum bei fast allen Brandklassen, aber auch hier entstehen noch erhebliche Folgeschäden durch den Löschvorgang.

20.3.4.4 Kohlendioxid (CO_2)

Bei der Einbringung von Kohlendioxid wird das Mischungsverhältnis von brennbarem Gas und Sauerstoff am Brandherd gestört, indem der vorhandene Luftsauerstoff verdrängt wird. Der Verbrennungsvorgang wird unterbrochen. Kohlendioxid verursacht keine Folgeschäden, ist aber nur für die Brandklassen C und D geeignet. Der Nachteile liegen darin, dass das farb- und geruchlose Gas für den Menschen tödlich ist und es sich während der Anwendung schnell verflüchtigt. Bei der Anwendung ist daher besondere Vorsicht geboten.

20.3.4.5 Andere Löschgase

In stationären Feuerlöschanlagen werden häufig Gasgemische statt reinem Kohlendioxid verwendet. Im Unterschied zu reinen Kohlendioxidanlagen stellen sie für den Menschen eine deutlich geringere Gefahr dar und sind daher einfacher in der Handhabung.

20.3.4.6 Löschdecken

Löschdecken sind Decken, die aus einem besonders feuerfesten Material gefertigt sind. Hauptsächlich dienen sie dazu, brennende Kleidung an Personen zu ersticken.

Feuerlöscheinrichtungen 21

Je nach Gefährdungslage müssen ausreichend funktionsfähige Feuerlöscheinrichtungen für die wahrscheinlichen Brandklassen in Betriebsgebäuden vorgehalten werden. Ihre **Position** ist im **Flucht- und Rettungswegeplan** verzeichnet.

Zu unterscheiden sind Feuerlöscheinrichtungen in selbsttätige und nichtselbsttätige Einrichtungen.

Feuerlöscheinrichtungen	
nicht selbsttätige	selbsttätige
z. B. Feuerlöscher	z. B. Sprinkleranlagen

Selbsttätige Einrichtungen setzen nach Auslösung automatisch Löschmittel zur Brandbekämpfung frei. Nicht-selbsttätige Einrichtungen müssen von entsprechend eingewiesenem Personal bedient werden.

21.1 Feuerlöschgeräte

Gerade in den ersten Minuten der Brandentstehung ist es oft gut möglich, den Brand mit relativ einfachen Mitteln zu bekämpfen und so eine weitere Ausbreitung und Schäden zu verhindern. Dazu sind natürlich kleine, handliche Geräte am besten geeignet. Hierzu zählen im Wesentlichen:

- trag- und fahrbare Feuerlöscher
- Löschdecken
- Löschwasserbehälter

© Springer Fachmedien Wiesbaden GmbH, ein Teil von Springer Nature 2023
R. Schwarz, *Geprüfte Schutz- und Sicherheitskraft (IHK)*,
https://doi.org/10.1007/978-3-658-38138-7_21

21.1.1 Feuerlöscher

Je nach Größe und Löschmittelinhalt sind Feuerlöscher entweder tragbar (Handfeuerlöscher) oder fahrbar.

Angebracht werden Handfeuerlöscher **leicht zugänglich** in etwa einem Meter Höhe über dem Boden und mit einem zusätzlichen **Hinweisschild auf Augenhöhe.**

Spätestens alle zwei Jahre sind sie durch fachkundiges Personal zu überprüfen und ist die Überprüfung am Gehäuse des Löschers anzubringen.

Beschriftung auf Feuerlöschern:

- Bedienungsanleitung schriftlich und bebildert (Piktogramme)
- Bezeichnung der geeigneten Brandklassen (siehe Liste oben)
- Löschmittel und Füllmenge
- Hersteller und Zulassungszeichen
- Nachweis der Funktionsprüfung

Dabei zeigen die Piktogramme auch, wie der Feuerlöscher ggf. vor Gebrauch funktionsfähig zu machen ist.

Dies geschieht entweder durch einen **Druck- oder Schlagknopf** oder durch Ziehen eines **Sicherungsstiftes.**

Arten von Feuerlöschern:

- Gasdrucklöscher (meist mit CO_2)
- Dauerdrucklöscher (sofort einsatzbereit)
- Aufladungslöscher (Druckpatrone muss vor Gebrauch aktiviert werden)

Beim **Dauerdrucklöscher** ist das Treibmittel bereits mit dem Löschmittel versetzt, sodass der Löscher ohne Weiteres einsatzbereit ist.

Beim **Aufladungslöscher** (hier sind Lösch- und Treibmittel in zwei getrennten Kammern aufbewahrt) muss zunächst die Mischung hergestellt werden, bevor er einsatzbereit ist.

Beim **Gebrauch** von Feuerlöschern sind folgende Regeln einzuhalten, um ein effektives Löschen zu gewährleisten und sich selbst nicht zu gefährden:

- **Windrichtung** beachten, immer mit dem Wind löschen
- **Flächenbrände** immer von vorne und von unten löschen
- **Tropf- und Fließbrände** von oben löschen

- **Viel hilft viel,** wenn möglich mehrere Feuerlöscher auf einen Punkt konzentrieren, nicht nacheinander einsetzen
- nach dem Löschen den Brandherd nicht verlassen (**Wiederaufflammen**)
- nach dem Brand das **Wiederauffüllen** des Löschers veranlassen

21.2 Feuerlöschanlagen

21.2.1 Sprinkleranlagen

Im Grunde funktionierenn wie überdimensionale Duschen. An den Raumdecken werden Sprinklerdüsen angebracht, die über ein Leitungssystem verbunden und mit Wasser versorgt werden.

Im Brandfall wird die Anlage automatisch durch an den Düsen angebrachte Glaskolben ausgelöst. Die Spezialflüssigkeit in den Kolben dehnt sich bei Hitze aus, bringt das Glas zum Brechen und gibt die Sprinklerdüsen frei.

Der separate Verschluss der Düsen hat den Vorteil, dass nicht die gesamte Anlage löscht, sondern nur der Bereich aktiviert wird, in dem durch ein Feuer ausreichend Hitze entstanden ist. Dadurch werden Folgeschäden durch Löschwasser minimiert.

Da sich dauerhaft Wasser in der Anlage befindet, ist diese Art aber nur für frostgeschützte Bereiche geeignet (**Nassanlage**).

Für Außenbereiche und nicht frostgeschützte Bereiche in Gebäuden gibt es spezielle **Trockenanlagen,** die mit Druckluft gefüllt sind und erst im Brandfall mit Wasser versorgt werden.

21.2.2 Sprühwasserlöschanlagen

Bei Sprühwasseranlagen sind die Köpfe nicht separat verschlossen, sodass im Brandfall alle Bereiche auslösen. Im Unterschied zu Sprinkleranlagen wirken sie also nicht gezielt und können so größere Folgeschäden durch Löschwasser verursachen.

21.2.3 Pulverlöschanlagen

Im Wesentlichen ist die Funktionsweise von Wasser- und Pulverlöschanlagen identisch. Pulver wird in solchen Bereichen eingesetzt, in denen Brände entstehen können, für die Wasser als Löschmittel ungeeignet ist.

21.2.4 Kohlendioxid-Löschanlagen

Kohlendioxid-Anlagen werden hauptsächlich in Bereichen eingesetzt, in denen Löschmittelrückstände zu erhebliche Schäden führen würden: EDV-Anlagen, Museen, Archive usw. Hier würde Wasser z. B. irreparable und deutlich höhere Schäden verursachen als das Feuer selbst. Vor dem Einsatz sind die betroffenen Bereiche unbedingt rechtzeitig zu evakuieren.

21.2.5 Anlagen zur Sauerstoffreduzierung

Anlagen zur Sauerstoffreduzierung machen sich das Prinzip des Verbrennungs-dreiecks zunutze. Durch die technisch gesteuerte Reduktion des Luftsauerstoffs wird verhindert, dass das richtige Mischungsverhältnis von brennbaren Stoffen, Zündtemperatur und Sauerstoff entstehen kann. Streng genommen handelt es sich deshalb nicht um Löschanlagen, sondern vielmehr um Brandverhütungsanlagen.

Die Luftsauerstoffkonzentration wird durch Einleitung von Stickstoff auf etwa 15 Volumenanteile reduziert. So kann die Entstehung von Bränden fast ausgeschlossen werden, ein Arbeiten in diesen Räumen ist aber dennoch (unter strengen Sicherheitsauflagen) weiterhin möglich.

Alarmierung 22

Grundlage für die Alarmierung ist der Alarmierungsplan als Teil der Brandschutzordnung eines Betriebes. Er hat Angaben über Art und Weise der Alarmierung, Verantwortlichkeiten und zu treffende Maßnahmen nach einer Alarmierung zu enthalten.

In den meisten Fällen wird es tatsächlich der Sicherheitsdienst sein, der für die Alarmierung verantwortlich ist. Hier laufen in der Regel alle Fäden – Brandmeldeanlage, Alarmierungsanlage usw. – zusammen.

Dabei spielt Zeit natürlich eine entscheidende Rolle: Je schneller eine Alarmierung erfolgt, desto ruhiger und geordneter sind Evakuierungsmaßnahmen möglich. Dazu müssen allen Beschäftigten natürlich die entsprechenden Signale bekannt sein.

- Klingeln
- Glocken
- Megafon
- Alarmierungsanlagen

In größeren Unternehmen und Gebäuden erfolgt die Alarmierung über automatische **Alarmierungsanlagen,** die auch mit einer Sprechanlage gekoppelt werden können. So kann neben dem Signalton auch eine Durchsage an die Belegschaft erfolgen (ELA; siehe Schutz- und Sicherheitstechnik).

© Springer Fachmedien Wiesbaden GmbH, ein Teil von Springer Nature 2023   215
R. Schwarz, *Geprüfte Schutz- und Sicherheitskraft (IHK)*,
https://doi.org/10.1007/978-3-658-38138-7_22

Evakuierung

23

Nach der Alarmierung erfolgt in der Regel die Evakuierung des Gebäudes über die gekennzeichneten Fluchtwege. Je nach Brandschutzordnung und Dienstanweisung kommen dem Sicherheitsdienst dabei unterschiedliche Aufgaben zu. Im Folgenden werden die Aufgaben der so genannten **Brandschutz- bzw. Räumungshelfer** kurz dargestellt. Teile davon können auch von Sicherheitskräften übernommen werden.

- Unterstützen der Räumung
- Sicherstellen, dass der Bereich frei von Personen ist
- Wenn nötig, Hilfeleistung durch Rettungskräfte veranlassen
- Melden des Vollzugs an den Räumungsleiter

Für diese Aufgaben ist es natürlich notwendig, dass Räumungshelfer in jedem Bereich des Gebäudes verfügbar sind. Hierzu werden je nach Größe und Belegung eine entsprechende Anzahl Mitarbeiter bestellt und ausgebildet.

Zur Durchführung der Evakuierung finden sich auf allen Stockwerken **Flucht- und Rettungspläne,** die im Notfall das schnelle Verlassen der gefährdeten Bereiche unterstützen. Sie enthalten folgende Angaben:

- Grundriss des Gebäudes (oder Teile davon)
- Verlauf der Flucht- und Rettungswege
- Lage der Erste-Hilfe Einrichtungen
- Lage der Brandschutzeinrichtungen
- Lage der Sammelplätze

Ein Muster hierzu finden Sie in der ASR A1.3 (siehe auch Kap. 24).

© Springer Fachmedien Wiesbaden GmbH, ein Teil von Springer Nature 2023
R. Schwarz, *Geprüfte Schutz- und Sicherheitskraft (IHK)*,
https://doi.org/10.1007/978-3-658-38138-7_23

Je nach Zahl der Personen, die im Ernstfall evakuiert werden müssen, werden **Sammelplätze** in der Nähe des Gebäudes eingerichtet und mit Hinweisschildern gekennzeichnet.

An diesen Sammelplätzen wird dann die Vollzähligkeit festgestellt und werden bei Bedarf Erste-Hilfe-Maßnahmen durchgeführt.

Dazu ist es notwendig, im Ernstfall immer einen Überblick zu haben, wie viele Personen sich wo im Gebäude aufhalten. Mitarbeiter des Unternehmens und Besucher, die sich nach dem üblichen Arbeitsschluss im Gebäude aufhalten, sollten daher verpflichtet werden, sich beim Sicherheitspersonal an- und abzumelden.

▶ **Hinweis** Falls Sie nicht selbst mit Brandschutzmaßnahmen bei Ihrer Tätigkeit zu tun haben, empfehle ich, sich zur Prüfungsvorbereitung einmal umfassend in einem Objekt Ihres Unternehmens einweisen zu lassen und sich die Brandschutzmaßnahmen live vor Ort anzuschauen.

Teil IV

Handlungsbereich 2: Gefahrenabwehr sowie Einsatz von Schutz- und Sicherheitstechnik b) Arbeits-, Gesundheits- und Umweltschutz

Arbeits- und Gesundheitsschutz

24

Die Gesundheit eines Menschen ist das höchste Gut. Wie an jedem Arbeitsplatz drohen auch Sicherheitsmitarbeitern vielfältige Gefahren bei der Ausübung ihres Dienstes. Daher hat der Gesetzgeber verpflichtende Regeln festgelegt, um die Gesundheit von Arbeitnehmern an ihrem Arbeitsplatz bestmöglich zu schützen.

Im Folgenden werden wir uns zunächst die allgemein verbindlichen Regelungen für alle Branchen anschauen und im Anschluss jene, die speziell für Bewachungsunternehmen gelten.

Relevante Vorschriften
Bürgerliches Gesetzbuch (BGB)
Handelsgesetzbuch (HGB)
Gewerbeordnung (GewO)
Arbeitsschutzgesetz (ArbSchG)
Arbeitsstättenverordnung (ArbStättV)
Siebtes Buch Sozialgesetzbuch (SGB VII)
DGUV Vorschrift 1 (alt: BGV A1)
DGUV Vorschrift 23 (alt: BGV C7)
ASR A1.3 (alt: BGV A8)

© Springer Fachmedien Wiesbaden GmbH, ein Teil von Springer Nature 2023
R. Schwarz, *Geprüfte Schutz- und Sicherheitskraft (IHK)*,
https://doi.org/10.1007/978-3-658-38138-7_24

24.1 Branchenübergreifende Vorschriften

Dies sind das Bürgerliches Gesetzbuch (BGB), das Handelsgesetzbuch (HGB), die Gewerbeordnung (GewO), das Siebte Buch Sozialgesetzbuch (SGB VII), das Arbeitsschutzgesetz (ArbSchG), die Arbeitsstättenverordnung (ArbStättV) und die Berufsgenossenschaftlichen Vorschriften (DGUV Vorschrift 1 und ASR A 1.3).

Hier sind die Grundsätze verankert, die für Unternehmen aller Branchen gleichermaßen gelten.

24.1.1 Berufsgenossenschaften

Die Berufsgenossenschaften sind der **Träger der gesetzlichen Unfallversicherung** nach dem Siebten Buch Sozialgesetzbuch (§§ 114 und 121 SGB VII).

Von den insgesamt neun gewerblichen Berufsgenossenschaften ist die größte, die **Verwaltungs-Berufsgenossenschaft,** für das Bewachungsgewerbe zuständig.

Befugnisse der Berufsgenossenschaften

Die BG erlassen Unfallverhütungsvorschriften und überwachen die Einhaltung und Umsetzung dieser Vorschriften in den Unternehmen.

Die Überwachung erfolgt durch die Aufsichtspersonen (§ 18 SGB VII), die hierfür hoheitliche Befugnisse haben (§ 19 SGB VII).

24.1.1.1 Prävention

Hauptaufgabe der Berufsgenossenschaften ist die Prävention, die Verhütung von Arbeitsunfällen, Berufskrankheiten und arbeitsbedingten Gesundheitsgefahren (§§ 1 und 14 SGB VII).

Diese Aufgabe nehmen sie zum einen durch den **Erlass von Unfallverhütungsvorschriften** (§ 15 SGB VII) und durch die Überwachung der Einhaltung dieser Vorschriften in den Unternehmen und zum anderen durch die Beratung der Unternehmen wahr (§ 17 SGB VII).

- Prävention
- Erlass von Unfallverhütungsvorschriften

- Überwachung der Einhaltung und Umsetzung von Unfallverhütungsvorschriften
- Beratung

24.1.1.2 Rehabilitation und Entschädigung

Die zweite Aufgabe der Berufsgenossenschaften besteht darin, die **Gesundheit** und die **Leistungsfähigkeit** der Versicherten bei Berufskrankheiten oder nach Arbeitsunfällen durch geeignete Maßnahmen **wiederherzustellen** bzw. finanzielle Entschädigung zu leisten (§ 1 SGB VII).

- Heilbehandlung
- Reha-Maßnahmen
- berufliche Eingliederung (z. B. Umschulungen)
- Entschädigungsleistungen

Eine **Minderung oder der Ausschluss von Leistungen** sind möglich, wenn der Unfall im Zusammenhang mit einer Straftat aufgetreten ist oder der Tod eines Versicherten herbeigeführt wurde (§ 101 SGB VII).

24.1.1.3 Versicherte Personen

Versichert in der gesetzlichen Unfallversicherung ist jeder abhängig Beschäftigte in der jeweils für seinen Arbeitgeber zuständigen BG. Es handelt sich hierbei um eine Pflichtversicherung kraft Gesetzes (§ 2 SGB VII).

Pflichtversicherung → Versicherung kraft Gesetzes

24.1.1.4 Versicherte Tätigkeit

Versichert sind alle Tätigkeiten, die der Arbeitnehmer (Versicherte) im Rahmen seines Anstellungsverhältnisses ausübt (§ 8 SGB VII).

Darüber hinaus sind auch die unmittelbaren Wege zwischen Wohnung und Arbeitsstätte mit versichert (Wegeunfall; § 8 Abs. 2 Nr. 1 SGB VII).

▶ **Versichert** in der gesetzlichen Unfallversicherung sind die versicherungspflichtige Tätigkeit und die Wege von der Wohnung zur Arbeitsstätte.

24.1.1.5 Arbeitsunfall

Ein Arbeitsunfall ist ein zeitlich begrenztes Ereignis, das von außen auf den Körper einwirkt und zu einem Gesundheitsschaden oder zum Tod führt (§ 8 Abs. 1 SGB VII).

24.1.2 Pflichten des Arbeitgebers

Unternehmer sind für die **Durchführung der Maßnahmen** zur Verhütung von Arbeitsunfällen und Berufskrankheiten, für die Verhütung arbeitsbedingter Gesundheitsgefahren und für eine wirksame Erste Hilfe verantwortlich (§ 21 SGB VII; § 2 DGUV Vorschrift 1).

Das heißt, sie haben dafür Sorge zu tragen, dass die **Unfallverhütungsvorschriften** der BG eingehalten werden und, soweit erforderlich, eine entsprechende **Organisation** (geeignetes Personal, Dienstanweisungen usw.) zu schaffen und entsprechende **Mittel** zur Verfügung zu stellen (Erste-Hilfe-Ausstattung, Feuerlöscher, Vorschriften usw.). Hierzu ist der Unternehmer bereits nach § 3 ArbSchG verpflichtet.

Darüber hinaus hat er die Verpflichtung, seine Mitarbeiter in Sicherheit und Gesundheitsschutz und in mit der Arbeit verbundenen Gefahren zu unterweisen (§ 4 DGUV Vorschrift 1). Bei regelmäßig mehr als 20 Beschäftigten hat der Unternehmer sogenannte **Sicherheitsbeauftragte** zu bestellen (§ 22 SGB VII).

Weitere einschlägige Vorschriften, die Arbeitgeber verpflichten, Arbeits- und Gesundheitsschutzmaßnahmen zu ergreifen, sind die §§ 618 BGB; 62 HGB; 139b GewO; 12, 15 bis 17 ArbSchG und 4 ArbStättV.

Zusammengefasst hat der Arbeitgeber die folgenden Pflichten aus den oben beschriebenen Rechtsvorschriften:

Arbeitgeberpflichten
Einrichtung sicherer Arbeitsplätze
Einsatz sicherer Arbeitsmittel
Gewährleistung sicherer Arbeitsabläufe
Sorge für sicheren Umgang mit Werkstoffen
Einhaltung von Sauberkeit und Ordnung
Anhalten der Mitarbeiter zu sicherheitsbewusstem Verhalten
Flucht- und Rettungswege und Notausgänge
Einrichtung von Erste-Hilfe-Räumen
Brandschutz
Schutz vor herabfallenden Gegenständen

24.1.3 Pflichten der Versicherten

Die Versicherten (Arbeitnehmer) haben nach ihren Möglichkeiten alle Maßnahmen zur Verhütung von Arbeitsunfällen und Berufskrankheiten, zur Verhütung arbeitsbedingter Gesundheitsgefahren und für eine wirksame Erste Hilfe zu unterstützen und die Anweisungen des Unternehmers zu befolgen (§ 21 Abs. 3 SGB VII).

• Unterstützung des Unternehmers beim Arbeits- und Gesundheitsschutz
• Einhaltung der Sicherheitsbestimmungen
• Verbot, sicherheitswidrige Weisungen zu befolgen
• Nutzung der Schutzausrüstung und -bekleidung
• Alkoholverbot
• Meldung von Gefahren
• Meldung von Unfällen
• usw.

24.1.4 Anzeigepflichten

Unternehmen sind verpflichtet, Unfälle ihrer Versicherten im Unternehmen dem Unfallversicherungsträger zu melden **(Unfallmeldung)**, wenn der Versicherte mehr als drei Tage arbeitsunfähig ist.

Das Gleiche gilt für das Vorliegen einer **Berufskrankheit** (Verdacht auf eine Berufskrankheit) bei einem Versicherten. Die Anzeige ist innerhalb von drei Tagen zu erstatten und vom Betriebsrat mit zu unterzeichnen (§ 193 SGB VII).

24.1.5 Datenschutz

Auch für den Bereich der Berufsgenossenschaften natürlich gilt das BDSG uneingeschränkt. § 199 SGB VII gestattet den Berufsgenossenschaften die Erhebung, Verarbeitung und Nutzung von Daten zur Erfüllung ihrer Aufgaben, soweit dies erforderlich ist. Unter anderem für:

- die Feststellung der Zuständigkeit
- die Erbringung von Leistungen
- die Verhütung von Versicherungsfällen

24.1.6 Bußgeldvorschriften

Verstöße gegen das Sozialgesetzbuch oder eine der Unfallverhütungsvorschriften werden als Ordnungswidrigkeiten geahndet (§ 209 SGB VII). Die Geldbußen reichen dabei bis zu einer Höhe von 10.000 EUR. Unter anderem Verstöße gegen:

- Unfallverhütungsvorschriften
- Anordnungen der BG
- Aufzeichnungs- und Meldepflichten
- Auskunftspflichten

24.1.7 Sicherheits- und Gesundheitsschutzkennzeichnung

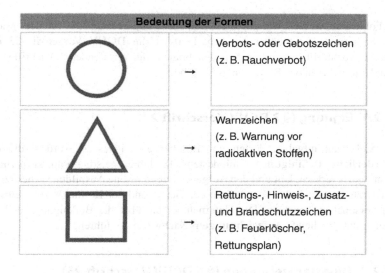

Bedeutung der Formen	
○ →	Verbots- oder Gebotszeichen (z. B. Rauchverbot)
△ →	Warnzeichen (z. B. Warnung vor radioaktiven Stoffen)
□ →	Rettungs-, Hinweis-, Zusatz- und Brandschutzzeichen (z. B. Feuerlöscher, Rettungsplan)

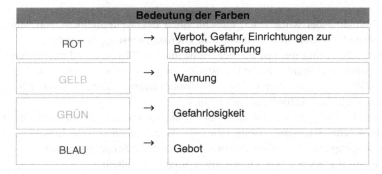

Bedeutung der Farben	
ROT →	Verbot, Gefahr, Einrichtungen zur Brandbekämpfung
GELB →	Warnung
GRÜN →	Gefahrlosigkeit
BLAU →	Gebot

Der Anhang 1 zur ASR A1.3 enthält die zulässigen Verbots-, Warn-, Gebots-, Rettungs- und Brandschutzzeichen. Die Übersicht zeigt die Farb- und Formenbedeutung der Zeichen.

Im Anhang 3 zur ASR A1.3 finden Sie darüber hinaus ein Beispiel für einen Flucht- und Rettungsplan (www.vbg.de). Es ist empfehlenswert, die Vorschrift (wie alle einschlägigen Rechtsvorschriften) vor der Prüfung einmal vollständig zu lesen.

24.2 Unfallverhütungsvorschriften im Wach- und Sicherungsdienst

Im Folgenden werden wir uns die Unfallverhütungsvorschriften für den Wach- und Sicherungsdienst näher ansehen. Dort ist die **DGUV Vorschrift 23** die zentrale Vorschrift. Sie gilt neben den branchenübergreifenden Vorschriften in allen Unternehmen des Bewachungsgewerbes.

24.2.1 Eignung (§ 3 DGUV Vorschrift 23)

Für Sicherheitsaufgaben dürfen nur Beschäftigte eingesetzt werden, die die **erforderliche Befähigung** – mindestens 18 Jahre, geistige und körperliche Eignung, Zuverlässigkeit und den Aufgaben angemessene Ausbildung – besitzen.

Hierzu sind auch die Vorschriften der GewO und der BewachV zum Einsatz von Personal zu beachten. Der Unternehmer hat über die Befähigung der Mitarbeiter entsprechende **Aufzeichnungen** (Nachweise) zu führen.

24.2.2 Dienstanweisungen (§ 4 DGUV Vorschrift 23)

Das Verhalten der Mitarbeiter, einschließlich des Weitermeldens von Mängeln und besonderen Gefahren, ist durch eine **Dienstanweisung** zu regeln.

Alle Mitarbeiter müssen vor der Aufnahme der Tätigkeit und anschließend in regelmäßigen Abständen in die Dienstanweisungen eingewiesen werden.

Darüber hinaus muss die Dienstanweisung alle technischen und organisatorischen Anforderungen regeln.

Dies bedingt neben einer allgemeinen Dienstanweisung stets auch eine **einsatzbezogene** Dienstanweisung, die die Gegebenheiten des Einsatzes, eine Beschreibung aller Aufgaben, Ansprechpartner, Meldewege usw. regelt.

Folgende Punkte sollten **Dienstanweisungen** enthalten:

- Rechte und Pflichten
- Verschwiegenheit
- Eigensicherung
- Verhalten bei Konfrontationen
- Verhalten bei Überfällen, Geiselnahmen
- Umgang mit Schusswaffen

- Verbote gem. WaffG
- Verbot berauschender Mittel
- organisatorische Festlegungen und Kommunikation
- Verbot von Nebentätigkeiten
- Einsatz von Sicherheitstechnik
- Meldung von Mängeln und Gefahren

Bei **einsatzbezogenen Vorschriften** (zusätzlich):

- Auftraggeber und Auftrag
- Ansprechpartner
- Ablauf des Dienstes (Übergabe, Kontrollgänge usw.)
- spezielle Gefahren im/am Objekt
- objektspezifisches Verhalten in bestimmten Situationen
- Technik
- usw.

Neben der Unterweisung in die Dienstvorschriften ist, soweit dies notwendig ist, bei bestimmten Gefahren das dort beschriebene Verhalten zusätzlich auch zu üben.

24.2.3 Verbot berauschender Mittel (§ 5 DGUV Vorschrift 23)

Der Genuss berauschender Mittel (inklusive Alkohol) ist während des Dienstes ausdrücklich verboten. Beim Konsum vor und nach dem Dienst ist sicherzustellen, dass der Dienstantritt stets nüchtern erfolgt.

24.2.4 Übernahme von Wach- und Sicherungsaufgaben (§ 6 DGUV Vorschrift 23)

Der Unternehmer darf Aufträge nur annehmen, wenn vermeidbare Gefahren im Objektbereich beseitigt oder ausreichend abgesichert werden.

24.2.5 Sicherungstätigkeit mit besonderen Gefahren (§ 7 DGUV Vorschrift 23)

Ergeben sich bei der Aufgabendurchführung besondere Gefahren, ist das Sicherheitspersonal zu überwachen. Dies ist insbesondere bei Tätigkeiten mit einem hohen Konfrontationspotenzial notwendig.

- an Flughäfen
- im öffentlichen Nachverkehr
- bei Veranstaltungen
- usw.

24.2.6 Überprüfung von zu sichernden Objekten und Objekteinweisung

Die zu sichernden Objekte müssen durch den Unternehmer auf Gefahren geprüft und diese ggf. beseitigt oder abgesichert werden.

Die Prüfungen müssen regelmäßig bzw. anlassbezogen erfolgen. Über die Überprüfungen und die getroffenen Maßnahmen sind Aufzeichnungen zu führen (§ 8 DGUV Vorschrift 23).

Vor Tätigkeitsbeginn sind alle Mitarbeiter in das Objekt und die spezifischen Gefahren (Objektspezifische Dienstanweisung) einzuweisen.

Werden Hunde eingesetzt, ist das Personal zusätzlich in das Verhalten im Umgang mit den Hunden einzuweisen (§ 9 DGUV Vorschrift 23).

24.2.7 Ausrüstung (§ 10 DGUV Vorschrift 23)

Der Unternehmer muss dafür Sorge tragen, dass die erforderlichen Einrichtungen, Ausrüstungen und Hilfsmittel vorhanden und in einem ordnungsgemäßen Zustand sind. Das Personal ist in der Handhabung zu unterweisen. Anlegbare Ausrüstung darf die Bewegungsfreiheit, insbesondere der Hände, nicht mehr als unvermeidbar beeinträchtigen.

Das Personal muss dem Auftrag entsprechendes Schuhwerk tragen. Bei Dunkelheit sind Handlampen zur Verfügung zu stellen.

Die Mitarbeiter dürfen die Ausrüstung und Hilfsmittel nur bestimmungsgemäß verwenden.

24.2.8 Brillenträger (§ 11 DGUV Vorschrift 23)

Muss im Dienst eine Brille getragen werden, ist diese gegen Verlieren zu sichern oder eine Ersatzbrille mitzuführen.

24.2.9 Diensthunde (§§ 12 bis 15 DGUV Vorschrift 23)

Diensthunde (§ 12 DGUV Vorschrift 23) und **Hundeführer** (§ 15 DGUV Vorschrift 23) müssen für den Einsatz im Sicherheitsdienst geeignet und entsprechend ausgebildet sein.

Die Befähigung (einzeln und im Team) ist regelmäßig nachzuweisen (mindestens einmal jährlich).

Werden die Hunde in Zwingern gehalten, gelten die Bestimmungen des § 13 DGUV Vorschrift 23 (Einzelhaltung, Zutrittsverbot für Unbefugte usw.). Bei der Haltung in Objekten, in denen der Dienst versehen wird, sind ebenfalls entsprechende Zwinger vorzuhalten (§ 14 DGUV Vorschrift 23).

24.2.10 Schusswaffen (§§ 18 bis 22 DGUV Vorschrift 23)

Beim Einsatz von Schusswaffen hat der Unternehmer die **Bestimmungen des Waffengesetzes und der Bewachungsverordnung** zu beachten, insbesondere natürlich die Bestimmungen über die Sachkunde, die Aufbewahrung, die Übergabe und Übernahme und den Zustand der Waffen.

Der Einsatz von Schreck- oder Gasschusswaffen ist ausdrücklich untersagt.

Waffenträger müssen an **regelmäßigen Schießübungen** (mindestens viermal jährlich) teilnehmen und ihre Schießfertigkeit und Sachkunde nachweisen (§ 18 DGUV Vorschrift 23).

Beim Führen von Schusswaffen und Munition müssen geeignete Trageeinrichtungen (Holster) verwendet werden, die das Herausfallen verhindern. Munition darf nicht lose mitgeführt werden und die Waffen sind zu sichern. Außer bei drohender Gefahr darf sich keine Patrone vor dem Lauf befinden (aus taktischer Sicht höchst fragwürdig).

24.2.11   Geld- und Werttransporte (§§ 24 und 25 DGUV Vorschrift 23)

Für die Durchführung von Geld- und Werttransporten dürfen nur besonders geschultes Personal und entsprechend gesicherte Fahrzeuge eingesetzt werden. Die besondere Ausbildung soll u. a. das taktische Verhalten vor, während und nach einem Überfall beinhalten sowie das frühzeitige Erkennen von speziellen Gefahrensituationen.

In öffentlich zugänglichen Bereichen und auf dem Weg vom und zum Fahrzeug ist der Geldbote (mit wenigen Ausnahmen) immer durch eine weitere Person zu begleiten, die die Sicherung übernimmt. Das Fahrzeug muss beim Be- und Entladen immer mindestens durch eine Person besetzt bleiben.

24.2.12   Ordnungswidrigkeiten (§ 28 DGUV Vorschrift 23)

Verstöße gegen die Bestimmungen der DGUV Vorschrift 23 sind Ordnungswidrigkeiten im Sinne des § 209 SGB VII und betreffen sowohl den Unternehmer als auch die Versicherten. § 28 DGUV Vorschrift 23 listet die einzelnen Verstöße auf.

24.3   Kontrollen im Rahmen des Arbeits- und Gesundheitsschutzes

Die Tätigkeitsfelder des Sicherheitsdienstes ergeben sich direkt aus den Pflichten, die Arbeitgeber im Rahmen des Arbeits- und Gesundheitsschutzes am Arbeitsplatz haben. Insoweit führen Sicherheitsmitarbeiter während ihres Dienstes Kontrollen durch, die die Einhaltung der Schutzvorschriften und der betrieblichen Regelungen sicherstellen. Im Einzelnen:

- Verhalten der Mitarbeiter
- Vorhandensein der Kennzeichnung
- Überwachung des Werkverkehrs
- Feststellung von Gefahrenquellen

Weitere Kontrolltätigkeiten finden sich zusätzlich in den Abschnitten Brand- und Umweltschutz. Auch diese Einrichtungen werden häufig vom Sicherheitsdienst überwacht.

Umweltschutz 25

25.1 Grundlagen

Unter Umweltschutz werden alle Maßnahmen verstanden, die dazu dienen, die natürlichen Lebensgrundlagen des Menschen zu bewahren.

Artikel 20a GG

Der Staat schützt auch in Verantwortung für die künftigen Generationen die natürlichen Lebensgrundlagen und die Tiere im Rahmen der verfassungsmäßigen Ordnung durch die Gesetzgebung und nach Maßgabe von Gesetz und Recht durch die vollziehende Gewalt und die Rechtsprechung.

Das Grundgesetz bildet den Ausgangspunkt der rechtlichen Regelungen und definiert Umweltschutz als verbindliche gesamtgesellschaftliche Aufgabe und als Aufgabe des Staates.

Gesetze und Verordnungen regeln in der Folge die Durchführung und konkretisieren einzelne Ziele, Aufgaben und Maßnahmen des Umweltschutzes.

25.2 Umweltschutzrecht

Analog zum Arbeitsrecht finden sich die Vorschriften zum Umweltschutz in zahlreichen Einzelgesetzen und Rechtsverordnungen, die zum Teil unter Bundeshoheit und zum Teil unter Länderhoheit erlassen wurden. Ein einheitliches Umweltschutzgesetz(-buch) existiert in der Form nicht.

© Springer Fachmedien Wiesbaden GmbH, ein Teil von Springer Nature 2023
R. Schwarz, *Geprüfte Schutz- und Sicherheitskraft (IHK)*,
https://doi.org/10.1007/978-3-658-38138-7_25

Ausgewählte Vorschriftan des Umweltschutzrechts
Grundgesetz (GG)
Bundesimmissionsschutzgesetz (BlmSchG)
Bundesbodenschutzgesetz (BBodSchG)
Landeswassergesetze
Lärmschutzverordnungen
Strahlenschutzverordnung (StrlSchV)
usw.

Das Umweltschutzrecht stellt die **wesentlichen Lebensgrundlagen** der Menschen unter Schutz und sorgt so für deren Erhaltung und damit im weitesten Sinne auch für die körperliche Unversehrtheit der Bürger. Insoweit fußt das Umweltschutzrecht neben dem Art. 20a direkt auf den Grundrechten des Grundgesetzes. **Geschützt sind:**

- Luft
- Boden
- Wasser
- Ruhe (Lärmschutz)

In Folge der Definition als staatliche (hoheitliche) Aufgabe sind die meisten Vorschriften des Umweltschutzrechtes dem öffentlichen Recht zugeordnet. Der Bürger (und auch Unternehmen) ist dem Staat untergeordnet.

25.2.1 Grundprinzipien des Umweltschutzes

Vorsorgeprinzip: Belastungen der Umwelt durch gefährliche Stoffe sollen soweit möglich verhindert werden, bevor eine Gefahr für die Umwelt entstehen kann.

Verursachungsprinzip: Kosten zur Vermeidung oder Beseitigung von Umweltbelastungen sind stets von demjenigen zu tragen, der sie verursacht hat.

Gemeinlastenprinzip: Umweltschutz ist eine gesamtgesellschaftliche Aufgabe, also können auch die Kosten hierfür der Allgemeinheit auferlegt werden. Beispiele hierfür sind die Ökosteuer und die Mineralölsteuer.

25.2.2 Zuständigkeiten

Je nach Regelungsbereich sind unterschiedliche staatliche Stellen für die Überwachung der Einhaltung von Umweltschutzvorschriften zuständig.

Diese reichen von Bundesbehörden wie dem Umweltbundesamt und dem Bundesamt für Strahlenschutz bis hin zu Landesbehörden wie den Ordnungsämtern oder der Polizei.

25.2.3 Straf- und Bußgeldvorschriften

Alle Gesetze und Verordnungen sehen Bußgelder für entsprechende Verstöße (Ordnungswidrigkeiten) vor.

Straftaten gegen die Umwelt hingegen sind bundeseinheitlich im Strafgesetzbuch in den §§ 324 ff. geregelt. Im Folgenden werden wir uns die wichtigsten Vorschriften des Umweltstrafrechts kurz anschauen.

25.2.3.1 Gewässerverunreinigung (§ 324 StGB)

Die Verunreinigung oder Veränderung der Eigenschaften von Gewässern ist ein Offizialdelikt, das von Amts wegen verfolgt wird.

Die **Tatbestandsmerkmale** sind:

- vorsätzliche oder fahrlässige
- unbefugte Verunreinigung oder
- nachhaltige Veränderung der Eigenschaften
- von Gewässern

Der Versuch ist strafbar.

25.2.3.2 Bodenverunreinigung (§ 324a StGB)

Analog dazu steht die Verunreinigung des Bodens unter Strafe. Auch hier handelt es sich um ein Offizialdelikt, dessen Versuch strafbar ist.

Die **Tatbestandsmerkmale** sind:

- die vorsätzliche oder fahrlässige
- Einbringung von Stoffen, die geeignet sind, Personen, Tiere, Pflanzen oder Sachen zu schädigen oder
- Verunreinigung oder nachhaltige Veränderung der Eigenschaften des Bodens

25.2.3.3 Luftverunreinigung (§ 325 StGB)

Neben Gewässern und dem Boden steht auch die Luft als dritte wesentliche Lebensgrundlage unter dem Schutz des Strafgesetzbuches.

Die **Tatbestandsmerkmale** sind:

- die vorsätzliche oder fahrlässige
- Verursachung der Veränderung der Luft, die geeignet ist, Personen, Tiere, Pflanzen oder Sachen zu schädigen oder
- die Freisetzung schädlicher Stoffe in bedeutendem Umfang
- beim Betrieb einer Anlage oder in sonst einer Weise

Der Versuch ist strafbar.

Weitere Beispiele für Straftaten gegen die Umwelt sind der unerlaubte Umgang mit gefährlichen Abfällen (§ 326 StGB), die Gefährdung schutzbedürftiger Gebiete (§ 329 StGB) und die schwere Gefährdung durch Freisetzen von Giften (§ 330a StGB).

25.3   Betrieblicher Umweltschutz

25.3.1 Pflichten für Unternehmen

Auch im Rahmen des betrieblichen Umweltschutzes gilt der Schutz der Lebensgrundlagen und der Gesundheit des Menschen als oberstes Ziel.

Soweit Unternehmen mit umweltgefährdenden Stoffen umgehen oder eine andere Umweltgefahr vom ihnen ausgeht, sind entsprechende Beauftragte zu bestellen. Dies sind z. B.:

- Immissionsschutzbeauftragte
- Strahlenschutzbeauftragte
- Gewässerschutzbeauftragte
- Gefahrgutbeauftragte

Produktionsprozesse und Arbeitsabläufe sind von Unternehmen so zu gestalten, dass sie den Schutzzielen des Umweltschutzes nicht entgegenstehen.

Die **Pflichten für Unternehmen** im Einzelnen:

- schonender und sparsamer Umgang mit Ressourcen und Rohstoffen
- Vermeidung und fachgerechte Lagerung/Entsorgung von Abfällen

- Vermeidung/Verminderung von Lärm und Emissionen
- Verhinderung von Verunreinigungen (siehe auch Strafvorschriften)

25.3.2 Aufgaben im Rahmen des Umweltschutzes

Bereits aus dem Brandschutz kennen wir Aufgaben, die streng genommen nicht zum Bereich der Sicherheit gehören, aber trotzdem vom Sicherheitspersonal wahrgenommen werden. Analog verhält es sich im Umweltschutz, auch hier werden Aufgaben häufig an Sicherheitsmitarbeiter übertragen, insbesondere im Rahmen von Kontrollgängen.

Hier kann grundsätzlich in zwei Felder unterschieden werden. Zum einen sind dies Aufgaben zur Erkennung und Vermeidung von Umweltrisiken und zum anderen Aufgaben zur Abwehr oder Begrenzung von Umweltschäden.

25.3.2.1 Aufgaben zur Erkennung und Vermeidung von Umweltrisiken

Im Rahmen ihrer Pflichten treffen Unternehmen vielfältige Schutzmaßnahmen zur Verhinderung von Umweltschäden.

Die Kontrolle dieser Maßnahmen kann ohne Weiteres (insbesondere in den Nachtstunden) durch den Sicherheitsdienst unterstützt oder wahrgenommen werden. Dies können z. B. sein:

- Kontrolle der Lagerung umweltgefährdender Stoffe (Dichtigkeit von Behältnissen, Funktion von technischen Schutzeinrichtungen usw.)
- Beobachtung des unmittelbaren Umfeldes auf Veränderungen (Farbe, Geruch, Schaumbildung in Gewässern usw.)
- Kontrolle von Zu- und Ableitungen, Tanks u. Ä. auf Beschädigungen, Undichtigkeiten usw.

25.3.2.2 Aufgaben zur Abwehr oder Begrenzung von Umweltschäden

Kommt es trotz aller Schutzvorkehrungen zu einer unmittelbaren Gefährdung für die Umwelt, sind es nicht selten Sicherheitsmitarbeiter, die dies als Erste feststellen oder am Ereignisort eintreffen.

Wie bei Bränden ist auch hier die Zeit der entscheidende Faktor: Je eher Gegenmaßnahmen eingeleitet werden, desto geringer sind die Auswirkungen. Analog zu den Grundsätzen im Brandfall gelten folgende Verhaltensgrundsätze:

GEFAHR MELDEN → MENSCHEN RETTEN → GEFAHR BEKÄMPFEN

1. Ereignis Melden	2. Menschen retten	3. Gefahr bekämpfen
Wer meldet?	Sich selbst und	Ereignisort sichern
Was ist passiert?	gefährdete Personen	und absperren
Wo ist es passiert?	retten	Maßnahmen zur
Wie viele Personen	Behandlung Verletzter	Schadensbegrenzung
sind verletzt?	veranlassen	Hilfskräfte
Rückfragen	Anlagen, Maschinen	unterstützen
abwarten!	abschalten usw.	

25.4 Umgang mit gefährlichen Stoffen und Gütern

Von einigen Stoffen und Gegenständen geht eine besondere Gefahr für Mensch und Umwelt aus, infolgedessen gelten besondere Bestimmungen und Schutzmaßnahmen im Umgang mit ihnen. Dies betrifft den Transport, die Lagerung und die Verwendung z. B. in Produktionsprozessen. Dabei unterscheidet man gefährliche Stoffe und gefährliche Güter:

Gefährliche	
Stoffe	**Güter**
Stoffe oder Mischungen, von denen eine besondere Gefahr ausgeht:	Stoffe oder Gegenstände, von denen bei der Beförderung besondere Gefahren ausgehen:
Explosionsgefahr Brandgefahr Gesundheitsgefahr (giftig, krebserregend, ätzend, erbgutverändernd usw.)	wegen ihrer Natur, ihrer Eigenschaften oder ihres Zustandes

25.4.1 Gefahrklassen

Grundlage der Einteilung von Stoffen und Gütern in Gefahrklassen ist die Gefahrgutverordnung Straße, Eisenbahn und Binnenschifffahrt (GGVSEB). Die Unterteilung erfolgt in arabische Ziffern von 1 bis 6, die jeweils noch einmal unterteilt sind.

Die folgende Übersicht enthält beispielhaft einige Gefahrklassen mit den zugehörigen Stoffen und Eigenschaften. Die vollständige Übersicht entnehmen Sie bitte der Anlage 1 zu § 35 GGVSEB.

Unternehmen, die gefährliche Stoffe oder Güter transportieren, müssen mit wenigen Ausnahmen einen Gefahrgutbeauftragten bestellen. Seine Aufgabe ist es, die Einhaltung der Bestimmungen der GGVSEB zu überwachen (§ 3 GGBefG).

Beispiele für Gefahrklassen nach GGVSEB		
Kiasse	Gegenstände/Stoffe	Gefahr
1	Munition, Explosivstoffe	Brand- und/oder Explosionsgefahr
2	Entzündliche Gase	Brand- und/oder Explosionsgefahr
4.2	Selbstentzündliche Stoffe	Gefahr der Selbstentzündung
7	Radioaktive Stoffe	Strahlungsgefahr
8	Ätzende Stoffe	Verätzungs-, Brand- und/oder Explosionsgefahr

25.4.2 Kennzeichnung

Grundsätzlich müssen alle Stoffe und Güter, die unter den Geltungsbereich der GGVSEB fallen, entsprechend gekennzeichnet werden.

25.4.2.1 Verpackungen
Für Verpackungen ist dafür der sogenannte Gefahrzettel vorgesehen. Er enthält folgende Angaben:

• die Gefahrklasse
• das Gefahrensymbol

Werden Umverpackungen verwendet, ist zusätzlich eine Kennzeichnung auf der Innenverpackung anzubringen. Muster für die Kennzeichnung von Verpackungen:

25.4.2.2 Transport

Auf dem Transport ist darüber hinaus eine Kennzeichnung der Transporteinheiten mit Warntafeln vorgeschrieben. Unter einer Transporteinheit sind Container, Lkw oder Anhänger zu verstehen. Wird nur ein Gefahrgut transportiert, werden die Tafeln vorne und hinten angebracht, beim Transport mehrerer unterschiedlicher Güter (unterschiedliche Tafeln) sind die Tafeln seitlich anzubringen. Muster für die Kennzeichnung von Transporteinheiten:

X423
1482

25.4.2.3 Rohrleitungen

Werden z. B. in Industriebetrieben gefährliche Stoffe durch Rohrleitungen transportiert, sind diese ebenfalls zu kennzeichnen. Hierfür können ebenfalls Schilder verwendet oder die Rohrleitungen mit einem Farbanstrich versehen werden. Farbbeispiele:

ORANGE	Säuren
BRAUN	Brennbare Flüssigkeiten
BLAU	Sauerstoff

25.4.3 Kontrollen im Umgang mit gefährlichen Stoffen und Gütern

Analog zu den Aufgaben im Bereich des Umweltschutzes können Sicherheitsmitarbeiter im Rahmen ihrer Kontrolle/Kontrollgänge auch die Lagerung, Kennzeichnung und das Verhalten von Mitarbeitern im Umgang mit gefährlichen Stoffen und Gütern kontrollieren (zu den Einzelheiten siehe dort).

Darüber hinaus sind spezielle **Kontrollen von Gefahrguttransporten** vor dem Verlassen des Firmengeländes durch den Sicherheitsdienst durchführbar.

Wird dies vom Kundenunternehmen angewiesen, werden Gefahrguttransporte entsprechend der Richtlinien der GGVSEB kontrolliert. Dies soll verhindern, dass nicht vorschriftsmäßige Transporte das Unternehmen verlassen – und so die Entstehung von Gefahren und Kosten frühzeitig vermieden wird.

Kontrolle von:

- Fahrzeug und Fahrzeugführer
- Ladung und Kennzeichnung
- Begleitpapieren
- Sicherheitsausstattung

Werden Verstöße festgestellt, ist der Transport am Verlassen des Werksgeländes zu hindern und sind die entsprechenden Stellen im Unternehmen (Gefahrgutbeauftragter) zu informieren.

Teil V

Handlungsbereich 2: Gefahrenabwehr sowie Einsatz von Schutz- und Sicherheitstechnik c) Einsatz von Schutz- und Sicherheitstechnik

Wie bereits im Abschnitt Dienstkunde beschrieben wurde, reicht die personelle Bewachung allein nicht aus, um den bestmöglichen Schutz zu gewährleisten. Nur im Zusammenspiel mit technischen Schutzmaßnahmen kann optimale Sicherheit erreicht werden.

Zur Erinnerung hier noch einmal die drei aufeinander abzustimmenden Maßnahmenpakete: **T**echnische (mechanische und elektronische), **o**rganisatorische und **p**ersonelle Schutzmaßnahmen (**TOP-Prinzip**).

Sicherheitskonzept (TOP)
Technische Maßnahmen
Organisatorische Maßnahmen
Personelle Maßnahmen

Das Drei-Säulen-System

Schutz basiert demnach auf drei Säulen. Dies sind mechanische und elektronische Sicherungen und organisatorische (personelle) Maßnahmen und Risikomanagement.

Entscheidend hierbei ist, dass alle Bereiche richtig aufeinander abgestimmt, regelmäßig auf Aktualität geprüft und angepasst und entsprechend umgesetzt werden. Ausgangspunkt ist dabei immer die Gefährdungsanalyse, sie gibt den Grad der notwendigen Sicherung vor.

Die folgende Übersicht zeigt das Drei-Säulen-System mit entsprechenden Beispielen in der Umsetzung.

© Springer Fachmedien Wiesbaden GmbH, ein Teil von Springer Nature 2023
R. Schwarz, *Geprüfte Schutz- und Sicherheitskraft (IHK)*,
https://doi.org/10.1007/978-3-658-38138-7_26

Drei Säulen der Sicherheit		
Mechanisch	**Elektronisch**	**Organisatorisch**
Zäune	EMA	Risikoanalyse
Gitter	BMA	Verantwortlich-
Sicherheits-	ZKS	keiten
verglasung	Videoüberwachung	Vorschriften
Schließanlagen	Kommunikations-	Pläne
Tresore	mittel	Meldewege
Wertbehälter		

Mechanische Sicherheitseinrichtungen 27

Die erste Gruppe der technischen Schutzmaßnahmen bilden die mechanischen Sicherheitseinrichtungen.

Dies sind im Wesentlichen bauliche Maßnahmen, die durch den Einsatz bestimmter Materialen (z. B. Sicherheitsglas), die Verwendung spezieller Bauelemente (Zäune, Schlösser) und die Gebäudegestaltung selbst (Personenschleusen) die Sicherheit eines Objektes (passiv) erhöhen sollen.

Typischerweise unterscheidet man solche Elemente nach dem Widerstandswert und dem Widerstandszeitwert und teilt sie in entsprechende Klassen **(Widerstandsklassen)** ein.

▶ **Widerstandswert** ist ein numerischer Wert in Widerstandseinheiten (WE), der typisiert durch eine Prüfung ermittelt wird und die Einteilung in Widerstandsklassen erlaubt.

Die Einteilung von z. B. Wertschränken kennen wir bereits aus den Vorschriften des Waffengesetzes zur Aufbewahrung von Schusswaffen und Munition.

▶ **Widerstandszeitwert** ist die Zeit, die ein fachkundiger Täter mithilfe bestimmter Werkzeuge benötigt, um eine Barriere (z. B. Fenster) zu überwinden.

Dem Widerstandszeitwert wird im Sicherheitskonzept üblicherweise die **Interventionszeit** gegenübergestellt. Die Zeit, die der Sicherheitsdienst benötigt, um nach Auslösung eines Alarms am Tatort zu sein (siehe Handlungsfeld 1).

© Springer Fachmedien Wiesbaden GmbH, ein Teil von Springer Nature 2023
R. Schwarz, *Geprüfte Schutz- und Sicherheitskraft (IHK)*,
https://doi.org/10.1007/978-3-658-38138-7_27

Im Idealfall sollte die Interventionszeit folglich kleiner sein als der Widerstandszeitwert, um einen Täter von der Tat abhalten zu können (auf frischer Tat anzutreffen, siehe auch StGB).

27.1 Einfriedungen (Perimeterschutz)

Aus dem Straf- und Waffenrecht (Hausfriedensbruch, Führen von Schusswaffen) kennen wir bereits den Begriff des befriedeten Besitztums, das als Voraussetzung vollständig von einer Einfriedung umschlossen sein muss. Neben dem Schutz vor unbefugtem Eindringen haben Einfriedungen also auch den Zweck, die Grenze des Besitztums nach außen sichtbar zu markieren.

Arten von Einfriedungen
Mauern
Zäune

Aus sicherheitstechnischer Sicht ist jedoch der Schutz vor unbefugtem Eindringen der vornehmliche Zweck. Mit Hilfe von Einfriedungen wird der Personen- und Fahrzeugverkehr auf wenige Durchlässe konzentriert, die für die Zutritts- und Zufahrtskontrolle wesentlich besser zu überwachen sind. Folgende Grundsätze gelten bei der Planung und Errichtung:

- dem Gelände und dem Schutzzweck angepasst
- Interventionszeit und Widerstandszeit müssen übereinstimmen
- lückenlose Übergänge
- Abstimmung mit der vorhandenen Bebauung
- ausreichend Freifläche vom und zum Perimeterschutz
- Ergänzung durch geeignete Überwachungsmaßnahmen

Keine Schutzeinrichtung ist unüberwindlich, ihre Aufgabe ist es vielmehr, das Überwinden so lange zu verzögern, bis Eingreifkräfte vor Ort eintreffen. Die rechtzeitige Erkennung von Durchbruch- oder Übersteigversuchen ist daher ebenfalls – im Idealfall lückenlos – durch geeignete Überwachungsmaßnahmen zu gewährleisten. Entweder geschieht dies durch personelle Maßnahmen wie Kontroll- und Streifengänge oder durch den zusätzlichen Einsatz von Sicherheitstechnik.

27.1.1 Mauern

Gerade in älteren Objekten finden sich häufig noch Mauern. Soweit sie eine **Mindesthöhe** von 2,20 m bis 2,50 m und eine glatte **Oberfläche** aufweisen, bieten sie einen guten Schutz, da es nur mit großem Aufwand möglich ist, eine Öffnung herzustellen. Insbesondere bei Bedrohungslagen, z. B. durch den Anprall von Fahrzeugen, sind sie sehr gut geeignet. Zudem bieten Mauern, wo dies aus Sicherheitsgründen erforderlich ist, einen guten **Sichtschutz**.

Nachteile sind die hohen Baukosten und -zeiten und die schlechte **Einsehbarkeit**. Angreifer, die sich außerhalb der Mauer befinden, können in der Regel nur mit Videotechnik oder mit Hilfe von Bewegungsmeldern erkannt werden, bei Streifengängen ist die Sicht auf den Außenbereich versperrt.

27.1.2 Zäune und Zaunanlagen

Die am häufigsten verwendeten Einfriedungen sind Zäune. Gerade wegen der niedrigeren Baukosten und -zeiten und der besseren **Einsehbarkeit** werden sie bei neuen Objekten bevorzugt eingesetzt. Dabei ist auch hier eine **Mindesthöhe** von 2,50 m (besser 3,20 m) einzuhalten. Standardzaunanlagen mit einer geringeren Höhe bieten keinen ausreichenden Schutz oder müssen mit zusätzlichen Sicherungen versehen werden. Ist aus Sicherheitsgründen ein Sichtschutz erforderlich, kann dieser zusätzlich angebracht oder durch Bepflanzung ergänzt werden. Zäune sind in verschiedenen **Ausführungen** verfügbar:

- Maschendrahtzäune
- Drahtgitterzäune
- Stahlgitterzäune
- Stahlprofilrahmenzäune
- Streckmetallzäune

Dabei kommt der Festigkeit eine besondere Bedeutung zu. Nur bei entsprechender Festigkeit aller Elemente bieten sie ausreichenden Schutz. Zielsetzung ist eine Überwindungszeit zwischen 30 und 120 s, in Hochsicherheitsbereichen bis zu mehreren Minuten. Provisorische Zäune (Bauzäune) und Holzzäune werden deshalb nicht als Sicherheitszäune verwendet.

Sicherheitszäune bestehen meist aus Stahlgitter- oder Streckmetallelementen. Die Steifigkeit der Pfosten und Befestigungen ist auf die Festigkeit des Zaunes abgestimmt und die Pfosten sind fest mit dem Erdreich verankert.

27.1.3 Zusätzliche Sicherungen

Je nach Sicherheitslage und -bedürfnis können Mauern und Zäune mit zusätzlichen Sicherungen gegen Übersteigen, Durchtrennen, Durchbrechen, Unterkriechen, Untergraben und Durchreichen ausgestattet werden.

- Übersteigschutz (Stacheldraht, angewinkelte Bauart)
- Verwendung besonders gehärteter Materialen und innen liegender Elemente
- Fundamente und Sperren im Erdreich (30 bis 80 Cm Tiefe)
- kleine Maschenweite (bis 5 Cm)
- doppelte Zaunanlagen und Mauern

27.1.4 Durchfahrsperren

Für einige Objekte wie Ministerien oder Botschaften kann ein zusätzlicher Schutz gegen Fahrzeuganprall notwendig sein. Hier werden entsprechende Durchfahrsperren vor der eigentlichen Einfriedung und/oder den Gebäuden installiert. Sie sollen verhindern, dass Fahrzeuge von Tätern Schaden an der Einfriedung oder den Gebäuden anrichten oder dort eine mitgeführte Bombe zur Explosion bringen können.

Üblich sind feststehende Betonpoller oder versenkbare Stahlpoller, Hilfsweise können auch Findlinge o. Ä. verwendet werden, die aber nicht den gleichen Widerstand bieten.

27.2 Gebäudeschutz

Immer dort, wo Gebäude direkt an öffentlich zugängliche Bereiche grenzen, kann der Schutz nicht durch Zäune oder zusätzliche Mauern geschehen, sondern muss durch die Fassade des Gebäudes selbst erreicht werden. Die Gebäudewand darf dann wie bei Zaunanlagen keine Angriffsfläche zum Aufsteigen und Ablegen von gefährlichen Gegenständen bieten.

Die **Wände** sollten in Massivbauweise ausgeführt und, wenn erforderlich, zusätzlich gehärtet sein.

Grenzen Zäune an die Gebäude, ist ein nahtloser Abschluss zwischen beiden Elementen herzustellen. Gerade solche „Ecken" bieten sich zum Übersteigen an, insbesondere, wenn Fenster in unmittelbarer Nähe vorhanden sind.

Führen **Schächte oder Kanäle** aus dem Gebäude, sind auch diese Öffnungen zu sichern. Je nach Größe, Lage und Funktion der Versorgungsöffnungen bieten sich zur Sicherung meist engmaschige Gitter an.

Eine weitere Schwachstelle von Gebäuden sind deren **Dächer.** Besonders in städtischen Bereichen grenzen die Objekte oft direkt an benachbarte Häuser. Es stellt in der Regel daher kein Problem dar, von einem zum anderen Dach zu gelangen. Besteht diese Gefahr, ist auch das Dach so zu sichern, dass ein unbefugtes Eindringen verhindert wird.

27.3 Durchlässe

Ohne Türen, Tore und Ein- und Ausfahrten wäre das Betreten und Verlassen eines Objektes sehr beschwerlich. Sie sind für die Funktion daher unabdingbar. Gleiches gilt natürlich auch für Fenster.

Arten von Durchlässen
Ein- und Ausgänge (Zugänge)
Ein- und Ausfahrten (Zufahrten)
Fenster

Gleichzeitig stellen diese Öffnungen aber die **Achillesferse baulicher Sicherheitsmaßnahmen** dar. Aus sicherheitstechnischer Sicht sind sie damit ein notwendiges Übel, das besondere Aufmerksamkeit und besondere Sicherheitsmaßnahmen erfordert. Angriffe auf ein Objekt erfolgen mit Abstand am häufigsten auf solche Schwachstellen.

▶   **Grundsatz** So wenig Durchlässe wie möglich, so viele wie nötig.

27.3.1 Ein- und Ausgänge

In der Regel werden Ein- und Ausgänge zu Gebäuden durch Türen gesichert. Je nach Sicherheitslage werden dafür sogenannte **einbruchhemmende Türen** verwendet, die in unterschiedlichen Widerstandsklassen erhältlich sind. Bestandteile von einbruchhemmenden Türen sind:

* Türrahmen/Stahlzarge
* Türbänder (gegen Aushebeln gesichert)
* Türblatt (verstärkt)
* Türschloss (mit Beschlag bündig verbaut, Aufbohrschutz)
* Drückergarnitur (evtl. außen nur Knauf)
* Beschlag (gegen Abschrauben gesichert)
* Schließblech (gegen Aufhebeln gesichert)
* Türspion

Zusätzlich kann die Sicherheit mit weiteren Schlössern und einer (Video-)Gegensprechanlage erhöht werden (siehe Abschn. 27.4 Schlösser und Schließanlagen und elektronische Sicherheitssysteme).

In besonderen Bedrohungslagen und für besonders sicherheitsempfindliche Bereiche kann der Schutz darüber hinaus auch gegen Beschuss und die Wirkung von Sprengstoffexplosionen notwendig sein.

Die unterschiedlichen **Widerstandsklassen** (WK 1 bis WK 6) ergeben sich aus einer Prüfung mit verschiedenen Werkzeugen (Schraubendreher, Zange, Kuhfuß, Bohrmaschine usw.), die ein potenzieller Täter zur Öffnung einsetzt.

Die WK 1 bietet z. B. nur geringen Schutz gegen Werkzeuggebrauch, die WK 6 hingegen sogar gegen den Einsatz von elektrischen Sägen und Winkelschleifern.

Neben Türen besteht eine weitere Möglichkeit, Ein- und Ausgänge zu sichern darin, **Personenvereinzelungsanlagen** zu installieren. Sie sollen die schnelle und sichere Zutrittskontrolle bei hohem Personenaufkommen ermöglichen (Werksgelände, öffentliche Gebäude, Flughäfen usw.). Gegenüber Türen haben sie den Vorteil, dass immer nur eine Person Zutritt erhält, ich kann also niemanden mit hineinnehmen. In Kombination mit elektronischen Zutrittskontrollsystemen stellen sie den wirkungsvollsten Schutz gegen unbefugtes Betreten dar.

* Dreiarm-Drehsperre
* Schwenktüren oder -schranken

- Drehkreuze
- Drehtüren
- Personenschleuse

Schleusen werden von jeweils einer Tür nach außen und innen verschlossen, wovon immer nur eine geöffnet sein darf. Nach dem Betreten der Schleuse wird die äußere Tür geschlossen und erst dann die innere geöffnet. Der Zugang von außen wird für die nächste Person erst wieder geöffnet, wenn der Schleusenbereich leer ist.

Auch **Drehtüren oder -kreuze** werden in der Praxis meist mit einem Zutrittskontrollsystem kombiniert. Nach Überprüfung der Zutrittsberechtigung lassen sich die Tür oder das Kreuz kurzzeitig in die Gehrichtung drehen – so weit, dass genau eine Person hindurchgehen kann. Anschließend verriegelt der Mechanismus sofort wieder und es ist eine erneute Zutrittsprüfung erforderlich.

In Fluchtrichtung aus dem Gebäude hinaus (Brandschutz) sind beide Systeme in der Regel freigeschaltet, sodass Personen jederzeit ungehindert passieren können.

27.3.2 Ein- und Ausfahrten

Zur Sicherung von Ein- und Ausfahrten gibt es verschiedene Systeme, deren Einsatz auch davon abhängt, ob und wie der Fahrzeug- und Personenverkehr kontrolliert werden soll:

- manuelle Handschranken
- elektronische Schrankensysteme
- Sperrpfosten und -gitter
- Roll- und Gittertore in verschiedenen Ausführungen (Schiebe-, Flügel- oder Versenktore)

Für **Tore** gelten im Wesentlichen die gleichen Sicherheitsanforderungen wie für Türen. Auch sie müssen den gleichen Widerstand gegen Einbruchversuche leisten, um den Gesamtschutz des Objekts nicht durch so entstehende Schwachstellen zu gefährden. Wegen der Größe und Bauart gestaltet sich die Umsetzung jedoch schwieriger als bei normalen Türen, insbesondere bei Rolltoren für Tiefgaragenzufahrten u. Ä.

Häufig ist an Zufahrten zu größeren Betriebsgeländen eine Kombination aus Zufahrt und Zugang für den Personenverkehr zu finden. Aus Sicherheitsgründen (Unfallgefahr) sollten diese räumlich voneinander abgetrennt sein. Zur Kontrolle des Verkehrs dient eine mit Sicherheitspersonal besetzte **Pforte**. In einigen Objekten werden dort auch gleichzeitig Aufgaben eines Empfanges wahrgenommen und der Besucherverkehr geregelt. Die Sicherung der Personenzugänge erfolgt mithilfe der weiter oben beschriebenen Sicherungselemente für Ein- und Ausgänge.

27.3.3 Fenster

Auch Fenster bieten eine ideale Angriffsfläche für Eindringversuche oder andere Straftaten, daher sind sie wie Türen je nach Bedarf nicht nur gegen Einbruch, sondern auch gegen Durchwerfen, Durchschießen und gegen Sprengstoffexplosionen zu sichern.

27.3.3.1 Sicherheitsverglasung

Unterschieden wird Sicherheitsglas in Einscheibensicherheitsglas (ESG) und Verbundsicherheitsglas (VSG).

Verbundsicherheitsglas besteht aus mindestens zwei durch eine Folie fest miteinander verbundenen Scheiben. Zerbricht eine der Scheiben, hält die Verbindungsfolie die entstehenden Glassplitter fest und kann so Verletzungen verhindern. Besonders gut ist dieser Effekt bei verunfallten Kraftfahrzeugen zu beobachten, die gebrochene Scheibe ist meist noch an einem Stück und häufig sogar noch im Rahmen.

27.3.3.2 Sicherheitssonderverglasung

Reines Sicherheitsglas hat neben dem Schutz vor Verletzungen keine weitere Schutzwirkung. Soll je nach Gefahrenlage zusätzlich Schutz gegen manuelle Einwirkung erreicht werden, ist Sicherheitssonderverglasung zu verwenden. Sie unterscheidet sich u. a. durch die Scheibendicke und zusätzlich verwendete Verbundkomponenten von einfachem Sicherheitsglas.

- Widerstand gegen manuelle Angriffe (DIN EN 356)
- Widerstand gegen Beschuss (DIN EN 1063)
- Widerstand gegen Sprengwirkung (DIN EN 13541)

Insbesondere bei Fenstern, die nach außen auf öffentlich zugängliche Bereiche zeigen, ergibt sich eine solche Notwendigkeit. Aber auch im Inneren eines Objektes kann dies z. B. für Hochsicherheitsbereiche sinnvoll sein.

Verbaut wird Sicherheitssonderverglasung in der Regel zusammen mit **einbruchhemmenden Fensterelementen** (Rahmen, Schließung), die einem Aufhebeln und anderen Angriffen mit Werkzeugen widerstehen.

Darüber hinaus können Fenster noch zusätzlich mit Fenstergittern, Schlössern und/oder Fensterläden (Rollläden) gesichert werden.

- stabile Fensterflügel und -rahmen
- stabile Beschläge und Bänder
- sichere Schließung
- sichere Befestigung der Verglasung
- zusätzliche Sicherungen nach Bedarf

27.4 Schlösser und Schließanlagen

Heutzutage finden wir in den meisten Objekten Schließanlagen – **Schließsysteme,** die aus mehreren Schlössern bestehen, die in einem organisatorischen und funktionalen Zusammenhang stehen.

Bei den **Schlössern** handelt es sich je nach System und Sicherheitserfordernis um **Buntbartschlösser** oder **Zylinderschlösser** als am häufigsten verwendete und sichere Form. Generell gelten folgende Sicherheitskriterien:

- Funktionssicherheit
- Nachschließsicherheit (bei Verwendung ähnlicher Schlüssel)
- Aufsperrsicherheit (gegen Angriffe mit Sperrwerkzeugen)
- Aufbohrschutz und
- (Kern-)Ziehschutz (Schutz gegen Herausziehen)

Darüber hinaus finden wir heute in vielen Objekten auch eine Kombination aus mechanischen Schließzylindern und elektronischen Schlüsseln (Schlüsselkarten).

Diese **mechatronischen Systeme** sind vom Sicherungswert vergleichbar mit herkömmlichen Zylinderschlössern, in der Organisation und Wartung aber viel einfacher zu handhaben (Sperrung bei Verlust, Änderung von Zugangsberechtigungen usw.).

- einfachere Verwaltung der Zutrittsberechtigungen
- Sperren von Karten möglich
- Erfassung der Zutritte
- zeitlich begrenzte Zutrittsberechtigungen möglich

Gegenüber einzelnen Schlössern haben **Schließanlagen** den Vorteil, dass wenige Schlüssel (im Idealfall nur einer) den Zutritt zu einer Vielzahl von Bereichen ermöglichen und die Verwaltung der Zutrittsberechtigungen (Vergabe, Entzug, Definition des Schließbereichs) vereinfacht wird.

Der Nachteil: Geht ein Schlüssel verloren (z. B. in einem Mehrfamilienhaus), reicht es nicht aus, das Schloss der betreffenden Wohnung auszutauschen. Es muss zudem das Zentralschloss ausgetauscht bzw. verändert und es müssen damit alle anderen Schlüssel der Anlage angepasst werden. In der Praxis führt dies natürlich zu deutlich höheren Kosten, als das bei einem Einzelschloss der Fall wäre.

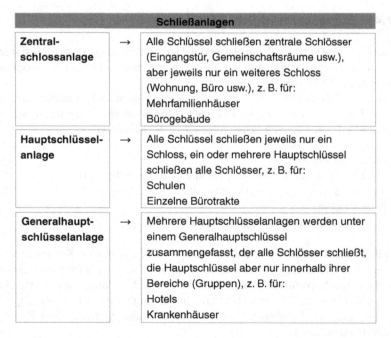

Schließanlagen		
Zentral-schlossanlage	→	Alle Schlüssel schließen zentrale Schlösser (Eingangstür, Gemeinschaftsräume usw.), aber jeweils nur ein weiteres Schloss (Wohnung, Büro usw.), z. B. für: Mehrfamilienhäuser Bürogebäude
Hauptschlüssel-anlage	→	Alle Schlüssel schließen jeweils nur ein Schloss, ein oder mehrere Hauptschlüssel schließen alle Schlösser, z. B. für: Schulen Einzelne Bürotrakte
Generalhaupt-schlüsselanlage	→	Mehrere Hauptschlüsselanlagen werden unter einem Generalhauptschlüssel zusammengefasst, der alle Schlösser schließt, die Hauptschlüssel aber nur innerhalb ihrer Bereiche (Gruppen), z. B. für: Hotels Krankenhäuser

Die vorstehenden Beispiele sind jeweils Reinformen, die je nach Bedarf kombiniert werden können.

Die **kombinierte Hauptschlüssel-Zentralschlossanlage** beispielsweise bietet sich für größere Bürokomplexe an. Alle Schlüssel schließen zentrale Schlösser wie den Eingangsbereich oder den Zugang zur Tiefgarage und jeweils ein weiteres Schloss, in der Regel das eigene Büro. Die Schlüssel der Abteilungsleiter schließen darüber hinaus als Hauptschlüssel alle Schlösser der Abteilungsbüros und des zugehörigen Besprechungsraumes.

Grundlage für die Einrichtung von Schließanlagen ist die Schlüsselordnung und der **Schließplan.** Auf dessen Grundlage wird die Anlage hergestellt, verbaut und betrieben. Zur Sicherheit gibt es zu jeder Anlage eine codierte **Sicherungskarte,** die für die Nachbestellung von Schlüsseln benötigt wird. Ohne diese Legitimation kann der Fachhandel keine Schlüssel anfertigen.

Umgang mit Schlüsseln und Karten
Schlösser und Schließsysteme erfüllen ihren Zweck nur dann, wenn sichergestellt ist, dass niemand unbefugt an die zugehörigen Schlüssel oder Karten gelangt. Daher muss der sichere Umgang mit Schlüsseln und Zugangskarten gewährleistet sein (siehe auch Abschn. 10.1.6 Dienstübergabe und Abschn. 10.2.1 Schließdienst):

- verbindliche Schlüsselordnung
- Aufbewahrung in gesicherten Depots oder Schränken
- Nachweisführung (Schlüsselbuch)
- Schutz vor Verlust beim Transport
- keine klare Bezeichnung auf den Schlüsseln

27.5 Wertbehältnisse und Wertschutzräume

Zur Aufbewahrung und zum Transport von Wertgegenständen werden in der Regel sogenannte Wertbehältnisse (Tresore) eingesetzt. Sollen größere Gegenstände oder Mengen aufbewahrt werden, geschieht dies in sogenannten Wertschutzräumen (Tresorräumen).

Diese Art der Aufbewahrung ist entweder vorgeschrieben oder erfolgt freiwillig zum Schutz wertvoller Gegenstände:

- Vorschriften zum Geheimschutz (VS-Papiere)
- Vorschriften durch Versicherungen (VdS)
- gesetzliche Vorgaben (Waffen, Datenschutz)
- Geld, Schmuck, Wertpapiere usw.
- Schlüssel und Zugangskarten

Neben dem eigentlichen Diebstahlschutz bieten einige Konstruktionen zudem auch Schutz vor Feuer. Hier wird nach der entstehenden Innentemperatur bei einem Brand je nach Branddauer unterschieden. Ziel ist es, wichtige Dokumente feuersicher aufzubewahren.

Je nach verwendetem Schließsystem lassen sich Tresore mit Schlüsseln, Karten, Zugangscodes oder biometrischen Merkmalen öffnen (siehe hierzu Abschn. 27.4 Schlösser und Schließanlagen).

27.5.1 Klassifizierung

Ihre Klassifizierung erfolgt in ähnlicher Weise wie bei Sicherheitsglas in verschiedene Widerstandsklassen bzw. Widerstandsgrade. Durch standardisierte Prüfungen wird ermittelt, in welcher Zeit und mit welchem Aufwand (Werkzeuge und Fachwissen) der Behälter aufgebrochen werden kann.

Für den überwiegend **privaten Bereich** ist dies die DIN EN 14450 mit den Sicherheitsstufen S 1 und S 2.

Im **gewerblichen Bereich** (und für Waffen) finden wir dagegen hauptsächlich Wertbehältnisse, die nach der DIN EN 1143-1 normiert sind. Wertschutzschränke werden in die Klassen (Grade) N/0 bis VI eingeteilt, Wertschutzräume in Klassen bis XIII.

Die alten Normen (Stufen A und B) sind damit nicht mehr gültig, in der Praxis trifft man aber oft noch ältere Schränke mit dieser Klassifizierung an, insoweit ist es hilfreich, auch diese zu kennen.

27.5.2 Aufstellung

Kleinere Behältnisse mit einem Gewicht von unter 200 kg (gewerblicher Bereich 300 kg) sollten durch feste Verankerung mit der Wand oder tragenden Elementen gegen **Wegnahme** gesichert sein, damit der Schrank nicht als Ganzes mitgenommen werden kann (nach WaffG-Pflicht).

Da Einbrecher natürlich gezielt nach Tresoren suchen, empfiehlt es sich, den **Aufstellort** so zu wählen, dass er nicht ohne Weiteres von Fremden entdeckt wird. Sinnvoll ist z. B. eine Taktik, nach der ein Schrank relativ offen eingebaut wird und als Köder für Diebe dient, während der eigentliche Schrank gut versteckt ist.

27.5.3 Schlüsselsicherheit

Analog zu normalen Schlössern hat auch hier die Schüsselsicherheit eine große Bedeutung für die Sicherheit. Tresore können ihre Funktion nur erfüllen, wenn Unbefugte nicht in den Besitz der Schlüssel gelangen können. Insoweit gelten hier die gleichen Grundsätze zum Umgang mit Schlüsseln oder Zugangscodes.

Eine Besonderheit ist allerdings bei Tresoren die Möglichkeit, sie mit zwei unterschiedlichen Schlössern auszustatten. Zum Öffnen werden dann immer beide Schlüssel benötigt. Die meisten werden diese Technik von Bankschließfächern kennen.

Elektronische Sicherheitseinrichtungen 28

Die zweite Gruppe technischer Sicherheitsmaßnahmen bilden elektronische Sicherheitssysteme.

Elektronische Sicherheitseinrichtungen
Zutrittskontrollsysteme
Metalldetektoren
Röntgengeräte
Gefahrenmeldeanlagen
Videoüberwachung

Sie verstärken bauliche und mechanische Einrichtungen und unterstützen das Sicherheitspersonal bei der Wahrnehmung seiner Aufgaben.

- bessere Überwachungs- und Kontrollmöglichkeiten
- erleichterte Täteridentifizierung/Beweissicherung
- schnellere Erkennung von Gefahren
- kürzere Interventionszeiten
- weniger Personaleinsatz

28.1 Zutrittskontrollsysteme

Zutrittskontrollsysteme haben die Aufgabe, durch **Identifizierung von Personen** und deren **Zutrittsberechtigung** Personenbewegungen zu kontrollieren und den Zutritt zu geschützten Bereichen zu regeln. Zusätzlich können sie bei

© Springer Fachmedien Wiesbaden GmbH, ein Teil von Springer Nature 2023
R. Schwarz, *Geprüfte Schutz- und Sicherheitskraft (IHK)*,
https://doi.org/10.1007/978-3-658-38138-7_28

unberechtigten Zutrittsversuchen **Alarm** z. B. in einer zugehörigen NSL auslösen.
    Oft werden solche Systeme in der Praxis z. B. auch mit der Arbeitszeit-
erfassung oder Wächterkontrollsystemen kombiniert.

28.1.1 Aufbau und Funktion

Der grundsätzliche Aufbau und die Funktion sind bei allen Typen gleich. In einer
zugehörigen Zentrale werden alle notwendigen Daten der Nutzer gespeichert und
bei Nutzung abgerufen. Die Prinzip-Skizze eines Zutrittskontrollsystems schaut
folgendermaßen aus:

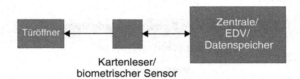

Der Nutzer identifiziert sich über ein Erfassungsgerät. Nachdem die Daten an die
Zentrale übermittelt und dort überprüft wurden, wird das Schloss (Türöffner) freigegeben und der Zutritt ist frei.
    Alle Bewegungen werden dabei gespeichert, um Doppelanmeldungen zu ver-
hindern. So kann beispielsweise auch für Zwecke der Beweissicherung im Nachhinein genau geprüft werden, **wer, wann wo** und **wie lange** Zutritt zu einem
Bereich hat oder hatte.

Zutrittskontrollsysteme
Ausweissysteme
Codesysteme
Biometrische Systeme
Kombinierte Systeme

28.1.2 Ausweissysteme

Bei Ausweis- oder auch Kartensystemen werden die für die Zutrittsberechtigung notwendigen Daten auf einem Ausweis gespeichert und von einem Lesegerät geprüft. Die Überprüfung kann je nach Kartentyp kontaktlos oder durch Kontakt mit dem Gerät erfolgen. Bei Lesegeräten unterscheidet man in:

- Einsteckleser
- Durchzugleser
- Einzugleser
- Vorhalteleser

Magnetstreifenkarten speichern die Daten auf einem Magnetstreifen, der in den Kartenleser eingesteckt oder durchgezogen wird. Hoher Verschleiß bei häufiger Nutzung und geringe Fälschungssicherheit machen diese Ausweise für die Zutrittskontrolle eher ungeeignet. Nichtsdestotrotz sind sie für diesen Zweck vielfach im Einsatz.

Gleiches gilt für **Chipkarten.** Hier können zwar größere Datenmengen gespeichert werden als bei Magnetkarten, hohe Abnutzung und geringe Fälschungssicherheit sind aber auch bei diesen Karten gegeben.

Neuere Techniken wie **Infrarot- oder Transponderkarten** bieten eine wesentlich höhere Fälschungssicherheit und sind daher für Zutrittskontrollsysteme, insbesondere in sicherheitsrelevanten Bereichen, deutlich besser geeignet. Bei Transpondern setzt sich zunehmend die Radiofrequenz-Identifikation(RFID)-Technologie durch, die z. B. auch im neuen Personalausweis verwendet wird. Die Identifikation erfolgt hier kontaktlos, indem die Karte in die Nähe des Kartenlesers gehalten wird und dieser dann per Funk die gespeicherten Daten ausliest und mit der Zentrale abgleicht.

28.1.3 Codesysteme

Bei Codesystemen tippt der Nutzer einen mehrstelligen Code in ein Tastenfeld ein und erhält damit Zutritt. Im Grunde handelt es sich damit um eine Art mechatronisches Schloss. Mit einem Kartenlesesystem kombiniert erhält man aber eine wirkungsvolle Zutrittssicherung.

28.1.4 Biometrische Systeme

Bei den neueren biometrischen Systemen werden vorab gespeicherte biometrische Daten der Nutzer beim Zutritt abgeglichen. Sensoren vor Ort erfassen
das biometrische Muster, bei Übereinstimmung erhält die Person dann Zutritt.
Biometrische Merkmale, die üblicherweise Verwendung finden:

- Fingerabdrücke
- Iris oder Netzhaut
- Handflächenabdruck
- Handvenen
- Gesichtsmerkmale
- Stimmenmuster

28.1.5 Kombinierte Systeme

Zur Erhöhung der Sicherheit ist es natürlich möglich, verschiedene Systeme miteinander zu kombinieren. Üblich ist beispielsweise eine Kombination aus Kartenleser und Codeeingabe (PIN oder mehrstelliger Code) oder auch die Koppelung
eines biometrischen Systems mit einem Kartenleser.

28.2 Metalldetektoren

Zutrittskontrollsysteme ermöglichen die Prüfung der Identität und der Zutrittsberechtigung, nicht aber, ob gefährliche Gegenstände wie Waffen oder Spreng-
stoff durch die Person mitgeführt werden. In besonders gefährdeten Objekten wie
Ministerien, Botschaften, Flughäfen und Justizvollzugsanstalten, aber auch z. B.
bei Veranstaltungen, sind an den Ein- und Ausgängen daher zusätzlich Metall-
detektoren in Form von Torsonden vorhanden.

Ein Vorteil der **Torsonden** gegenüber Handsonden ist die schnellere Kontroll-
durchführung. Beim Betreten des Objekts gehen die Personen einfach einzeln
durch die Sonde hindurch, nachdem sie zuvor ihre Taschen von allen metallischen
Gegenständen geleert haben. So kann eine größere Zahl an Personen in kürzerer
Zeit kontrolliert werden.

Als Ergänzung für den Fall, dass die Torsonde anschlägt oder defekt ist, hat
das Sicherheitspersonal zusätzlich **Handsonden** vor Ort, um eine genauere

Nachkontrolle der betreffenden Person durchführen zu können. Jeder, der schon einmal geflogen ist, kennt dieses Prozedere.

28.3 Röntgenanlagen

Um nicht nur die Person, sondern auch mitgeführtes Gepäck kontrollieren zu können, werden Torsonden fast immer zusammen mit Röntgenanlagen eingesetzt (so genannte Gepäckprüfanlagen, GPA). Diese durchleuchten die Gepäckstücke, während der Besitzer durch die Torsonde geht. Das Röntgenbild erscheint auf einem Bildschirm und der Bediener kann den gesamten Inhalt auf einen Blick sehen. Wird dabei ein verdächtiger Gegenstand entdeckt, wird der Besitzer des Gepäckstücks im Anschluss gebeten, dieses zu öffnen und eine herkömmliche Sichtkontrolle wird durchgeführt.

28.4 Gefahrenmeldeanlagen

Gefahrenmeldeanlagen werden je nach Einsatzzweck in drei Kategorien unterschieden: Einbruch-, Überfall- und Brandmeldeanlagen.

Gefahrenmeldeanlagen
Einbruchmeldeanlagen (EMA)
Überfallmeldeanlagen (ÜMA)
Brandmeldeanlagen (BMA)

Ihre Aufgabe ist es, drohende Gefahren frühzeitig zu erkennen und anzuzeigen.

Gefahrenerkennung und -anzeige
Die Gefahrenerkennung erfolgt mit Hilfe von Sensoren/Meldern, die abhängig von der Risikobeurteilung an entsprechenden Stellen in einem Objekt platziert werden.

Die Anzeige erkannter Gefahren (aber auch Einschränkungen bei der Funktion der Anlage selbst – Störung, Sabotage) erfolgt je nach Bedarf mithilfe optischer und/oder akustischer Signalgeber.

GMA der **Klasse 1** erfassen und melden nur bei Auslösung der Sensoren (Einbruch, Brand usw.).

GMA der **Klasse 2** verfügen zusätzlich über ein Selbstschutzsystem und erfassen und melden auch Eingriffe an der Anlage selbst (Sabotage, Störungen usw.).

Grundsätzlicher Aufbau
In der Regel werden alle erfassten Ereignisse innerhalb des Systems protokolliert und sind entsprechend abruf- und auswertbar.
   Bestandteile sind mindestens:

- Melder (Sensoren)
- Meldelinien
- Energieversorgung (Normal-/Notstrom)
- Signalgeber und/oder Wähleinrichtung
- Zentrale
- Bedienelemente

Die Prinzip-Skizze einer **Gefahrenmeldeanlage und der Meldeweg** sind im Folgenden dargestellt:

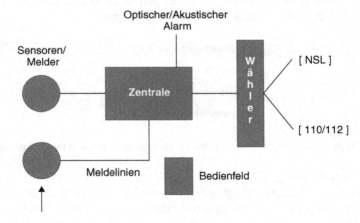

Sensorkontakt → Meldelinien → Zentrale→ Alarm / NSL / 110 / 112

Sensoren
Sensoren erfassen dauerhaft oder in regelmäßigen Abständen den vorgefundenen IST-Zustand und vergleichen ihn mit dem gewollten SOLL-Zustand. Wird eine

Abweichung festgestellt, lösen sie aus und geben ein Signal an die Zentrale weiter. Beispielsweise prüft ein Sensor der EMA den Verschlusszustand eines Fensters mithilfe installierter Kontakte. Werden das Fenster und damit der Kontakt geöffnet (IST-Zustand), löst der Sensor aus, da eine Abweichung (SOLL-Zustand: Geschlossener Kontakt) festgestellt wurde.

Meldelinien
Sie stellen die Verbindung zwischen den Sensoren und der Zentrale her. Über sie wird das Signal bei Auslösung weitergeleitet.

Energieversorgung
Neben der eigentlichen Netzversorgung verfügen GMA zusätzlich über Notstromsysteme (Unterbrechungsfreie Stromversorgung, USV). Batterien und Notstromaggregate stellen so die Funktion der Anlage auch bei einem längeren Stromausfall sicher.

Signalgeber
Das an die Zentrale weitergeleitete Signal wird von dort an einen oder mehrere Signalgeber, die optischen und/oder akustischen Alarm auslösen, gesendet. Moderne Systeme sind zusätzlich mit einer PC-gestützten Empfangseinheit ausgerüstet, in der der Alarm aufläuft und weiterverarbeitet werden kann. Darin können nach Bedarf z. B. Meldungen mit Handlungsanweisungen an das Sicherheitspersonal programmiert werden.

Zentrale
Die Zentrale ist das Herzstück jeder Anlage. Hier erfolgt die Überwachung der Sensoren, Meldelinien und der Stromversorgung. Bei Alarm koordiniert sie die richtige Weiterleitung und Verteilung des Signals.

Bedienelemente
Zur Bedienung der Anlage, insbesondere zur scharfen und unscharfen Schaltung, braucht es entsprechende Bedienelemente. Diese befinden sich entweder an der Anlage selbst (am Schloss, am Objekteingang usw.) oder in einer Alarmempfangseinrichtung (z. B. NSL) und werden von dort zentral gesteuert.

Zusatzbausteine
Zusätzlich kann die Anlage auch für die automatische Weiterleitung eines Signals an externe Hilfe leistende Stellen wie Polizei oder Feuerwehr ausgestattet sein.

Hierzu wird eine sogenannte Übertragungseinheit (ÜE) verwendet, die über eine Telefon- oder Internetverbindung eine entsprechende Meldung weiterleitet. Ein weiterer Baustein ist die Aufschaltung von Störungsmeldungen von Haustechniksystemen. Verfügt das Objekt z. B. über eine USV (Störmeldeanlagen) oder andere sicherheitsrelevante Technik, kann deren Funktion über entsprechende Sensoren geprüft und bei Störungen ein Alarm analog zu einem Einbruch- oder Feueralarm ausgelöst werden.

28.4.1 Einbruchmeldeanlagen (EMA)

Einbruchmeldeanlagen dienen der Überwachung von Räumen, Flächen und Gegenständen und melden bei Auslösung eines Kontaktes.

Überwachung und Sensoren		
Kontakt-überwachung	Außenhaut-überwachung	Freiland- und Raum-überwachung
Elektronische oder elektro-magnetische Kontakte an Türen, Fenstern, Objekten usw.	Glasbruch, Kontaktdrähte, Erschütterungs-melder, Licht usw.	Boden-, Zaun- oder Streckenmelder, Bewegungsmelder (Kontakt, Vibration, Druck, Richtlaser usw.)

Alarmierung
Löst ein Sensor der EMA aus, kann das Signal entweder an Signalgeber im inneren des Objekts oder zusätzlich noch an nach außen sichtbare Alarmgeber geleitet werden. Über eine ÜE ist es gleichzeitig möglich, externe Stellen (NSL oder Polizei) zu informieren. Nach außen sichtbare Signale haben den Vorteil, dass vorbeikommende Passanten darauf aufmerksam werden und daraufhin die Polizei verständigen können.

Elektromechanische Sensoren werden zur Kontakt- und Außenhautüberwachung eingesetzt. Hierzu gehören Magnet- oder Riegelkontakte, Alarmdrähte (z. B. in Fenstern) und Spanndrähte. Wird der Kontakt unterbrochen, löst der Sensor Alarm aus.

Elektroakustische Sensoren Hierzu gehören Glasbruch- und Körperschall-melder und Ultraschall-Bewegungsmelder. Sie werden z. B. zur Überwachung von Freiflächen, Räumen oder nicht verdrahteten Bereichen der Außenhaut eingesetzt und reagieren auf Schall (Geräusche).

Elektrooptische Sensoren Infrarotbewegungsmelder oder -schranken dienen hauptsächlich der Überwachung von Räumen und Freiflächen.

Elektronische Sensoren Mikrowellensensoren als Bewegungsmelder oder Richtstreckensensoren werden ebenfalls zur Raumüberwachung genutzt.

Kapazitivmelder hingegen erzeugen ein elektromagnetisches Feld und reagieren auf Feldveränderungen, die entstehen, wenn das überwachte Objekt bewegt wird. Sie finden Anwendung z. B. bei Tresoren, Bildern usw.

Kombi-Sensoren Natürlich können in der Praxis verschiedene Sensorentypen miteinander kombiniert und so deren Wirkungsgrad erhöht und Fehlalarme reduziert werden. Der Sensor löst dann nur aus, wenn alle Meldekriterien gleichzeitig erfüllt sind.

Installation

Soll die Anlage vom VdS anerkannt sein, ist sie auch durch entsprechend vom VdS anerkannte Firmen zu planen und einzurichten. Hierdurch wird sichergestellt, dass das System alle notwendigen Anforderungen erfüllt und im laufenden Betrieb zuverlässigen Schutz bietet. Von besonderer Bedeutung sind dabei natürlich die Auswahl geeigneter Sensoren und die richtige Platzierung, um lückenlosen Schutz bzw. Schutz von Schwerpunkten zu gewährleisten.

28.4.2 Überfallmeldeanlagen (ÜMA)

Überfallmeldeanlagen sind unabhängig von Einbruchmeldeanlagen stets scharf geschaltet und können bei drohender Gefahr **manuell** durch entsprechende Schalter oder Kontakte ausgelöst werden.

In der Regel lösen sie einen **stillen Alarm** aus und melden die Auslösung direkt an eine NSL und/oder die Polizei weiter. Ein einmal ausgelöster Alarm kann dann nur durch externes Personal abgeschaltet werden. Dies soll verhindern, dass Mitarbeiter von Tätern trotz weiter drohender Gefahr dazu gezwungen werden und so ein Eingreifen verhindert wird. Auslöser sind z. B.:

- Notrufschalter (Hand/Fuß)
- Kontaktschalter (z. B. beim Entfernen des letzten Geldscheins aus einer Kasse)
- Eingabe bestimmter Codes (der Täter merkt nichts, da der Zugang scheinbar normal gewährt wird, der stille Alarm läuft aber im Hintergrund)

28.4.3 Brandmeldeanlagen (BMA)

Neben Straftaten sind Brände die größte Gefahr für Objekte. Brandmeldeanlagen erlauben durch ihre Sensoren eine **flächendeckende Überwachung** von
Gebäuden und ermöglichen so, Brände frühzeitig zu erkennen.

Ist die Brandmeldeanlage mit Brandschutzeinrichtungen verbunden, kann
sie zusätzlich zur Auslösung eines **Alarms** je nach Bedarf auch automatisch
Gegenmaßnahmen einleiten, wie z. B. Sprinkleranlagen auslösen oder Brandschutztüren schließen (siehe Gefahrenabwehr).

Beim Verbrennungsvorgang entstehen infolge der Sauerstoffreaktion neben
Hitze (Energie) auch chemische Stoffe (Umsetzungsprodukte). Die Sensoren von
Brandmeldeanlagen sind so konzipiert, dass sie entweder auf die entstehende
Temperatur oder die stofflichen Produkte der Verbrennung reagieren.

Umsetzung bei der Verbrennung	
Energetische Umsetzung	**Staffliche Umsetzung**
Licht	Kohlenmonoxid
Wärme	Wasserstoff
Strahlung	Stickstoffmonoxid

Folgende **Melderarten** werden unterschieden:

- Temperaturmelder
- Rauchmelder
- Flammenmelder
- manuelle Auslöser

Temperaturmelder oder auch Wärmemelder (thermische Sensoren) lösen entweder bei einer vorgegebenen Temperatur oder einer bestimmten Temperaturdifferenz Alarm aus. Die eingestellte Temperaturdifferenz wird dabei als Anstieg
pro Minute gemessen.

Rauchmelder registrieren Rauchpartikel in der Umgebungsluft entweder
optisch (Streulichtmelder) oder durch eine chemische Reaktion (Ionisations- oder
Rauchgasmelder).

Flammenmelder registrieren das Infrarot- und Ultraviolettlicht einer Flamme
und lösen entsprechend aus.

Mehrfachmelder kombinieren verschiedene Sensorprinzipien in einem Melder und erhöhen so den Wirkungsgrad und verringern Fehlalarme. So können beispielsweise optische und thermische Sensoren sehr gut kombiniert werden.

28.5 Videoüberwachung

Videoüberwachung wird überall dort eingesetzt, wo Personal nicht ständig vor Ort oder der Einblick nur schwer oder gar nicht möglich ist (tote Winkel, Mauern, bei Nacht usw.). Mit Hilfe von Kameras lassen sich also weit größere Bereiche überwachen, als das mit Personal allein möglich wäre.

Zudem gestatten sie die **Beweissicherung** bei Straftaten durch Bildaufnahmen und haben daher auch eine **abschreckende Wirkung** auf potenzielle Straftäter bzw. erleichtern sie im Nachhinein deren Strafverfolgung. **Bestandteile** einer Videoüberwachungsanlage sind:

*   Aufnahmeeinheit(en) – Kameras
*   Verarbeitungseinheit (Übertragung, Aufzeichnung usw.)
*   Ausgabeeinheit (Bildschirm, Drucker)

Dabei unterscheidet man verschiedene **Arten von Kameras:**

*   einfache Überwachungskameras (mit/ohne Zoom)
*   Nachtsichtkameras (Infrarot oder Wärmebild)
*   Röntgenkameras (z. B. in Justizvollzugsanstalten)

Aufgrund der mit Hilfe von Videosystemen erfassten Daten ist bei ihrem Einsatz stets das Bundesdatenschutzgesetz (BDSG) zu beachten (Zustimmung, Kennzeichnung, Speicherung und Verwendung der Aufnahmen usw.).

Technische Einsatzmittel

29

Unter technischen Einsatzmitteln werden alle Gegenstände und Geräte verstanden, welche die Arbeit des Sicherheitspersonals ermöglichen bzw. erleichtern.

Technische Einsatzmittel
Für Kontrollen
Zur Überwachung und Beweissicherung
Zum Schutz von Personen
Notwehrgeräte und -mittel
Für den Verkehrsdienst
Für den Ermittlungsdienst

Die Abgrenzung zu sonstiger Schutz- und Sicherheitstechnik ist nur schwer möglich, die Übergänge sind fließend. So gehören beispielsweise Tor- und Handsonden genau genommen in beide Bereiche.

29.1 Einsatzmittel zur Überwachung, Kontrolle und Beweissicherung

Wie oben erwähnt, ist die Trennung zwischen Einsatzmittel und Schutztechnik nicht immer eindeutig. So haben wir weiter oben mit der Videoüberwachung bereits einen Baustein der Überwachungstechnik im Sicherheitsdienst kennengelernt.

© Springer Fachmedien Wiesbaden GmbH, ein Teil von Springer Nature 2023
R. Schwarz, *Geprüfte Schutz- und Sicherheitskraft (IHK)*,
https://doi.org/10.1007/978-3-658-38138-7_29

An dieser Stelle sei noch einmal ausdrücklich auf die Vorschriften des BDSG, des Straf- und des Betriebsverfassungsrechts hingewiesen, denen Bild-, Video- und Tonaufnahme unterliegen.

29.1.1 Videotechnik

Die Vielseitigkeit von Videokameras lässt darüber hinaus aber noch weitere interessante Einsatzmöglichkeiten offen. Je nach Einsatzzweck gibt es sie in unterschiedlichen Ausführungen und Größen, mit und ohne Aufzeichnungs-möglichkeit.

Überwachungskameras werden nicht nur in Außenbereichen, sondern auch in Räumen eingesetzt und können bei Bedarf (und entsprechender Größe) verdeckt installiert werden.

In der Ausführung als **Handkamera** ist ihr Einsatz zudem mobil, z. B. in Fahrzeugen, möglich, wobei die moderne Technik auch hier Aufzeichnungen erlaubt. In der kleinsten Variante haben wir sie vermutlich alle in der Tasche und stets griffbereit – die Kamera des Mobiltelefons. Zu den weiteren Ausstattungs-varianten (Nachtsichtfähigkeit usw. siehe Abschnitt Schutz- und Sicherheits-technik).

Zur Kontrolle schwer zugänglicher Hohl- und Zwischenräume kann bei Bedarf eine sogenannte **Hohlraumkamera** mit einer speziell angepassten Optik eingesetzt werden. Das Objektiv befindet sich am Ende eines flexiblen Schlauches, der in enge und kleine Räume eingeführt wird und dem Betrachter so ein Bild des Inneren liefert.

29.1.2 Fototechnik

Analog zur Videotechnik dient Fototechnik dazu, Sachverhalte, Situationen, Gegenstände und Personen zu Dokumentations- oder Beweiszwecken bildlich darzustellen.

- Unfallaufnahme
- erster Angriff
- Überwachung von Personen
- Situation am Objekt im Revierdienst
- Gefahrenstellen
- usw.

Auch hier ist die Auswahl verfügbarer Geräte groß. Je nach Verwendungszweck gibt es sie in klein oder groß, mit und ohne wechselbarem Objektiv. Für die Weitsicht eignet sich natürlich ein sogenanntes Teleobjektiv am besten. Personen und Objekte können so aus größeren Distanzen beobachtet werden, ohne sich selbst der Entdeckung preiszugeben. Zur Speicherung der Bilder wird heutzutage fast ausschließlich auf digitale Technik gesetzt, herkömmliche Filme finden in der Praxis kaum noch Verwendung.

29.1.3 Nachtsichtgeräte

Für den Dienst bei Nacht gehört eine Handleuchte stets zur Standardausrüstung, anderenfalls sind die meisten Aufgaben bei Dunkelheit nicht zu erfüllen. In einigen Bereichen ist dies jedoch nicht ausreichend. Hierfür können dann Nachtsichtgeräte eingesetzt werden. Auch sie gibt es in unterschiedlichen Ausführungen und mit unterschiedlicher Technik. Am weitesten verbreitet sind Restlichtverstärker oder Infrarotnachtsichtgeräte.

Restlichtverstärker verstärken, wie der Name sagt, das noch vorhandene Licht. In völliger Dunkelheit, wie z. B. in abgeschlossenen Kellerräumen oder Bunkern, funktionieren sie daher nur eingeschränkt.

Infrarotnachtsichtgeräte hingegen beleuchten die Umgebung aktiv mit Infrarotlicht, das Sensoren im Gerät erfassen und so ein sichtbares Bild in der Optik darstellen.

29.1.4 Ferngläser

Wie Nachtsichtgeräte haben Ferngläser die Aufgabe, die Grenzen des menschlichen Auges zu überwinden und so unseren Sichtbereich im Dienst zu vergrößern.

Neben klassischen, rein optischen Ferngläsern gibt es heute eine Vielzahl technisch ausgestatteter Geräte, die eine Reihe von Zusatzfunktionen erfüllen. Die beiden wichtigsten sind die Kombination mit einem Nachtsichtgerät und die Ergänzung um einen Entfernungsmesser.

▶ **Tipp** Zieloptiken (sofern sie nicht auf einer Waffe montiert sind) erfüllen im Grunde den gleichen Zweck wie Ferngläser. Sie sind von der Bauart jedoch meist kleiner und unauffälliger und eignen sich daher besonders für verdeckte Einsätze.

29.1.5 Spiegel

Kontrollspiegel ermöglichen dem Kontrolleur einen Blick unter und hinter „die Dinge". Hauptsächlich finden sie bei Fahrzeug- und Raumkontrollen Verwendung, um den Unterboden von Fahrzeugen und die Unter- und Rückseite von Möbelstücken zu untersuchen. Ausgestattet mit einer Beleuchtung ermöglichen sie auch Kontrollen bei Nacht. Zur leichteren Handhabung sind größere Spiegel mit Rollen versehen.

29.1.6 Mikrofone

Mikrofone haben wir bereits im Einsatz als Sensoren bei Einbruchmeldeanlagen kennengelernt. Ihr Einsatz ist darüber hinaus, unabhängig von einer EMA, zur Überwachung von Räumen und Freiflächen oder im Außenbereich von gesicherten Leitwarten und NSL möglich. Durch die starke Abschirmung dringen Geräusche kaum oder gar nicht in den Innenbereich, das Sicherheitspersonal ist sozusagen taub.

Verdeckt als sogenannte Wanzen angebracht dienen sie dem unauffälligen Abhören von Gesprächen in sonst nicht zugänglichen Bereichen.

▶ **Tipp** Auch Mobiltelefone besitzen ein Mikrofon und können bei entsprechenden Einstellungen als Wanze benutzt werden. Bei Besprechungen ist es daher ratsam, alle Telefone komplett auszuschalten.

29.2   Einsatzmittel und -geräte zum Schutz von Personen

Aktive Eigensicherung durch taktisch kluges Verhalten im Dienst kann und muss bei Bedarf durch passiven Schutz ergänzt werden.

- Arbeitsschutz und Unfallverhütung
- persönliche Schutzausrüstung
- technischer Schutz

Die Arbeits- und Gesundheitsschutzvorschriften wurden ausführlich in dem entsprechenden Kap. 24 erläutert, deswegen seien sie hier nur der Vollständigkeit halber erwähnt. Die dort jeweils vorgeschriebene Kleidung und Ausrüstung (Sicherheitsschuhe, Helm, Handleuchte usw.) gehört auch mit in den Bereich des Schutzes von Personen vor Gefahren und Schädigungen und ist entsprechend zu verwenden.

Der zweite Baustein ist die persönliche Schutzausrüstung für Sicherheitsmitarbeiter. Sie wird aufgaben- und lagebezogen verwendet.

Hierzu gehören:

- Schutzweste (gegen Beschuss und/oder Stichverletzungen)
- Handschuhe (Schutz vor Verletzungen, Krankheiten usw.)
- Schießbrille beim Training
- Protektoren (Knie-, Ellenbogen- und Schienbeinschutz)
- ABC-Schutzmaske (allerdings sehr selten)

29.3 Notwehrgeräte und -mittel

Wie der Name sagt, dienen Notwehrgeräte der Abwehr rechtswidriger Angriffe. Grundsätzlich wird hier zwischen Verteidigungswaffen und nicht letalen Einsatzmitteln unterschieden.

Auch hier erfolgt noch einmal ausdrücklich der Hinweis auf die Vorschriften zur Unfallverhütung (insbesondere die der DGUV Vorschrift 23) und des Strafrechts bezüglich des Mitführens und des Einsatzes von Notwehrmitteln.

- Verteidigungswaffen
- nicht letale Einsatzmittel

29.3.1 Verteidigungswaffen

Einige Aufgabenbereiche sehen den Dienst mit Schusswaffen vor, so z. B. beim Geld- und Werttransport, im Personenschutz oder bei der Bewachung besonders gefährdeter Objekte. Dafür werden entweder Selbstladepistolen oder Revolver verwendet. Beide Bauarten haben ihre Vor- und Nachteile.

Bei **Selbstladepistolen** wird die Munition über ein Stangenmagazin im Griff zugeführt und bei jeder Schussabgabe automatisch eine neue Patrone in den Lauf befördert. Üblich sind Magazine mit einer Kapazität von acht bis 15 Schuss in den Kalibern 9 mm × 19, .40 S&W, 10 mm Auto oder .45 ACP. Gegen ungewollte Schussabgabe haben die meisten Modelle eine separate manuelle Sicherung. Durch Betätigen des Abzugs wird der Hahn freigegeben und trifft auf den Schlagbolzen auf, der dann die Patrone zündet. Bei neueren Modellen, sogenannten hahnlosen Waffen, wird statt des Hahnes der gespannte Schlagbolzen freigegeben, ein Hahn ist überflüssig. Weniger Bauteile bedeuten hier weniger Störanfälligkeit.

Bei **Revolvern** werden die Patronen in einer Trommel mit einer Kapazität von fünf bis sechs Schuss gelagert und beim Spannen des Hahns vor den Lauf befördert. Kann der Hahn auch über das Betätigen des Abzugs gespannt und die Waffe schussbereit gemacht werden, handelt es sich um ein Double-Action-Modell. Muss der Hahn separat vorgespannt werden, handelt es sich um ein Single-Action-Modell. Gebräuchlich sind Revolver in den Kalibern .357 Magnum, .44 Magnum oder .38 Special.

Durch Betätigen des Abzuges wird der Hahn freigegeben, der unmittelbar auf die Patrone auftrifft und diese zündet. Einen Schlagbolzen gibt es bei Revolvern nicht. Insgesamt sind Revolver weniger störanfällig als Pistolen, haben aber eine geringere Kapazität und langsamere Schussfolge.

29.3.2 Nicht letale Einsatzmittel

Hierzu zählen alle Einsatzmittel, die geeignet sind, einen Angriff abzuwehren, jedoch im Gegensatz zu Schusswaffen keine tödliche (letale) Wirkung haben. In der Beurteilung der Verhältnismäßigkeit (siehe z. B. Abschn. 5.2.3.1 Notwehr) beim Einsatz stehen sie demzufolge unterhalb der Schusswaffen.

- Schlagstock
- Mehrzweckeinsatzstock (MES) (Tonfa)
- Taser
- Elektroschockgeräte
- Reizstoffsprühgeräte (RSG)

Mit Ausnahme der MES sind solche Geräte meist nicht bei privaten Sicherheitsdiensten im Einsatz, Mitarbeiter können sie jedoch im Besitz von Angreifern vorfinden. Insoweit ist es notwendig, sie zu kennen.

Der **Schlagstock** oder in der moderneren Version als **MES** wird zu den Hiebwaffen gezählt und ist, bei richtigem Gebrauch, ein sehr wirksames Mittel, um Angriffe abzuwehren. Sein Einsatz bedarf allerdings eines intensiven Trainings.

▶   **Tipp** Im Notfall kann auch eine mitgeführte Taschenleuchte als Schlagstock verwendet werden, um Angreifer abzuwehren.

Taser und **Elektroschockgeräte** sollen Angreifer durch einen elektrischen Schlag außer Gefecht setzen.

Taser erlauben es, durch das Verschießen von zwei durch einen Draht mit dem Griff verbundenen Sonden Angreifer bereits auf einige Distanz zu bekämpfen. Bei herkömmlichen Elektroschockgeräten ist dagegen der unmittelbare Kontakt notwendig. Obwohl sie zu den nicht-letalen Einsatzmitteln zählen, ist es in der Vergangenheit bereits öfter zu Todesfällen gekommen. Insbesondere bei älteren Menschen und Menschen mit Herzerkrankungen kann der Gebrauch tödlich sein.

29.3.3 Reizstoffsprühgeräte (RSG)

Wie bei einem Deospray werden bei Bedarf gasförmige Reizstoffe aus einer Dose versprüht, um einen Angreifer kampfunfähig zu machen.

Als Wirkstoffe sind CS- oder CN-Gas (Ortho-Chlorbenzylidenmalonitril, kurz: *CS und* Chloracetophenon, kurz: *CN*) und Pfeffer gebräuchlich. Sie wirken auf Nase, Mund und Augen des Menschen mit der Folge, dass seine Sicht und/ oder seine Atmung beeinträchtigt sind. Allerdings sind Reichweite und Sprühdauer je nach Größe des Sprühgerätes begrenzt und der Einsatz in geschlossenen Räumen sollte aus nachvollziehbaren Gründen vermieden werden.

29.4   Einsatzmittel für den Verkehrsdienst

Zum betrieblichen Verkehrsdienst gehören die Regelung, Lenkung und Sicherung des Verkehrs und die Unfallaufnahme. Entsprechend lassen sich auch die Einsatzmittel nach dem Einsatzzweck kategorisieren.

29.4.1 Verkehrsregelung und -lenkung

Zur Lenkung und Regelung des Verkehrs werden in erster Linie die nach der Straßenverkehrsordnung (StVO) gültigen Verkehrszeichen verwendet und Verkehrsflächen entsprechend gekennzeichnet. Für temporäre Umleitungen beispielsweise können zusätzlich Leitkegel, Absperrschranken oder Hamburger Gitter Verwendung finden.

Darüber hinaus steht für notwendige Eingriffe in den Verkehr die gut bekannte „Kelle" – der Anhaltestab – zur Verfügung. Bestehend aus einer „grünen" und einer „roten" Seite kann er sowohl dazu verwendet werden, Fahrzeuge zu stoppen als auch den Verkehr zu regeln. Meist sind die Anhaltestäbe mit der Aufschrift „Halt! Sicherheitsdienst" versehen und sind für den Nachteinsatz beleuchtet.

29.4.2 Verkehrssicherung

Hier geht es hauptsächlich um die zeitweise Absicherung von Unfall- oder Gefahrenstellen. Auch hierfür werden die bereits bekannten Mittel verwendet.

- Warndreieck
- Leitkegel
- Warnleuchte
- Absperrschranke
- Hamburger Gitter
- Anhaltestab

29.4.3 Unfallaufnahme

Zur Unfallaufnahme ist, wenn dies zu den Aufgaben gehört, ein sogenannter **Unfallaufnahmekoffer** bereitzuhalten. Er enthält alle notwendigen Mittel zur Dokumentation des Unfalls für die Sicherheitsmitarbeiter vor Ort.

- Formular Unfallaufnahme(-bericht)
- Fotokamera
- Skizzenblock
- Vermessungswerkzeuge
- Kreide
- Absperrband
- Taschenleuchte

29.5   Einsatzmittel für den Ermittlungsdienst

Analog zum Unfallaufnahmekoffer gibt es, soweit erforderlich, einen **Tatortkoffer.** Er enthält alle nötigen Mittel und Geräte für die erste Beweisaufnahme durch Sicherheitskräfte.

- Absperrband
- Schutzkleidung
- Fotoausrüstung
- Diktiergerät
- Skizzenblöcke
- Vermessungsgeräte
- Kreide
- Nummernaufsteller zur Beweisdokumentation
- Beweismittelbehälter

Zusätzlich können noch Zelte und Beleuchtungseinrichtungen für die Arbeit bei Nacht und schlechten Witterungsverhältnissen bereitgehalten werden.

Kommunikationsmittel

30

Die taktische Bedeutung von Kommunikationsmitteln kann in modernen Einsatzszenarien nicht hoch genug eingeschätzt werden, gerade in größeren Räumen und unübersichtlichen Lagen wie z. B. beim Veranstaltungsschutz gewährleisten sie ein schnelles Eingreifen und eine zielgerichtete Koordination der Kräfte.

Kommunikationsmittel	
Drahtgebundene	**Drahtlose**
Ortsfeste Leitungsnetze (digital und analog)	Mobil-, Betriebs- und Bündelfunk
Telefon, Fax und Datenverbindungen	Mobiltelefone, Handsprechfunkgeräte usw.

Je nach technischen und räumlichen Gegebenheiten und dem Einsatzzweck wird dabei auf drahtgebundene oder drahtlose Kommunikationsmittel zurückgegriffen. Die vorstehende Übersicht zeigt die verschiedenen Arten mit ihren Anwendungen.

30.1 Festnetztelefone und -anlagen

Mit dem weiteren Ausbau der Mobilfunknetze verlieren herkömmliche Telefonanlagen immer mehr, aber noch nicht vollständig an Bedeutung. Auch in der internen Kommunikation bei Sicherheitsdiensten ist dies der Fall. Denn ortsfeste Kabelnetze haben einige nicht ganz unerhebliche Vorteile zu bieten:

© Springer Fachmedien Wiesbaden GmbH, ein Teil von Springer Nature 2023
R. Schwarz, *Geprüfte Schutz- und Sicherheitskraft (IHK)*,
https://doi.org/10.1007/978-3-658-38138-7_30

- zuverlässig in der Funktion
- unabhängig von der Stromversorgung zu betreiben (ältere Modelle ohne Zusatzfunktionen)
- hohe Abhörsicherheit

Ältere Systeme basieren auf Koaxial- oder sogar noch auch auf Kupferkabelnetzen. Neuere Leitungsnetze hingegen werden heute mit Lichtwellenleitern (LWL) für eine bessere und schnellere Übertragungsqualität ausgebaut. Gerade die Unabhängigkeit vom Strom macht ältere Telefone in Leitwarten und NSL also zum idealen Notfalltelefon. Dazu wird ein Modell bereitgehalten, das den notwendigen Strom aus der Telefonleitung selbst bezieht und bei Stromausfall die Kommunikation (und die Erreichbarkeit) länger sichert, als ein Mobiltelefon-Akku das kann.

Wegen der Nachteile von draht- und damit immer auch ortsgebundener Telekommunikationstechnik setzt sich der Mobilfunk aber immer mehr durch:

- hohe Installationskosten
- ortsgebunden
- nur an vorbereiteten Anschlüssen nutzbar
- wenig flexibel

30.2 Mobiltelefone

Insbesondere wegen der Möglichkeit des mobilen Einsatzes und nicht zuletzt auch wegen der vielfältigen Nutzungsmöglichkeiten von Smartphones ist Mobilfunk in fast alle Situationen die erste Wahl gegenüber drahtgebundenen Telefonen geworden.

- mobil einsetzbar
- keine vorbereiteten Anschlüsse notwendig
- schnelle Inbetriebnahme
- immer die gleiche Nummer für eine Person, unabhängig vom Standort
- Nutzungsmöglichkeiten von Smartphones

Je nach System und Umgebung haben sie aber eine beschränkte Reichweite und örtliche Verfügbarkeit wie in Kellern, Fahrstühlen oder auch abgeschirmten Leitwarten und NSL. Hinzu kommt, dass sie weniger abhörsicher sind als Festnetztelefone.

30.3 Funk

Die Entwicklung zivil genutzter Funksysteme ging vom Betriebs- über den Bündelfunk bis hin zum neuesten Standard TETRA. In der nachfolgenden Übersicht sind die wesentlichen Merkmale und Unterschiede der einzelnen Standards aufgeführt.

Funksysteme		
Betriebsfunk	**Bündelfunk**	**TETRA**
Reichweite bis 20 Kilometer	Exklusiv zugewiesene	Digitaler Bündelfunk
Frequenzen mehrfach vergeben	Frequenzen	Verbesserte Abhörsicherheit
Geringe Abhörsicherheit	Hohe Abhörsicherheit	und Übertragungs-
Keine Einwahl ins Telefonnetz möglich	Einwahl ins Telefonnetz möglich	qualität
Eingeschränkte Übertragungs- qualität	Gute Übertragungs- qualität	Flexibler Netzaufbau

Beim **Betriebsfunk** werden dem Nutzer nach Beantragung eine bestimmte Anzahl an Frequenzen von der Bundesnetzagentur zugeteilt, die dann über das Betriebsfunksystem genutzt werden können. Beim Betriebsfunk werden die Frequenzen allerdings mehrfach vergeben, sodass es zu Überschneidungen und Störungen kommen kann. Abhängig von den verwendeten Geräten und der Geländebeschaffenheit kann in der Praxis damit dann ein Bereich (Funkversorgungsbereich) von bis zu 15 km abgedeckt werden.

Beim **Bündelfunk** wird die Betriebsgenehmigung über eine Betreibergesellschaft beantragt, die dann auch die Frequenzbündel (dynamisch) zuteilt. Die dynamische Zuteilung nach Nutzung erlaubt eine bessere Auslastung und Verteilung der zur Verfügung stehenden Frequenzen. Diese werden auch immer nur einmal vergeben, sodass es hier zu keinen Überschneidungen mit anderen Teilnehmern kommen kann.

Im Bündelfunk ist zudem die Übertragung von Daten möglich.

TETRA (Terrestrial Trunked Radio), die historisch neueste Entwicklung, ist ein Standard für digitalen Bündelfunk, mit dem sich Universalnetze aufbauen lassen. Hierüber kann so der gesamte Betriebsfunk von Unternehmen und Behörden abgewickelt werden.

Besonderheit hier ist, dass Nebenstellen auch ohne eine zugehörige Basisstation miteinander kommunizieren können und ein einzelnes Funkgerät als Relaisstation operieren kann. Bei Funklöchern und anderen Störfaktoren ist das ein entscheidender Vorteil. Auch die Abhörsicherheit wurde durch die Übertragung verschlüsselter Daten noch einmal erhöht.

30.3.1 Funkbetrieb

Die Organisation des Funkbetriebs obliegt den jeweiligen Nutzern. Grundsätzlich unterscheidet man zwei Betriebsarten:

Funkbetriebsarten
Simplexbetrieb
Duplexbetrieb

Beim Simplexbetrieb kann jeweils nur ein Teilnehmer sprechen, Kommunikation ist gleichzeitig nur in eine Richtung möglich.

Beim Duplexbetrieb kann gleichzeitig in beide Richtungen kommuniziert werden, dies wird durch zwei parallele Frequenzen möglich.

Beim Aufbau des Funkverkehrs unterscheidet man je nach der Anordnung und Verbindung der Teilnehmer zueinander und mit der meist ortsfesten Basisstation vier Verkehrsarten:

Funkverkehrsarten
Linienverkehr
Stemverkehr
Kreisverkehr
Querverkehr

Beim Linien- und Kreisverkehr (Abb. 30.1) sind die Teilnehmer jeweils gleichberechtigt und direkt miteinander verbunden.

Beim Stern- und Querverkehr (Abb. 30.2) sind die Teilnehmer jeweils über eine Basisstation (Leitstelle) miteinander verbunden – beim Querverkehr über zwei Funkkreise hinweg.

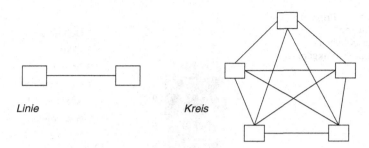

Abb. 30.1 Linien- und Kreisverkehr

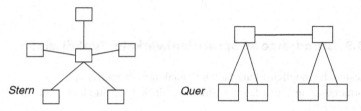

Abb. 30.2 Stern- und Querverkehr

30.3.2 Handsprechfunkgeräte

Die Abb. 30.3 zeigt den prinzipiellen Aufbau von handelsüblichen Handsprech-funkgeräten, wie sie häufig im Einsatz bei Sicherheitsdiensten sind. Insbesondere natürlich für den mobilen Einsatz bei Kontrollgängen, im Revier- und Ver-anstaltungsdienst bieten sich solche kleinen, mobilen Geräte an.

Wird ein Funkgerät übernommen, sind jedes Mal dessen Zustand und besonders die Funktionsfähigkeit und der Ladezustand zu prüfen:

- äußerliche Beschädigungen und Vollzähligkeit
- Ladezustand des Akkus
- Funktionskontrolle (Frequenzeinstellung!)

Es wird dabei gerne vergessen, die Frequenzeinstellung zu prüfen, besonders die gleiche Einstellung aller Geräte.

Abb. 30.3 Prinzipieller
Aufbau von
handelsüblichen
Handsprechfunkgeräten

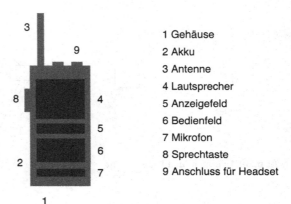

1 Gehäuse
2 Akku
3 Antenne
4 Lautsprecher
5 Anzeigefeld
6 Bedienfeld
7 Mikrofon
8 Sprechtaste
9 Anschluss für Headset

30.3.3 Grundsätze im Sprechfunkverkehr/Funkdisziplin

• Gespräche möglichst kurz halten (Kanal nicht blockieren)
• formelles „Sie", aber keine Höflichkeitsfloskeln („bitte lassen Sie das Bitte am Funk weg")
• klar und deutlich sprechen
• Eigennamen buchstabieren, einleiten mit „ich buchstabiere …"
• Zahlen eindeutig aussprechen („zwo" und „drei")
• Anruf: mit dem Namen des Teilnehmers beginnen, dann eigenen Namen nennen („Leitstelle hier Streife 1, kommen")
• Übergabe an Teilnehmer mit „kommen"
• Wer das Gespräch beginnt, beendet dies auch, Ende des Gesprächs mit „Ende"
• Fragen einleiten mit „Frage"
• Sicherheit/Datenschutz beachten (Nennung von Namen, Orten usw. nur wenn nötig)

Informations- und Dokumentationsmittel

31

31.1 Wächterkontrollsysteme

Die Wächterkontrolle dient den Bewachungsunternehmen intern als **Kontrolle über durchgeführte Tätigkeiten** (Kontrollgänge) und zum Nachweis gegenüber den Auftraggebern.

Ältere Systeme funktionieren dabei noch manuell mit Schlüsseln, während neuere Varianten mit (Chip-)Karten, per Funk oder als sogenannte App für Mobiltelefone gesteuert sind.

Das Grundprinzip ist aber allen Systemen gleich, die Sicherheitsmitarbeiter werden bei Kontrollen an bestimmten Punkten (Kontrollpunkte) registriert und die Daten zu Ort und Zeit gespeichert.

31.2 Alarmierungssysteme

Gerade in größeren Objekten werden für die Alarmierung und Evakuierung (siehe auch Kap. 22 und 23 in Teil III Brandschutz) in Gebäuden oder Gebäudekomplexen elektroakustische (Lautsprecher-)Anlagen **(ELA)** eingesetzt bei:

- Alarmierung
- Evakuierung
- Anforderung eines Ersthelfers
- sonstigen Durchsagen

© Springer Fachmedien Wiesbaden GmbH, ein Teil von Springer Nature 2023
R. Schwarz, *Geprüfte Schutz- und Sicherheitskraft (IHK),*
https://doi.org/10.1007/978-3-658-38138-7_31

Neben einem akustischen Warnsignal können so auch Lautsprecherdurchsagen an die Mitarbeiter im Gebäude getätigt werden – entweder manuell oder mithilfe vorbereiteter Aufnahmen für verschiedene Ereignisse.

Alarmauslösung → Alarmempfang → Evakuierung

Die Bereiche des Objektes sind dabei im Bedarfsfall einzeln selektierbar, wenn z. B. nur einzelne Gebäude(-teile) oder Stockwerke betroffen sind.

- Alarmmitteilung
- Einleitung der Evakuierung
- Durchsage von Verhaltensweisen
- Vermeidung von Panik
- Lenkung der Einsatzkräfte
- organisatorische Hinweise

Auch ELA sind aus Sicherheitsgründen wie Brandmeldeanlagen an die Notstromversorgung angeschlossen, um ihre Funktion jederzeit zu gewährleisten.

Bedient werden sie in der Regel dort, wo auch Alarmmeldungen empfangen werden, in zentralen Leitwarten, Leitstellen oder NSL. So ist ein enger zeitlicher Zusammenhang zwischen Alarmauslösung, -empfang und Evakuierung gegeben.

31.3   IT-Technik

Computer sind aus unserem Alltag nicht mehr wegzudenken, dies gilt natürlich auch für die Arbeit von Sicherheitsdiensten. Sie erleichtern uns unsere Arbeit, erlauben eine einfache Informationsverwaltung und -weitergabe und vernetzen uns weltweit. Grundkenntnisse in der Verwendung von Computern sollte daher jeder Mitarbeiter haben.

- Informationsmanagement in NSL,
- Betrieb und Verwaltung von GMA,
- Kommunikation in und zwischen Objekten und
- Speicherung der Videoüberwachung

sind nur einige der Aufgaben, die erst mit Hilfe von IT-Technik in der heutigen Form möglich sind.

31.3.1 PC-Arbeitsplätze

Anfang und Ende der IT-Technik für den einzelnen Sicherheitsmitarbeiter ist der PC-Arbeitsplatz. Von hier aus werden Informationen gesendet, empfangen und verwaltet.

* Videoüberwachung
* Empfang von Alarmmeldungen der GMA
* Bearbeitung von Alarmmeldungen
* Internet
* E-Mail

Dies macht eine Vernetzung einzelner Arbeitsplätze zu Netzwerken möglich.

31.3.2 Netzwerke

Wie bei einem Spinnennetz sind PC-Arbeitsplätze als Knotenpunkte über Datenleitungen miteinander verbunden. Dabei kann die Verbindung mittels Kabel oder kabellos erfolgen.

Netzwerke	
Kabellos	**Kabelgebunden**
Wireless Local Area Network (WLAN)	Local Area Network (LAN) Wide Area Network (WAN) Global Area Network (GAN)

Kabelgebundene Netze bezeichnet man je nach Ausdehnung als Local Area Network (LAN), Wide Area Network (WAN) oder Global Area Network (GAN), über den gesamten Planeten. In den meisten moderneren Objekten finden wir heute ein lokales Netzwerk (LAN), an das meist auch die Betriebssicherheit angeschlossen ist. Ihre Funktion ist jedoch identisch. Die Computer werden wie bei einem Telefon mithilfe sogenannter Netzwerkkabel und der Netzwerkkarte an das Netz angeschlossen und sind betriebsbereit.

Kabellose Technik kennen wir unter der Bezeichnung Wireless Local Area Network (WLAN). Die PCs werden hier über Funkmodule miteinander verbunden, um Informationen austauschen zu können. Die meisten von Ihnen werden das von Ihren Smartphones kennen. Auch diese lassen sich mit einem WLAN verbinden, um z. B. auf das Internet zuzugreifen.

Der Zugriff erfolgt in der Regel verschlüsselt über sogenannte Access Points, die in Cafés und in öffentlichen Verkehrsmitteln oft auch als „Hot Spots" bezeichnet werden. Der Nutzer erhält einen Schlüssel (Buchstaben-Zahlen-Code), den er in sein Gerät eingibt und sich so im Netzwerk authentifiziert.

Neben den Rechnern, die in ein Netzwerk eingebunden sind, gibt es parallel häufig auch Arbeitsplätze, die aus Sicherheitsgründen keine solche Verbindung haben. Hier können sicherheitsrelevante Aufgaben erledigt werden, ohne die Gefahr, dass Informationen über ein Netzwerk abgegriffen werden können.

Denn bei allen Vorteilen, die eine solche Technik bietet, hat sie auch gravierende Nachteile. Im Grunde kann jeder, der über ausreichend Sachverstand und die entsprechende Technik verfügt, in ein Netzwerk eindringen und dort Schaden anrichten. Genau wie im Objektschutz gibt es auch hier keine hundertprozentige Sicherheit.

31.3.3 Internet und Intranet

Das **Internet** ist als Computernetzwerk weltweit gedacht und als Informations- und Kommunikationsplattform unverzichtbar geworden. Die Übermittlung von Texten, Sprache, Bildern und ganzen Programmen (so z. B. Viren und andere Schadsoftware) gehört für fast jeden zum (Arbeits-)Alltag.

Über sogenannte Internetadressen (URL) erreicht man die Internetseiten (Websites) verschiedener Betreiber. Dazu kann jeder eine Domain beantragen, die nach folgendem Muster gestaltet ist:

www.springer.com

Nach dem obligatorischen „www" folgt, durch einen Punkt getrennt, die eigentliche Adresse („springer") und danach, wieder durch einen Punkt getrennt, die Endung („com").

Wobei die Endung das Herkunftsland angibt oder ob es sich um eine kommerzielle oder gemeinnützige Seite handelt.

Beispiele für Domain-Endungen im Internet	
.de	Deutschland
.uk	Großbritannien
.us	USA
.com	Kommerzielle Seiten
.org	Nicht-kommerzielle Seiten

Das **Intranet** hingegen umfasst lokale Informations- und Kommunikationsseiten meist von Unternehmen oder Behörden für ihre Mitarbeiter (Unternehmensnetz). Sie sind nur über das interne Netz der Firma bzw. aus dem Internet mit entsprechenden Zugangsdaten erreichbar.

... ...
... ...

Teil VI
Handlungsbereich 3: Sicherheits- und serviceorientiertes Verhalten a) Situationsbeurteilung und -bewältigung

Der Umgang mit Menschen ist gewissermaßen ein „Berufsrisiko" von Sicherheitsmitarbeitern, aber zugleich auch der spannendste Aspekt dieser Tätigkeit. Tagtäglich treffen wir im Dienst mit den unterschiedlichsten Menschen in den unterschiedlichsten Situationen zusammen. Daraus ergibt sich naturgemäß ein hohes Potenzial an möglichen Konflikten, die zu lösen, ein wesentlicher Bestandteil der Aufgabe ist.

Daher ist es zweckmäßig, die Grundlagen menschlichen Verhaltens, die Entstehung von Konflikten und das angemessene Verhalten, insbesondere bei der Kommunikation, in bestimmten Situationen zu beherrschen.

Situationsbeurteilung und -bewältigung
Grundlagen menschlichen Verhaltens
Wirkung der Person
Einflussmöglichkeiten auf das Verhalten
Verhalten in ausgewählten Situationen
Umgang mit Konflikten

Insbesondere der Umgang mit unseren Kunden stellt uns nicht selten vor einige Herausforderungen. Die Begriffe **Kundenorientierung** und **Serviceorientierung** gewinnen im Alltag stetig an Bedeutung, denn nur zufriedene Kunden erteilen uns auch weiterhin Aufträge.

Zielsetzung ist es, unser Verhalten so anzupassen, dass Konflikte bereits in der Entstehung verhindert bzw. entstandene Konflikte sachgerecht gelöst werden.

© Springer Fachmedien Wiesbaden GmbH, ein Teil von Springer Nature 2023
R. Schwarz, *Geprüfte Schutz- und Sicherheitskraft (IHK)*,
https://doi.org/10.1007/978-3-658-38138-7_32

Im Umgang mit Kunden steigert dies deren Zufriedenheit, beim Umgang mit Menschen im Dienst reduziert dies **Gefahren** durch **Früherkennung und Vermeidung** und kann z. B. eine Gewaltanwendung auf beiden Seiten verhindern.

▶ **Psychologie ist die Lehre vom (sichtbaren) Verhalten und (nicht unmittelbar sichtbaren) Erleben (Gefühle usw.) des Menschen.**

Die **Psychologie** als Wissenschaft untersucht und beschreibt menschliches Verhalten, seine Wahrnehmung, seine Gefühle und sein Erleben. Insbesondere wird versucht, verborgene Aspekte sichtbar und vorhersagbar zu machen.

Aber: Kein Mensch gleicht dem anderen. Was für die äußere Erscheinung gilt, gilt ebenso für sein Verhalten. Dennoch liegen dem Verhalten stets die gleichen **Prinzipien** zugrunde und es wird durch die gleichen **Faktoren** beeinflusst.

Ausgehend von Plato besteht die menschliche Psyche aus drei konkurrierenden Ebenen: dem **Verstand,** dem **Gefühl** und dem **Trieb.**

Sie alle beeinflussen unser Denken und Handeln in einer konkreten Situation, wobei Plato davon überzeugt war, dass die Gefühlsebene stets die Oberhand hat (dies bestätigt sich zunehmend in der neueren Forschung, wobei eine Trennung vom Trieb nicht immer gelingt).

Gefühl
Verstand
Trieb

32.1   Motiv und Motivation

Ursache und Wirkung – das alte Prinzip gilt analog für menschliches Verhalten. Jedes Verhalten hat eine Ursache, ein **Motiv.**

Wir kennen den Begriff Motiv bereits aus dem Strafrecht (Vorsatz, den Willen, einen bestimmten Taterfolg, z. B. Bereicherung, herbeizuführen) und weiten ihn an dieser Stelle auf das gesamte Verhalten des Menschen aus.

Motivation hingegen ist der Antrieb, die Aktivität, gewünschte Ziele (Motive) umzusetzen. Hier kommt also der **Handlungsaspekt,** die Umsetzung hinzu. Motivation wird dabei in der Regel durch mehrere Motive getragen.

Motive → Motivation → Verhalten

Umgekehrt lassen sich natürlich aus einem bestimmten Verhalten auch **Rück-schlüsse** auf die Motivation (Motive) eines Menschen ziehen.

Begeht jemand einen Betrug, war sein Handlungsmotiv höchstwahrscheinlich die Absicht, sich zu bereichern, und die Gelegenheit und/oder Notwendigkeit, dies zu tun.

Eine weit verbreitete Theorie zur Erklärung menschlicher Bedürfnisse als Aus-gangspunkt unseres Handelns (Motive) ist die **Bedürfnispyramide** von Maslow (siehe auch Abb. 32.1).

Demnach streben wir zuerst danach, unsere Triebe wie das Überleben, Hunger, Durst und den Sexualtrieb zu befriedigen.

Erst, wenn diese Bedürfnisse befriedigt sind, streben wir nach „Höherem", nach sozialen Kontakten, Anerkennung und Selbstverwirklichung. Diese Priori-tätenreihenfolge ist dem Menschen angeboren und dient dazu, seine Existenz zu sichern. Es ist insoweit auch unlogisch, in einer akuten Bedrohungssituation etwa an ein gepflegtes Essen oder den nächsten Karriereschritt zu denken.

Folgende Unterscheidungen der Motivation sind in der Praxis üblich:

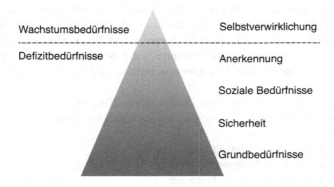

Abb. 32.1 Bedürfnispyramide nach Maslow

Motivation	
Primär (angeboren)	**Sekundär (erworben)**
Hunger	Anerkennung
Durst	Materieller Wohlstand
Überleben	Süchte (Drogen usw.)
Sex	
Innere	**Äußere**
Neugier	Anerkennung
Zufriedenheit	Zuneigung
Angst	Belohnung

Angeborene und innere Motivation wirken dabei stets stärker und nachhaltiger auf das menschliche Verhalten als erworbene und äußere Motivation. Angst wirkt also stets stärker als die Aussicht auf Belohnung, aber Achtung, Zufriedenheit wird so nicht erreicht.

32.2   Wahrnehmung

Wie wir gesehen haben, sind die Motive eines Menschen sowie dessen Eigenschaften nicht direkt erkennbar, können also nur indirekt aus seinem Verhalten geschlossen werden. Entscheidend ist demnach, wie wir eine Situation und einen Menschen wahrnehmen. Folglich beeinflusst die Wahrnehmung unser Bild und damit unsere Reaktion. Diese **Faktoren** beeinflussen dabei unsere Wahrnehmung:

- die Funktion unserer fünf Sinne (Sehen, Hören, Riechen, Tasten, Schmecken)
- innere Faktoren wie eigene Motive, Wissen, Erfahrung, persönliches Befinden, Vorurteile
- äußere Faktoren wie Umwelt, Tageszeit, Ort
- bewusstes Denken, Interesse
- unbewusste Empfindungen, Hormone
- Situation, in der die Wahrnehmung stattfindet

In diesem Sinn schafft Wahrnehmung Realität, eine objektive, für alle gültige Realität gibt es nicht. Das bedeutet, dass jeder, der an einer Situation beteiligt ist, ein unterschiedliches Bild davon haben kann und sich entsprechend der eigenen Realität „richtig" verhält. Nicht zuletzt hier liegt häufig die Ursache eines Konfliktes.

Wahrnehmung schafft Realität! – Real ist, was wir wahrnehmen.

In jedem Fall braucht es aber **Aufmerksamkeit** und **Konzentration,** um eine Situation vollständig und richtig (möglichst umfassend) zu erfassen. Lassen diese nach (Betriebsblindheit/Routine), kommt es unweigerlich zu Fehlern in der Wahrnehmung und damit auch zu Fehlern im Verhalten.

32.3   Menschenkenntnis

Ist die Fähigkeit, einem Menschen die richtigen Eigenschaften und Fähigkeiten auf der Grundlage der eigenen Wahrnehmung zuzuschreiben (ihn richtig einzuschätzen). Sie beruht im Wesentlichen auf Erfahrung, kann aber auch zu falschen Ergebnissen führen (siehe auch Abschn. 32.3.1 Erster Eindruck und Abschn. 32.3.2 Vorurteile).

32.3.1 Erster Eindruck

Ist eine Form der Wahrnehmung, die unbewusst bei der ersten Begegnung mit einem Menschen unwillkürlich ein Bild entstehen lässt. Dies geschieht innerhalb kürzester Zeit (<30 s). Er ist deswegen so wichtig, weil das dabei entstehende Bild nur schwer wieder zu korrigieren ist.

Faktoren des ersten Eindrucks
Äußere Erscheinung
Körpersprache, Stimme and Ausdruck
Alter und Geschlecht
Verhalten
Gesprochene Inhalte

Aber wir haben durchaus die Möglichkeit, den ersten Eindruck, den wir anderen von uns vermitteln, zu beeinflussen, indem wir uns der Faktoren bewusst sind und uns entsprechend präsentieren (Erscheinungsbild, Kleidung, Verhalten usw.). Man spricht hier auch von **Manipulation.**

Bemerkenswert ist, dass äußere Merkmale wie Kleidung, Mimik und Gestik einen weitaus größeren Einfluss (etwa 55 %) auf den ersten Eindruck haben als gesprochene Inhalte.

Studien haben gezeigt, dass der erste Eindruck zwar häufig zutreffend ist, jedoch nicht immer. Gerade Sicherheitsmitarbeiter sind bei der Ausübung des Dienstes darauf angewiesen, sich schnell ein Bild von anderen Menschen zu machen.

Wir sollten jedoch auf der Hut sein und uns nicht täuschen lassen. Insbesondere ein zunächst harmloser Eindruck kann uns zu Leichtsinn oder Unaufmerksamkeit verführen, aus denen dann eine Gefahr erwächst.

32.3.2 Vorurteile

Sind vorgefasste Meinungen, die meist ohne Prüfung von Dritten übernommen wurden und zu einer falschen Beurteilung einer Situation führen, da sie nicht auf Fakten beruhen. Die Folgen sind eine Vorverurteilung und daraus resultierendes falsches Verhalten. Häufig sind Vorurteile gegen:

- das andere Geschlecht
- Menschen anderer Herkunft
- Menschen anderer sozialer Schichten
- andere sexuelle Orientierung

Das daraus resultierende Fehlverhalten muss uns nicht bewusst sein. Häufig verbirgt sich nicht einmal ein Vorsatz dahinter. Trotzdem führt dies dann bei unserem Gegenüber wiederum zu einem Verhalten, das wir so nicht beabsichtigen oder vorhersehen.

- falscher Ton
- falsche Körpersprache
- unbewusste Aggressivität
- unterschwellige Beschuldigungen

Umso wichtiger ist es, einem Menschen so unvoreingenommen gegenüberzu-
treten wie möglich und jede Situation von Neuem zu beurteilen.

32.3.3 Selektive Wahrnehmung

Dies ist besonderes Phänomen in der Psychologie. Menschen nehmen, beeinflusst
durch die obigen Faktoren, in bestimmten Situationen bewusst oder unbewusst
nur einen Teil der vorhandenen Informationen wahr.

Das kann beispielsweise in der Ermittlungsarbeit vorkommen, wenn die
Ermittler zu früh eine bestimmte Theorie zum Tathergang entwickeln und die
Fakten nicht objektiv, sondern subjektiv anhand der Theorie beurteilen und so
unter Umständen zu falschen Schlussfolgerungen gelangen.

Wirkung der Person

33.1 Selbst- und Fremdbild

Selbstwertgefühl entsteht aus der Wahrnehmung und Beurteilung der eigenen Person. Es ist damit das Ergebnis des **Selbstbildes,** das ein Mensch von sich hat, wohingegen die Wahrnehmung und Beurteilung durch andere das **Fremdbild** anhand bestimmter Kriterien zeichnen:

- Leistung (Erfolge, Misserfolge)
- Wissen
- Einkommen
- Status

Aus einer positiven Selbstbeurteilung resultieren **Selbstsicherheit** und **Selbstvertrauen.** Aus einer negativen Selbstbeurteilung hingegen resultieren **Minderwertigkeitsgefühle.**

Dabei ist selbstverständlich nicht immer alles offensichtlich und für jeden einsehbar und nicht jedem wird bei der ersten Begegnung alles offenbart. Das **Johari-Fenster** von Joe Luft und Harry Ingram (Luft/Ingham, Online) verdeutlicht modellhaft, welche Bereiche beim Selbst- und Fremdbild sichtbar und welche zunächst unsichtbar sind.

© Springer Fachmedien Wiesbaden GmbH, ein Teil von Springer Nature 2023
R. Schwarz, *Geprüfte Schutz- und Sicherheitskraft (IHK),*
https://doi.org/10.1007/978-3-658-38138-7_33

Öffentliche Person (allen bekannt)	Blinder Fleck (anderen bekannt, mir unbekannt)
Mein Geheimnis (mir bekannt, anderen unbekannt)	Unbekanntes (mir und anderen unbekannt)

Mit dem Kennenlernen und dem Feedback von anderen werden der „Blinde Fleck" und „Meine Geheimnisse" zunehmend kleiner. Vorausgesetzt, ich gebe etwas von mir preis und nehme das Feedback an.

Hier spielt natürlich auch die **persönliche Ausstrahlung** eine gewisse Rolle. Kleidung, Auftreten, Sprache und Ausdruck haben einen nicht unerheblichen Einfluss darauf, wie ich von anderen wahrgenommen und beurteilt werde, insbesondere auch, ob ich „ernst genommen" werde.

33.2   Selbstwertgefühl

33.2.1 Selbstvertrauen

Das Vertrauen in die eigenen Fähigkeiten – das Selbstvertrauen – bildet die Grundlage für unser Handeln. Fehlt dieses Vertrauen, fühlen wir uns bestimmten Situationen nicht gewachsen, werden unsicher oder handeln falsch.

Entscheidend aber ist, dass ich meine Fähigkeiten richtig einschätze und mich weder über- noch unterschätze. Es ist ebenso wichtig, seine Schwächen zu kennen wie seine Stärken.

33.2.2 Selbstsicherheit

Ist eine Verhaltensweise, die Selbstvertrauen signalisiert. Insoweit ist sie eine direkte Folge von Selbstvertrauen. Tritt sie übersteigert auf oder entspricht sie nicht dem Grad der eigenen Fähigkeiten, kann sie schnell unglaubwürdig und überheblich wirken und führt dann oft zu unsachlichem Verhalten. Ursache sind meist Minderwertigkeitsgefühle.

33.2.3 Minderwertigkeitsgefühl

Resultiert aus einer negativen Selbstbeurteilung und führt zu fehlendem Vertrauen in die eigenen Fähigkeiten und damit zu unsicherem Verhalten und Handeln. Ursachen können Misserfolge, soziale Ablehnung oder aber die Fehleinschätzung der eigenen Leistungen sein.

Fazit

Eine realistische Selbsteinschätzung führt zu einem angemessenen Selbstvertrauen und damit zu angemessenem Verhalten und Handeln. ◄

Einflussmöglichkeiten auf das Verhalten

34.1 Situationsanalyse

Von Sicherheitsmitarbeitern wird erwartet, dass sie sich je nach Situation richtig bzw. angemessen verhalten. Voraussetzung hierfür ist eine richtige Analyse und Beurteilung der Situation durch den Handelnden.

Nur so kann er sein Verhalten an die Situation anpassen und zum gewünschten Ergebnis gelangen – nicht zuletzt aus sicherheitstechnischen Gründen ist es notwendig, eine Situation vollständig und richtig zu erfassen, um Gefahren frühzeitig zu erkennen.

Richtiges Verhalten bedeutet also Sicherheit in der Aufgabenwahrnehmung und Zufriedenheit bei Kunden.

Schritte der Situationsanalyse
Lagefeststellung
Lagebeurteilung
Abwägen der Möglichkeiten des Handelns
Entschluss

Die Situationsanalyse sollte dabei in drei **voneinander unabhängigen Denkschritten** erfolgen: die Lagefeststellung, die Lagebeurteilung und das Abwägen der Möglichkeiten – gefolgt vom Entschluss.

Die nachfolgenden, hier kurz beschriebenen Schritte stammen ursprünglich aus dem militärischen Gebrauch, wurden aber für die polizeiliche Arbeit und auch in der Wirtschaft adaptiert und haben sich dort ebenso bewährt – vor allem bei komplexen Einsatzszenarien, dann allerdings deutlich umfassender.

© Springer Fachmedien Wiesbaden GmbH, ein Teil von Springer Nature 2023
R. Schwarz, *Geprüfte Schutz- und Sicherheitskraft (IHK)*,
https://doi.org/10.1007/978-3-658-38138-7_34

34.1.1 Lagefeststellung

Im ersten Schritt geht es um die Beobachtung und Beschreibung von Fakten, die zunächst noch nicht bewertet werden. Am Ende soll ein möglichst umfassendes und objektives Bild der Situation stehen.

Je nach Situation, Zeitdruck und Komplexität wird das Lagebild schnell im Kopf oder auch schriftlich gezeichnet. Erfolgt die Lagefeststellung schriftlich, bietet sich eine stichpunktartige Aufzählung der Fakten an. Vergleichbar ist das Ergebnis mit der Sachverhaltsbeschreibung, die Sie aus dem Rechtsteil kennen (siehe Beispiel Tatbestandsmäßigkeit Hausfriedensbruch in Abschn. 5.2.4.1.1).

Wer tut was, wann, wie, wo und warum?

- Anzahl und Art der Personen (Kleidung, Akzent usw.)
- Verhalten und vermutete Absicht
- Eigenschaften der Örtlichkeit (Hindernisse, Gefahren, tote Winkel, Rückzugsmöglichkeiten usw.)
- Witterung (Sicht, Bewegungsfreiheit)
- zur Verfügung stehende Einsatzmittel, Verstärkung usw.
- Vorgaben des Auftrags

34.1.2 Lagebeurteilung

Dies ist der wichtigste Schritt in der Analyse. Hier werden die zunächst nur gesammelten Fakten bewertet. Die zentrale Frage ist: Welche Bedeutung haben die Fakten für mich, meinen Auftrag und mein Verhalten?

Dazu wird den handelnden Personen eine vermutliche und wahrscheinliche Absicht unterstellt und die Situation aufgrund dieser Beurteilung gedanklich fortgeschrieben.

Gehen Sie dabei immer von dem Verhalten aus, das sich am ungünstigsten auf Sie und Ihren Auftrag auswirken würde.

Wenn Sie im Revierdienst an ein Objekt kommen und dort eine unverschlossene Tür feststellen, kann es natürlich sein, dass die Hausbesitzer lediglich vergessen haben, abzuschließen.

Ebenso wahrscheinlich ist es jedoch, dass sich mehrere bewaffnete Einbrecher im Haus befinden und Ihnen nicht freiwillig zum nächstgelegenen Polizeirevier folgen werden.

34.1.3 Abwägen der Möglichkeiten des Handelns

Aus dem Schritt der Lagebeurteilung ergeben sich eine oder mehrere Handlungsalternativen für Sie (schließe ich das Gebäude einfach ab? Betrete ich das Gebäude, um festzustellen, ob alles in Ordnung ist? Oder rufe ich Verstärkung?). Diese Handlungsalternativen werden nun auf ihr Risiko, mögliche Konsequenzen usw. hin bewertet – dabei spielt natürlich eine große Rolle, welche Konsequenzen sich speziell für den auszuführenden Auftrag ergeben.

34.1.4 Entschluss und Umsetzung

Anschließend entscheiden Sie sich für eine der Alternativen – in der Regel wird es die sein, die es Ihnen ermöglicht, Ihren Auftrag durchzuführen und dabei das geringste Risiko aufweist.

Entspricht das Resultat nicht Ihren Erwartungen, ist ein erneuter Einstieg in die Lagefeststellung und die folgenden Schritte nötig.

34.2 Verhaltensfehler

Ausgehend von der Annahme, dass sich jeder Mensch in jeder Situation aus seiner Sicht richtig verhält, ergeben sich im Wesentlichen drei Quellen für falsches Verhalten. Entweder wird die Situation unvollständig oder falsch wahrgenommen, falsch beurteilt oder es werden die falschen Schlüsse aus den Fakten gezogen.

- Wahrnehmungsfehler
- Beurteilungsfehler
- Entscheidungsfehler

Verhalten in bestimmten Situationen 35

35.1 Verhalten gegenüber Gruppen

Unter **sozialen Gruppen** versteht man eine Anzahl von Personen, die in einer bestimmten Beziehung zueinander stehen, gemeinsame Ziele verfolgen und eigene Werte und Normen haben.

35.1.1 Formelle Gruppen

Als formelle Gruppe werden Gruppen bezeichnet, deren Zusammensetzung, Struktur und Normen meist von außen vorgegeben sind (z. B. Schicht, Team usw.). Geführt werden sie von einem formellen Gruppenführer (Schichtführer, Teamleiter usw.).

35.1.2 Informelle Gruppen

Informelle Gruppen finden sich freiwillig zusammen, meist zur Verfolgung eines gemeinsamen Zieles, verfügen aber ebenso wie formelle Gruppen über Strukturen, Normen und einen Führer (Interessengemeinschaften, Protestgruppen, Jugendbanden usw.).

© Springer Fachmedien Wiesbaden GmbH, ein Teil von Springer Nature 2023 313
R. Schwarz, *Geprüfte Schutz- und Sicherheitskraft (IHK)*,
https://doi.org/10.1007/978-3-658-38138-7_35

35.1.3 Gruppendynamische Prozesse

Zwischen den Gruppenmitgliedern entsteht während der Gruppenbildung ein umfangreiches Beziehungsgeflecht, ein Prozess, der auch in der Teambildung (siehe Kap. 44 Teamarbeit) zu beobachten ist. Dort gelten im Wesentlichen die gleichen Gesetze. Vereinfacht gesagt: Die Gruppe findet und gibt sich eine Struktur mit eigenen Regeln, Normen und Prozessen.

- (Führungs-)Struktur, Verteilung von Macht
- Rollen
- Ziele und Wünsche, die verfolgt werden
- Regeln und Normen, die eingehalten werden
- strenges Gerechtigkeitsempfinden
- Entscheidungsprozesse
- Umgang mit Dritten und anderen Gruppen
- interne Arbeits- und Aufgabenteilung (wer kann was am besten?)
- interner Wettbewerb

Auch bei formellen Gruppen bildet sich eine nicht immer sichtbare informelle Struktur bis hin zur Herausbildung eines informellen Gruppenführers, der im Hintergrund die Fäden zieht und Entscheidungen beeinflusst. Das wird immer dann deutlich, wenn der formelle Gruppenführer (z. B. Teamleiter) Entscheidungen trifft, die den Gruppennormen widersprechen.

35.1.4 Verhaltensempfehlungen

Beiden Formen ist gemein, dass ein Zusammentreffen stets ein Zusammentreffen mit der Gruppe bedeutet. Ziel einer Ansprache sollte daher immer der Gruppenführer sein (möglichst unter vier Augen), da er in aller Regel die Entscheidungen für die Gruppenmitglieder trifft.

Ebenso wird eine Konfrontation mit einem einzelnen Gruppenmitglied eine Einschaltung der gesamten Gruppe nach sich ziehen, hier sind folglich ein höheres Konfliktpotenzial und eine erhöhte Gefahr für Sicherheitsmitarbeiter beim Einschreiten gegeben.

Insbesondere Drohungen und Einschüchterungsversuche werden die Gruppe nur mehr zusammenschweißen, der Sicherheitsmitarbeiter wird schnell zu einem gemeinsamen Feindbild der Gruppe und eine Eskalation in der Folge wahrscheinlicher.

35.2 Verhalten bei Menschenmengen und Panik

Gegenüber Gruppen sind Menschenmengen nur lockere Ansammlungen von Personen, die über keine gemeinsamen Beziehungen, Strukturen oder Normen verfügen. Meist hat ihr Zusammentreffen jedoch ein **gemeinsames Ziel** oder einen **gemeinsamen Zweck**.

- Demonstrationen
- Veranstaltungen
- Passanten in einem Einkaufszentrum
- Schaulustige an Unfall- oder Tatorten

Gerät eine Menschenmenge durch einen Auslöser wie Angst, eine Explosion, ein Feuer oder das Auftreten von Sicherheitskräften in Bewegung, spricht man von einer **akuten Masse**.

35.2.1 Panik

In der Folge kann es leicht zu einer **Panik** kommen, in der sich die Menschenmenge nicht mehr oder nur noch schwer kontrollieren und lenken lässt. Die Masse ist dann gekennzeichnet durch:

- herabgesetzte Beobachtungs- und Urteilsfähigkeit (Herdentrieb)
- starke Gefühlsbetontheit (Überlebenstrieb)
- plötzliche, unkontrollierte Reaktionen und Bewegungen

Ursache ist der starke Überlebensinstinkt des Menschen. Instinktiv versucht er, vor einer drohenden Gefahr zu fliehen und blendet dabei alle dafür nicht wesentlichen Dinge aus, was zu einer reduzierten Verstandesfunktion führt. Insbesondere bei Veranstaltungen in geschlossenen Räumen wie z. B. bei Konzerten ist das Risiko einer Panik hoch.

Erscheinungsformen der Panik		
Panikstimmung	**Panikstarre**	**Paniksturm**
Zustand intensiver Angst vor einer bestimmten oder unbestimmten Gefahr – meist unbestimmtes Gefühl einer lebens- bedrohlichen Situation	Bewegungs- losigkeit des Körpers durch Panik oder einen Schockmoment	Meist durch einen Auslöser verursachte Flucht (der Masse) vor der als lebensbedrohlich empfundenen Gefahr

35.2.2 Flaschenhalseffekt

Läuft die Bewegung in geschlossenen Räumen auf Notausgänge oder bei Freiflächen auf Ausgänge oder Zaundurchlässe zu, kann es dabei zum sogenannten
Flaschenhalseffekt kommen, indem die Ausgänge durch die flüchtende Menge
verstopft werden. Ähnlich wie bei einem Trichter, den man zu schnell füllt,
sodass der Inhalt nicht schnell genug abfließen kann.

35.2.3 Verhaltensempfehlungen

Droht eine Panik, sind Sicherheitsmitarbeiter vor Ort in besonderem Maße
gefordert. Ihr besonnenes Einschreiten kann im Zweifel über Leben oder Tod entscheiden.

- beruhigend auf die Menschenmenge einwirken (Lautsprecherdurchsagen usw.)
- Überblick und Ruhe bewahren
- kurze und präzise Anweisungen erteilen
- Bewegung der Menge verlangsamen oder stoppen
- nach Möglichkeit in kleinere Gruppen aufteilen

35.2.4 Einsatzplanung

In jedem Fall muss eine Einsatzplanung die Möglichkeit einer Panik berücksichtigen und entsprechende Gegenmaßnahmen vorsehen. Die Verhinderung einer Panik durch geordnete Evakuierung muss dabei oberste Priorität haben.

- Einweisung und Information des Sicherheitspersonals
- ausreichend große und beleuchtete Notausgänge
- freie Rettungswege
- die Möglichkeit, die Masse anzusprechen und Weisungen zu erteilen (Lautsprecheranlage usw.)

Umgang mit Konflikten **36**

Es gibt ebenso viele Anlässe für Konflikte, wie es Anlässe für Gespräche gibt. Ein Konflikt entsteht immer dann, wenn zwei gegensätzliche Interessen aufeinandertreffen.

▶ **Konflikt** ist die Auseinandersetzung zweier gegensätzlicher Interessen.

36.1 Arten von Konflikten

Konflikte können sich auf jede erdenkliche Person, Sache, Rechte, Normen und Wertvorstellungen, Meinungen und Ziele beziehen. Kurz gesagt, alles und jeder kann **Gegenstand eines Konfliktes** sein. Beispielhaft seien folgende fünf genannt:

- **Interpersonale Konflikte** (Konflikte zwischen mindestens zwei Personen)
- **Zielkonflikte** (gegensätzliche Ansichten über Ziele)
- **Rollenkonflikte** (gegensätzliche Ansichten über die Rolle und das Rollenverhalten)
- **Beziehungskonflikte** (gegensätzliche Ansichten über Inhalt, Art und Weise der Beziehung)
- **Generationenkonflikt** (unterschiedliche Werte und Normen, Auflehnung gegen Ältere zur Identitätsfindung)

© Springer Fachmedien Wiesbaden GmbH, ein Teil von Springer Nature 2023
R. Schwarz, *Geprüfte Schutz- und Sicherheitskraft (IHK)*,
https://doi.org/10.1007/978-3-658-38138-7_36

36.2 Entstehung von Konflikten

Bereits eine einfache Zugangskontrolle kann zum Konflikt führen, wenn der Zutritt verweigert werden muss (Interesse, zu passieren ↔ Interesse, Zugang nur unter bestimmten Voraussetzungen zu gewähren).

Im Sicherheitsdienst kennen wir drei grundsätzliche **Anlässe,** die zur Entstehung von Konflikten führen können:

* Konflikte, zu denen ein Mitarbeiter gerufen wird (Nachbarschaftsstreit)
* Konflikte, die durch einen Mitarbeiter entstehen (Zugangskontrolle)
* Konflikte im Innenverhältnis (Konflikte unter Mitarbeitern oder mit Vorgesetzten)

Anzeichen für einen entstehenden Konflikt können sein:

* **verbal** (Themenwechsel, veränderte Wortwahl usw.)
* **nonverbal** (Gestik, Mimik, Anspannung, Zurückweichen, Lautstärke, Tonlage usw.)

Jedoch sind solche Signale fast nie eindeutig als Anzeichen eines bevorstehenden Konflikts erkennbar. Umso wichtiger ist es, auf Signale und **Verhaltensänderungen** zu achten und kommunikativ, deeskalierend einzugreifen.

36.3 Stress, Frustration und Aggression

Eine Ursache für Konflikte können Aggressionen sein, die aus Stress oder Frustration resultieren. Hingegen können Stress und Frustration auch von ungelösten (Vermeidung oder Unterdrückung) Konflikten herrühren.

36.3.1 Frustration

Ist ein stark negatives Gefühl, das entsteht, wenn ein Mensch seine angestrebten Ziele nicht verwirklichen kann. Die Frustration ist dabei umso größer, je wichtiger das Ziel, je mehr Energie bereits in die Verwirklichung gesteckt wurde und je häufiger Hindernisse auftauchen. In der Folge können eine aggressive

Stimmung und aggressives Verhalten entstehen, aber auch Minderwertigkeitsgefühle und Krankheiten.

36.3.2 Aggression

Ist ein Verhalten, das darauf abzielt, andere Menschen und deren Interessen zu verletzen oder zu zerstören, entweder körperlich oder verbal. Dabei kann sich die Aggression ersatzweise auch gegen andere Menschen oder Sachen richten (Vandalismus), wenn die eigentliche Ursache der Aggression nicht „verfügbar" oder zu mächtig ist (z. B. der Chef), hier spricht man von Aggressionsverschiebung.

36.3.3 Stress

Ist eine Überlastung oder Überbeanspruchung des Körpers oder des Geistes durch lang anhaltende negative Reize wie Lärm, Misserfolge, Zeitdruck, soziale Ausgrenzung, Mobbing usw. Auch hieraus kann aggressives Verhalten entstehen, Stress führt aber auch oft zu physischen und psychischen Krankheiten (Burnout, Magenkrankheiten usw.).

36.4 Konfliktverlauf

Das Ebenenmodell zur Analyse von Konflikten von Friedrich Glasl (2009) verdeutlicht gut die Entstehung und den Verlauf von Konflikten. Das neunstufige Modell kennt drei Ebenen, die die folgende Abbildung zeigt.

In den ersten drei Phasen herrscht eine **Win-win-Situation,** es gibt keine Verlierer und beide Seiten sind (noch) zufrieden. In der vierten bis sechsten Phase herrscht eine **Win-lose-Situation,** es gibt mindestens einen Gewinner und einen Verlierer. In den letzten drei Phasen herrscht hingegen eine **Lose-lose-Situation,** es gibt keine Gewinner mehr. Alle Seiten verlieren und nehmen Schaden an dem Konflikt.

Vereinfacht gesagt schaukeln sich die Konfliktparteien gegenseitig hoch und tragen so zur Eskalation bei, ohne sich dieses Kreislaufs bewusst zu sein.

Konfliktverlauf nach Friedrich Glasl
1. Verhärtung der Standpunkte
2. Polarisation und Debatte
3. Schaffung von Tatsachen
4. Abwertung der anderen Seite, Suche nach Verbündeten
5. Selbstgerechtigkeit sowie Gesichtsverlust
6. Drohungen und Machtdemonstration
7. Legitimierung von Gewalt
8. Vernichtung des Gegners als Bedingung des Überlebens
9. Totale Konfrontation

36.5   Deeskalation

Deeskalation ist eine Aufgabe des **Konfliktmanagements** mit dem Ziel, Konflikte in ihrer Entstehung zu verhindern bzw. zu lösen.

Je früher in einen entstehenden Konflikt eingegriffen wird, umso wahrscheinlicher werden eine Unterbrechung der fortschreitenden Eskalation und eine sachgerechte Lösung.

Insbesondere in den ersten drei Phasen ist dies aufgrund der Win-win-Situation gut möglich, da beide Seiten ihr Gesicht wahren können.

- Trennung der Konfliktparteien, insbesondere bei Gewalt
- ruhig und gelassen bleiben
- Emotionen herauslassen oder abschwächen
- Verständnis für das Gegenüber signalisieren
- Ursachen des Konflikts erfragen
- sachlich bleiben und argumentieren
- die Regeln der Kommunikation beachten (aktives Zuhören, unterbewusste Botschaften bewusst machen usw.)
- gemeinsam Kompromiss suchen und Regeln festlegen

Exkurs: Dickes-Fell-Konzept

Dieses Konzept stammt aus dem Buch Rhethorische Deeskalation von Prof. Fritz Hücker aus dem Jahr 1997 und kann helfen, in einer Konfliktsituation ruhig zu bleiben und den Konflikt zielgerichtet zu deeskalieren und zu lösen.

Dickes-Fell-Konzept
Eigene emotionale Befindlichkeit beeinflussen Etwas unerträglich, nicht hinnehmbar finden, empört sein usw.
Die Sicht des anderen einnehmen Wie sieht mein Gegenüber das und warum?
Enttäuschungsschwelle erhöhen Bewusst über Enttäuschungen hinwegsehen, Gesagtes nicht persönlich nehmen, über der Situation stehen
Aggressionstoleranz erhöhen Dinge überhören oder bewusst positiv interpretieren, Beleidigungen nicht auf sich beziehen, sich nicht provozieren lassen usw.

Im Wesentlichen geht es also darum, sich von einer Situation emotional nicht gefangen nehmen zu lassen, sondern einen kühlen Kopf und den nötigen Abstand zu wahren – und darüber hinaus die Sicht des Gegenübers einzunehmen. Eine Technik, die es vielleicht lohnt, einmal zu trainieren.

Das vollständige Konzept finden Sie auf den Internetseiten der Verwaltungsberufsgenossenschaft (www.vbg.de).

Literatur

Bücher

Glasl F (2009) Konfliktmanagement. Ein Handbuch für Führungskräfte, Beraterinnen und Berater. Haupt, Bern

Teil VII

Handlungsbereich 3: Sicherheits- und serviceorientiertes Verhalten b) Kommunikation

Grundlagen der Kommunikation 37

Kommunikation beschreibt den Austausch von Informationen zwischen einem Sender und einem Empfänger. Sie stellt somit eine spezielle Form der Interaktion von Menschen dar.

37.1 Kommunikationsmodelle

Zur Beschreibung dessen, was im Kommunikationsprozess geschieht, wie Kommunikation erlebt und verstanden wird, sind im Laufe der Zeit verschiedene Modelle entwickelt und untersucht worden. Die wichtigsten sollen in diesem Kapitel kurz dargestellt werden.

Kommunikationsmodelle
Sender-Empfänger-Modell
Eisbergmodell
Vier Seiten einer Nachricht

37.1.1 Sender-Empfänger-Modell

Soll Kommunikation vollständig sein, erfolgt auf das Senden einer Nachricht eine Rückkoppelung in Form eines Feedbacks (vgl. Abb. 37.1).

Wie dieses Feedback sinnvollerweise gestaltet werden sollte, sehen wir später im Abschn. 37.3 Aktives Zuhören.

© Springer Fachmedien Wiesbaden GmbH, ein Teil von Springer Nature 2023
R. Schwarz, *Geprüfte Schutz- und Sicherheitskraft (IHK)*,
https://doi.org/10.1007/978-3-658-38138-7_37

Abb. 37.1 Sender-
Empfänger-Modell

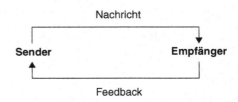

Kommunikationselemente	
verbal (wörtlich) Sprache, Schrift	**paraverbal** (ausdrücklich) Stimmlage, Lautstärke, Betonung
nonverbal (körperlich) Körpersprache (Mimik, Gestik)	**extraverbal** (äußerlich) äußere Erscheinung, Kleidung, Haare

Man unterscheidet bei der Kommunikation zwei Arten der Übermittlung von Botschaften, verbale (sprachliche) und nonverbale (nicht sprachliche), wobei die nonverbale Kommunikation etwa 80 bis 90 % der gesamten Kommunikation ausmacht, die verbale hingegen nur etwa 10 bis 20 %.

Im Dienstalltag ist es daher wichtig, besonders auf die **Körpersprache** seines Gegenübers zu achten und diese richtig zu deuten – aber eben auch auf die eigene Körpersprache.

Zum nonverbalen Bereich gehören Mimik (Gesichtsausdruck), Gestik (Hand- und Kopfbewegungen) und die Körperhaltung. Selbst wenn ich sprachlich nicht kommuniziere (schweige), kann ich doch durch z. B. Nicken oder Kopfschütteln eine Botschaft übermitteln.

Es ist nicht möglich, nicht zu kommunizieren!

Botschaften kann ich extra- und paraverbal unterstützen oder aber auch zunichtemachen. Kleidung, äußere Erscheinung, Stimmlage, Lautstärke usw. signalisieren meinem Gegenüber (bzw. werden von diesem so interpretiert) Dinge wie Status und Stellung, Selbstbewusstsein oder Minderwertigkeitsgefühle, meinen Respekt für den Anlass (durch angemessene Kleidung bei einer Hochzeit beispielsweise) und vieles mehr.

Man stelle sich als extremes Beispiel einen kleinen und hageren, schlampig gekleideten Mann vor, der einen Befehl erteilt und dessen leise Stimme dabei vor Unsicherheit bebt.

37.1.2 Eisbergmodell

Wie sich bei einem Eisberg der größte Teil unter der Wasseroberfläche befindet, findet Kommunikation zum größten Teil unter der sprachlichen Oberfläche – auf der unbewussten Ebene – statt. Nur ein geringer Teil erfolgt tatsächlich bewusst (Eisbergmodell nach Freud, von Ruch und Zimbardo).

Entscheidend ist demnach nicht nur, **was** ich sage, sondern auch, **wie** ich es sage: Stimme, äußere Erscheinung, Mimik und Gestik unterstützen meine Botschaft oder kehren sie gar ins Gegenteil.

37.1.3 Vier Seiten einer Nachricht

Kombinieren wir das Sender-Empfänger-Modell mit den sogenannten Vier Seiten einer Nachricht, einem Modell von Schulz von Thun, ergibt sich das Bild wie in Abb. 37.2 dargestellt.

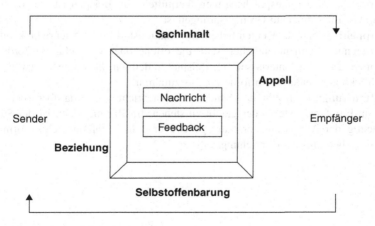

Abb. 37.2 Vier Seiten einer Nachricht

Dieses Modell verdeutlicht, dass mit einer **bewussten Nachricht** auch **unbewusst** drei weitere **Inhalte** gesendet werden (können). Das nachfolgende Beispiel soll dieses Prinzip verdeutlichen.

Beispiel

Ihr Beifahrer sagt, kurz nachdem die Ampel auf Grün gesprungen ist: „**Grüner wird es nicht.**"
Neben den eigentlichen Worten enthält die Aussage nun aber noch weitere Inhalte:

1. Sachinhalt (Fakten): Die Ampel ist grün.
2. Selbstkundgabe (wie ich mich fühle, was ich darüber denke): Ich hab es eilig und will nicht warten.
3. Beziehung (wie ich zum Empfänger stehe): Nichts kannst du, immer muss man dir alles sagen.
4. Appell (Aufforderung): Fahr los!
   Als Reaktion darauf fahren Sie bewusst ruckartig an.

Und wieder enthält diese Botschaft, die Sie an den Beifahrer zurücksenden, mehr als nur eine Inhaltsebene. ◄

Sachinhalt: Hier werden die „nackten" Fakten übermittelt. Meist ist dieser Teil der vom Sender beabsichtigte Hauptinhalt der Nachricht, er möchte eine Information an den Gesprächspartner übermitteln. Im Beispiel ist dies der reine Fakt, dass die Ampel auf Grün gesprungen ist.

Appell: Neben dem eigentlichen Informationsteil einer Nachricht kann ein aktivierendes Element enthalten sein, die offene oder versteckte Aufforderung zu einem Tun oder Unterlassen. Im Beispiel finden wir die versteckte (weil nicht ausdrücklich geäußerte) Aufforderung, loszufahren.

Beziehung: Hier gibt der Sender der Nachricht etwas darüber preis, wie er zum Empfänger steht oder glaubt zu stehen. Im Beispiel oben ist der Sender eindeutig der Auffassung, er hätte gegenüber dem Empfänger eine Form von Weisungsbefugnis oder Erziehungsauftrag.

Selbstoffenbarung: Auf dieser Ebene offenbart der Sender etwas über sich selbst, über seine Gefühle, Ansichten und unter Umständen seine Wertvorstellungen. Im Beispiel könnte dies z. B. seine Ungeduld, aber auch Unbehagen sein, so lange im Auto sitzen zu müssen.

Ebenso, wie es auf Seiten des Senders bis zu vier Ebenen gibt, gibt es diese auch beim Empfänger. Im Ergebnis kommt es nicht darauf an, was und wie es gesagt wurde, sondern darauf, wie der Empfänger es aufnimmt und interpretiert.

- Sach-Ohr
- Appell-Ohr
- Beziehungs-Ohr
- Partner-Diagnose-Ohr

Beiden Seiten kommt somit die gleiche Pflicht zu, Kommunikation erfolgreich und ohne Missverständnisse zu gestalten.

37.2 Fehler in der Kommunikation

So vielschichtig wie Kommunikation ist, so vielfältig sind auch die Fehlerquellen. Da beide Seiten sozusagen gleichberechtigt an der Kommunikation beteiligt sind, sind auch Fehlerquellen auf beiden Seiten des Kommunikationsgeschehens denkbar.

Kommunikation findet, wie wir gesehen haben, auf verschiedenen Ebenen statt, wobei die meisten Nachrichten unbewusst gesendet und empfangen werden. Ebenso entstehen natürlich auch die meisten Fehler bei Sender und Empfänger unbewusst.

Fehlerquellen der Kommunikation	
Sender	**Empfänger**
Übermittlungsfehler Schlechte Funkverbindung, laute Umgebung, undeutliche Aussprache usw.	**Empfangsfehler** Schlechte Funkverbindung, laute Umgebung, Schwerhörigkeit usw.
Übersetzungsfehler Wahl der falschen Sprache, Zeichen usw.	**Übersetzungsfehler** Versteht die Sprache, Zeichen nicht usw.
Absicht Verbergen der Absichten, Lügen usw.	**Absicht** Erkennt die Absicht nicht, lässt sich täuschen, verfolgt eigene Absichten usw.
Interpretationsfehler Die Situation, Beziehung zum Empfänger usw. wird falsch eingeschätzt: Ich sage etwas, das ich nicht sagen will usw.	**Interpretationsfehler** Der Inhalt der Nachricht wird falsch interpretiert: Ich höre etwas, das der Sender nicht gesagt hat oder nicht sagen wollte usw.

Sind sich **Sender und Empfänger** über die Fehlerquellen bewusst, können sie ihr Verhalten besser steuern und Missverständnisse vermeiden.

Bewusste Kommunikation, das Bewusstsein für sich selbst, sein Gegenüber und die Situation ist folglich der Schlüssel zum Erfolg.

Kommt zu diesem Bewusstsein ein **Feedback** hinzu, lassen sich die meisten Fehler und damit Missverständnisse vermeiden.

37.3   Aktives Zuhören

Das aktive Zuhören ist eine Technik zur Vermeidung von Fehlern in der Kommunikation. Der Empfänger beschränkt sich dabei nicht auf die passive Aufnahme von Informationen, sondern gibt aktiv Feedback und dies nach Möglichkeit auf allen Ebenen.

Aktives Zuhören		
Konzentrieren	→	Aufmerksamkeit auf den Sender, Blickkontakt, Nicken usw., keine spontanen Reaktionen, Entgegnungen, Kommentare usw., während der Sender spricht
Zusammen-fassen	→	Spiegelung des Gesagten durch eine kurze Zusammenfassung
Einladen	→	Interesse zeigen, bitten, mehr zu erzählen
Ernstnehmen	→	Keine Ratschläge, eigenen Beiträge, Wertschätzung der Gedanken des Senders
Klären	→	Überprüfen des Gehörten durch Fragen

37.4   Frageformen

Im Wesentlichen bedeutet aktives Zuhören neben dem Zeigen von Aufmerksamkeit und Interesse also, Fragen zu stellen.

Hierfür stehen uns, je nach Zweck und Situation, verschiedene Frageformen zur Verfügung. In der Gesprächsführung (nicht nur beim aktiven Zuhören) bedeutet dies, die richtige Fragetechnik einzusetzen, das Gespräch zu führen und in die gewünschte Richtung zu lenken.

Frageformen		
Offene Fragen	→	W-Fragen können nicht mit Ja oder Nein beantwortet werden, öffnen ein Gespräch „Wie meinen Sie das?"
Geschlossene Fragen	→	Beantwortung mit Ja oder Nein, ersticken ein Gespräch „Mögen Sie Kaffee?"
Alternativfragen	→	Lässt nur die gegebenen Antworten zu „Möchten Sie Kaffee oder Tee?"
Suggestivfragen	→	Beeinflussen den Gefragten in der Antwort durch Vorgabe der richtigen „Sie machen das doch gern, oder (etwa nicht)?"
Gegenfragen	→	Ohne selbst eine Antwort zu geben, wird eine Frage erwidert „Wie sehen Sie denn das?"

Schon mit dem Stellen von Fragen haben wir also die Möglichkeit, ein Gespräch zu beeinflussen, indem wir die Antwort offen lassen (offene Fragen) oder eingrenzen (geschlossene Fragen, Alternativfragen) oder gar vorgeben (Suggestivfragen).

WER FRAGT, FÜHRT DAS GESPRÄCH!

Ein Merksatz, der im späteren Verlauf, wenn es um die Befragung von Personen geht, wieder von Bedeutung wird.

37.5   Territorialverhalten und Distanzzonen

Die Distanz zum Gesprächspartner spielt in der Kommunikation eine nicht unbedeutende Rolle. Insbesondere bei Konflikten kann eine Verletzung der Distanzzonen (Eindringen in unser Territorium) eskalierend wirken.

Distanzen
Intime Zone bis 0,6 Meter
Privatzone 0,6 bis 1,50 Meter
Geschäftliche Zone 1,50 bis 4,00 Meter
Öffentliche Zone ab 4,00 Meter

Wir wollen und müssen entscheiden können, wen wir wie nah an uns heranlassen. Nimmt man uns diese Entscheidung ab, indem man uns ungefragt zu nahe kommt, fühlen wir uns bedrängt oder gar bedroht. Deshalb fühlen wir uns z. B. in Aufzügen und vollen Verkehrsmitteln immer etwas unwohl.

Im Dienst sollten Sie daher stets darauf achten, dass Sie die geschäftliche Zone nur im Ausnahmefall verlassen und Ihrem Gesprächspartner nicht näher als notwendig kommen.

Als Sicherheitsmitarbeiter haben Sie in den unterschiedlichsten Situationen Gespräche mit Menschen zu führen. Die vorstehenden Grundlagen der Kommunikation sollen Ihnen dabei helfen, diese Gespräche sachgerecht zu führen.

Der Verlauf ist immer abhängig von den **Motiven** der Beteiligten, der **Situation,** dem **Ziel,** das erreicht werden soll, und der **Gesprächsführung** selbst.

Anlässe für Gespräche im Sicherheitsdienst können z. B. sein:

- Zugangs- und Personenkontrollen
- Ermittlungen
- Hilfestellungen
- Gespräche mit Kunden/Auftraggebern
- Mitarbeitergespräche mit ihrem Vorgesetzten

Typischerweise lassen sich die folgenden drei **Phasen eines Gespräches** unterscheiden :

1. **Gesprächseröffnung**
   - Begrüßung (Erster Eindruck)
   - Vorstellung
   - Namen des Gesprächspartners erfragen
   - Möglichst positiver Einstieg, ohne Aggression, offene Körperhaltung

2. **Gesprächsführung**
   - Grund des Gesprächs/Absicht nennen
   - Nach Möglichkeit begründen

© Springer Fachmedien Wiesbaden GmbH, ein Teil von Springer Nature 2023   337
R. Schwarz, *Geprüfte Schutz- und Sicherheitskraft (IHK),*
https://doi.org/10.1007/978-3-658-38138-7_38

- Gesprächsverlauf nach den Grundlagen der Kommunikation
- (Wahrnehmung, Kommunikationskreislauf, Vier Seiten einer Nachricht, Eisbergmodell, Fragetechniken, aktives Zuhören und Distanzzonen beachten)
- Dem Gesprächspartner genug Raum für Äußerungen, Meinungen lassen
- Wer fragt, führt!

3. **Gesprächsabschluss**

- Eventuell Zusammenfassung
- Ergebnisfeststellung
- Verabschiedung
- Möglichst positiver Ausstieg

Dabei ist es besonders in schwierigen Situationen wichtig, das Gegenüber richtig einzuschätzen und entsprechend das eigene (Kommunikations-)Verhalten anzupassen, um Missverständnisse und Konflikte zu vermeiden (siehe auch Kundentypen in Abschn. 41.2).

Insbesondere der **Begrüßung** kommt eine entscheidende Bedeutung für den Verlauf eines Gespräches zu. Hier entsteht der erste Eindruck vom Gegenüber und der Grundstein für die Atmosphäre wird von beiden Seiten gelegt.

Achten Sie daher darauf, ein Gespräch möglichst offen und freundlich zu beginnen, dies gilt gleichermaßen für die Ansprache von Verdächtigen und bei Personenkontrollen. Je freundlicher ein Gespräch beginnt, desto unwahrscheinlicher sind Konflikte und Eskalationen.

Verhaltensempfehlungen sind:

- das Gegenüber ansehen
- sich selbst kurz vorstellen
- freundlicher Gesichtsausdruck
- Blickkontakt (Achtung, auch Eigensicherung!)
- lebendige Sprache
- offene, entspannte Körperhaltung
- Distanzzonen beachten
- nach Möglichkeit mit Namen und Titel ansprechen
- mit offenen Fragen beginnen
- den anderen aussprechen lassen

38.1 Kommunikation in ausgewählten Situationen

38.1.1 Befragung von Personen

Unter einer Befragung wird ein Gespräch verstanden, das mit dem Ziel geführt wird, Informationen zu gewinnen und Sachverhalte zu klären. Die folgenden Hinweise zu Befragungstechniken bieten einen ersten Einstieg in die Materie und ermöglichen es Ihnen, mit ein wenig Übung „einfache" Sachverhalte aufzunehmen. Komplexere Sachverhalte und besonders die Befragung von Verdächtigen bedürfen aber einer speziellen Ausbildung, dazu viel Übung und Erfahrung.

Beachten Sie bei Befragungen immer, dass jeder Mensch aus bestimmten eigenen **Motiven** heraus handelt und deshalb Dinge verschweigen oder anders darstellen könnte. Es gilt der Grundsatz: *Jeder lügt, bis das Gegenteil zweifelsfrei bewiesen ist.*

Dabei muss der Grund für die Lüge jedoch nicht zwingend mit dem Anlass der Befragung im Zusammenhang stehen. Möglicherweise ist der Person etwas peinlich, sie glaubt, Ihnen nicht alles sagen zu müssen, oder sie will sich einfach nur wichtig machen.

Der sogenannte **Knallzeuge** ist so ein Phänomen. Erst durch das Ereignis selbst aufmerksam geworden (Knall beim Unfall), glaubt er aber, den gesamten Unfallhergang beschreiben zu können. In Wirklichkeit reimt er sich die Ereignisse jedoch nur aus der Endstellung der Fahrzeuge zusammen. Seine Aussage ist wertlos.

Eine weitere Ursache für falsche Darstellungen in Aussagen liegt in der unterschiedlichen **Wahrnehmung**. Gleichen Sie daher die Angaben mehrerer Personen ab und filtern dabei die **Gemeinsamkeiten** heraus. Nachweisbare Fakten bieten einen guten Anhaltspunkt. So kann ein möglichst objektives und zutreffendes Bild des Sachverhalts entstehen.

Es ist z. B. immer wieder erstaunlich, wie viele unterschiedliche Fahrzeugfarben Zeugen beschreiben. Werden Ihnen nach und nach ein schwarzes, blaues und grünes Fahrzeug geschildert, bleibt Ihnen ohne weitere Anhaltspunkte am Ende nur ein dunkles Fahrzeug, ohne genaue Farbangabe fürs Protokoll.

Folgende **Grundsätze** sollten bei Befragungen berücksichtigt werden:

- Befragung möglichst unmittelbar nach dem Ereignis durchführen
- einen ruhigen, abgeschlossenen Raum nutzen
- Personen einzeln befragen
- den Befragten möglichst frei erzählen lassen

- versuchen Sie, durch Gemeinsamkeiten und Verständnis eine persönliche Beziehung herzustellen
- Fragen erst am Ende stellen
- keine Suggestivfragen
- selbst keine Fragen beantworten
- während der Befragung Notizen machen
- den Befragten stets im Blick behalten, um nonverbale Signale zu erkennen
- Frauen immer in Gegenwart einer anderen Frau befragen

Um eine weitgehend entspannte Atmosphäre zu erhalten, vermeiden Sie Vorwürfe und Vorhaltungen. Machen Sie sich von Vorurteilen und Vorverurteilungen frei und ziehen Sie keine vorschnellen Schlüsse. Es ist wichtig, dass der Befragte in Ihnen einen „Freund" sieht. Lächeln Sie.

Für einfache Sachverhaltsfeststellungen bietet sich die sogenannte **Trichtertechnik** an. Wie bei einem Trichter wird der Sachverhalt durch Fragen Schritt für Schritt eingegrenzt und so konkretisiert.

Zunächst beginnen Sie mit einer offenen Frage: „Bitte schildern Sie uns die Ereignisse aus Ihrer Sicht." Und verengen dann nach und nach durch Verständnisfragen und geschlossene Fragen den Sachverhalt, um zur gewünschten Information zu gelangen. Gleichen Sie die Antworten dabei immer wieder mit den Fakten ab und klären Widersprüche durch Nachfragen.

38.1.2 Unterweisen von Personen

Unterweisungen dienen vornehmlich der Wissensvermittlung an eine oder mehrere Personen – Einweisung in Objekte und Sicherheitsregeln oder z. B. zum Zweck der Weiterbildung.

Der Ablauf ist ähnlich dem eines Gespräches:

- Einleitung
- Hauptteil
- Schluss

In der **Einleitung** führen Sie zum Thema hin und nennen das Ziel, das mit der Unterweisung erreicht werden soll, sowie den Ablauf.

Im **Hauptteil** wird dann das eigentliche Thema behandelt. Beachten Sie dabei, dass Menschen nur eine begrenzte Aufnahmekapazität haben, daher ist es sinnvoll, nicht zu viele Inhalte auf einmal abzuarbeiten und regelmäßig Pausen einzuplanen.

Entscheidend ist eine strukturierte, logische Reihenfolge – bauen Sie, wenn möglich, auf vorhandenem Wissen auf. Sorgen Sie auch dafür, dass wichtige Dinge wiederholt und gegebenenfalls mitgeschrieben werden, so wird das Behalten erleichtert.

Bei der Darstellung der einzelnen Themen sollten jeweils mehrere Sinne (Augen, Ohren usw.) angesprochen werden, da das Gehirn Fakten so besser aufnehmen und verarbeiten kann (Präsentationen, Muster usw.). Praktische Dinge (z. B. Handhabung von Feuerlöschern) sollten auch praktisch von den Teilnehmern durchgeführt und geübt werden.

Zum **Schlussteil** gehört neben einer Zusammenfassung der behandelten Themen auch immer eine Lernerfolgskontrolle in Form einer Wissensüberprüfung, um den Erfolg der Unterweisung zu messen.

Zusammengefasst sollten folgende Dinge beachtet werden:

- möglichst alle Sinne ansprechen
- begrenztes Aufnahmevermögen beachten
- an Bekanntes anknüpfen
- Wiederholung ist der Schlüssel zum Behalten
- Üben, wo möglich
- Gruppendynamik nutzen (siehe Abschn. 35.1 Gruppen)
- Tadel ist gut, Lob ist besser
- Lernerfolge kontrollieren
- Erfolgserlebnisse schaffen

38.1.3 Kommunikation am Telefon

Die Besonderheit bei Telefongesprächen liegt in der reduzierten Wahrnehmung der Gesprächspartner. Mimik, Gestik und äußere Erscheinung spielen keine Rolle, da sie nicht wahrnehmbar sind.

Botschaften werden ausschließlich **verbal und paraverbal** transportiert, wobei auch die paraverbale Ebene durch den Frequenzbereich von Telefonen nur ein geschränkt übertragen wird. Insoweit kommt diesen beiden Elementen eine andere Bedeutung zu, als dies bei „normalen" Gesprächen der Fall ist.

Hierdurch ist allerdings auch die Gefahr von Missverständnissen besonders groß, da wir viele Äußerungen nur im Zusammenhang mit der Mimik richtig interpretieren können:

- besonders auf deutliche Aussprache achten
- Sprechtempo etwas reduzieren

- häufiger vergewissern, dass der Inhalt richtig verstanden wurde
- ein Lächeln wird „gehört", deshalb auch am Telefon lächeln
- Gesprächsnotizen anfertigen (wer, wann, warum, was weiter ...)

Als zusätzliche Sicherheitsregel gilt, wegen der Anonymität und der geringen Abhörsicherheit keine sicherheitsrelevanten Auskünfte am Telefon zu erteilen. Ansonsten gelten die allgemeinen Regeln der Kommunikation auch hier uneingeschränkt.

38.1.4 Ansprechen von Personen und Durchsetzen von Regeln

In solchen Situationen ist das Konfliktpotenzial naturgemäß besonders hoch, da sozusagen automatisch zwei gegensätzliche Interessen aufeinanderstoßen.

Ziel muss es daher von Beginn an sein, eine Eskalation zu vermeiden. Im Wesentlichen gilt es dabei, die bis hierher behandelten Grundsätze menschlichen Verhaltens und Regeln der Kommunikation zu berücksichtigen und anzuwenden. Natürlich ist die Ansprache der erste wichtige Baustein, der über den weiteren Verlauf des Gesprächs entscheidet.

Zusammengefasst bedeutet das:

- Treten Sie freundlich aber bestimmt (Selbstbewusst) auf
- offene und entspannte Körperhaltung
- bei Gruppen nach Möglichkeit den Gruppenführer unter vier Augen ansprechen
- Lassen Sie sich durch Unterbrechungen oder Beleidigungen nicht provozieren
- Bleiben Sie sachlich und erläutern Sie Ihren Standpunkt, bzw. versuchen Sie, Verständnis beim Gegenüber zu erreichen
- Signalisieren Sie Verständnis, aber bleiben Sie in der „Sache" hart
- Aktives Zuhören ist Ihre Universalwaffe in der Kommunikation

Die goldene Regel für die Praxis lautet: Lassen Sie sich in keinem Fall auf eine Diskussion über die Sinnhaftigkeit der Regeln ein, die Sie durchzusetzen haben. Hier können Floskeln helfen, wie „Ich kann Sie ja verstehen." oder „Ich kann es doch nicht ändern." – Bringen Sie das Gespräch nach solchen Ausweichmanövern so schnell wie möglich wieder auf den Kern der Sache zurück: Es gibt eine Regel und diese Regel ist von jedem einzuhalten, Interpretationsspielraum gibt es nicht.

38.1.5 Kritikgespräche

Kritik ist in der Interaktion von Menschen und insbesondere in der Kommunikation ein unverzichtbarer Teil des Feedbacks, soweit sie berechtigt ist und sachlich vorgebracht wird.

Ohne Kritik von außen ist es unmöglich, eigene, nicht wahrgenommene Fehler zu korrigieren (Selbst- und Fremdbild, Korrekturen durch Ausbilder oder Vorgesetzte).

Damit aber Kritik den gewünschten Effekt der Verbesserung hat, müssen einige Regeln beachtet werden. Insbesondere muss verhindert werden, dass der Kritisierte sich angegriffen oder gar unfair behandelt fühlt. Daher sollte Kritik stets:

- klar und direkt, aber nicht angreifend oder verletzend,
- sachlich und frei von Emotionen,
- nicht belehrend, sondern unterstützend,
- immer zusammen mit Lösungsvorschlägen und
- möglichst positiv

formuliert werden.

Stattfinden sollten derartige Gespräche in einer ruhigen und störungsfreien Atmosphäre und immer unter vier Augen. Vor Publikum oder gar Untergebenen würde der Kritisierte unweigerlich sein Gesicht verlieren.

Kommunikation mit ausgewählten Personengruppen

39.1 Jugendliche

Jugendliche (Heranwachsende) verhalten sich meist anders, als Erwachsene dies tun, erwarten selbst aber, als solche behandelt zu werden. Neben dem eigentlichen Generationenkonflikt spielen noch andere Faktoren eine Rolle in ihrem Verhalten:

- noch in der Selbstfindung begriffen (Ich, Status, Werte und Normen), daher oft etwas unsicher
- oft sehr impulsiv, unbedacht im Handeln
- anfälliger für Gruppenverhalten (Mutproben usw.)
- fehlende Lebenserfahrung (Abschätzung von Konsequenzen usw.)

Daraus ergeben sich folgende Handlungsempfehlungen:

- Erinnern Sie sich an sich, als Sie in dem Alter waren
- Ruhe bewahren und nicht provozieren lassen
- nicht belehren („Mutter raushängen lassen")
- Verständnis zeigen
- in deren Vorstellungswelt argumentieren
- Lösung vorschlagen lassen

© Springer Fachmedien Wiesbaden GmbH, ein Teil von Springer Nature 2023   345
R. Schwarz, *Geprüfte Schutz- und Sicherheitskraft (IHK)*,
https://doi.org/10.1007/978-3-658-38138-7_39

39.2   Senioren

Senioren sind gewissermaßen das zeitliche Gegenteil von Jugendlichen und unterscheiden sich in ihrem Verhalten naturgemäß entsprechend. Ihr Verhalten ist geprägt durch:

- mögliche körperliche Einschränkungen (Beweglichkeit, Hör- und Sehvermögen)
- den oft starken Wunsch nach Selbstständigkeit sowie die Angst, eine Belastung zu sein
- große Lebenserfahrung (Rechthaberei, Starrsinn usw.)
- mögliche geistige Einschränkungen (Aufnahme-, Merkfähigkeit)

Daraus ergeben sich folgende Handlungsempfehlungen:

- Sprechtempo und Lautstärke anpassen, wenn nötig
- Respekt für Alter und Lebenserfahrung zeigen
- keine Hilfe aufdrängen

39.3   Alkoholisierte Personen

Die wohl schwierigste Klientel für Sicherheitsmitarbeiter sind angetrunkene Personen. Im Grunde kann man sagen, dass ihr Verhalten eine ungesunde Mischung aus übermütigem jugendlichem Verhalten und dem körperlichen und geistigen Zustand einiger Senioren darstellt.

- alkoholbedingte körperliche und geistige Einschränkungen (Motorik, Sprache, Aufmerksamkeit, Merkfähigkeit usw.)
- übermütig und uneinsichtig
- starke Stimmungsschwankungen möglich
- starkes Aggressions- oder Depressionspotenzial

Daraus ergeben sich folgende Handlungsempfehlungen:

- Ruhe bewahren und nicht provozieren lassen
- Verständnis zeigen
- Lösung vorschlagen lassen
- Sprechtempo und Lautstärke anpassen, wenn nötig
- keine Hilfe aufdrängen

39.4 Personen fremder Kulturen oder Herkunft

Wie wir im Sender-Empfänger-Modell der Kommunikation gesehen haben, spielen Werte und Normen eine große Rolle bei der Interaktion von Menschen. Schwierig wird es besonders dann, wenn diese Werte und Normen (ggf. Stellung der Frau, Rechtsempfinden, Vorurteile usw.) zweier Gesprächspartner nicht übereinstimmen.

Hier kann es schnell zu gravierenden Missverständnissen und Konflikten kommen (unterschiedliche Bedeutung/Interpretation von Körpersprache und Worten usw.). Oft kommt bei Personen aus anderen Ländern oder Kulturen noch die Sprachbarriere hinzu, da insbesondere Touristen nicht selten schlecht oder gar kein Deutsch sprechen.

- Vermeidung von Schablonendenken und Vorurteilen
- kulturelle und religiöse Unterschiede respektieren
- Sprechtempo und Lautstärke anpassen, wenn nötig, keinen Dialekt sprechen
- sicherstellen, dass gleiches Verständnis herrscht
- wenn nötig, Sprachmittler einschalten

39.5 Kommunikation der Geschlechter

Kennzeichnend in Gesprächen zwischen Männern und Frauen ist, dass sie häufig auf unterschiedlichen Ebenen denken und kommunizieren.

Während sich Männer eher faktenorientiert auf der Sachebene (Sachinhalt, Sach-Ohr) bewegen, bewegen sich Frauen eher auf der Gefühlsebene (Selbstoffenbarung, Beziehung, Beziehungs-Ohr, Partner-Diagnose-Ohr).

Das bedeutet, dass Frauen nonverbale Signale stärker wahrnehmen als bloße Fakten, die verbal zum Ausdruck kommen, wohingegen Männer dazu neigen, eben diese Signale leicht zu überhören.

Hier bietet die Technik des aktiven Zuhörens die beste Möglichkeit, einen Ausgleich der Ebenen herbeizuführen, indem nonverbale Signale durch Feedback und Fragen auf die verbale Ebene transportiert werden und so für beide Seiten besser sichtbar sind.

- Wie meinen Sie das?
- Wie fühlen Sie sich dabei?
- Habe ich Sie richtig verstanden, dass ...?
- usw.

Exkurs: Todsünden im Konfliktgespräch

Konflikt-, aber auch Kritikgespräche sind nie einfach und der Schritt zur Eskalation meist nicht sehr groß. Daher sollten alle Dinge vermieden werden, die dies fördern können. Die folgenden Tipps sind, wie auch das Dickes-Fell-Konzept, dem Buch Rhetorische Deeskalation von F. Hücker (1997) entnommen:

Todsünden im Konfliktgespräch

Unfreundlichkeit

Verletzung der Höflichkeitsregeln: Den Gesprächspartner nicht anschauen, nicht ausreden lassen oder unberechtigt duzen – so kann kein positives Gesprächsklima aufkommen.

Besserwisser-Argumente

Hier werden beim Gesprächspartner unwillkürlich Aggressionen ausgelöst (Ich weiss/kann das besser. Was verstehst du denn davon.)

Logik-Argumente

Dem Gesprächspartner das Gefühl geben, dumm oder unterlegen zu sein: Nicht auf ihn eingehen, Argumente sofort wegwischen. (Das müssten Sie doch eigentlich wissen. Es ist doch logisch, dass ...)

Bedrohungs-Argumente

Argumente, die zu Schuld oder Ohnmacht führen: Wenn Sie nicht, dann ..., Sie sind selbst schuld, dass ... usw.

Dazwischenreden

Dies löst ein Gefühl der Ermüdung und Genervtheit aus. Man hat das Gefühl, sich im Kreis zu drehen und nicht vorwärts zu kommen.

Literatur

Bücher

Hücker F (1997) Rhetorische Deeskalation. Boorberg, München

Handlungsbereich 3: Sicherheits- und Serviceorientiertes Verhalten c) Kunden- und Serviceorientierung

Einführung

40

Aufgrund der Vielzahl der am deutschen Markt tätigen Sicherheitsunternehmen gewinnt die Kundenzufriedenheit immer mehr an Bedeutung, denn nur zufriedene Kunden erteilen Aufträge und sichern so die Wirtschaftlichkeit und den Fortbestand des Unternehmens.

Sicherheitsunternehmen sind Dienstleistungsunternehmen. So ist der Dienst beim Kunden auch immer Dienst am Kunden und beschränkt sich häufig nicht auf reine Sicherheitstätigkeiten. Auch der Sicherheitsmitarbeiter wird damit in erster Linie zu einem Dienstleister.

Aspekte der Kunden- und Serviceorientierung
Kundenzufriedenheit
Kundentypen und -erwartungen
Qualitätsorientierung

© Springer Fachmedien Wiesbaden GmbH, ein Teil von Springer Nature 2023
R. Schwarz, *Geprüfte Schutz- und Sicherheitskraft (IHK)*,
https://doi.org/10.1007/978-3-658-38138-7_40

Qualitätsorientierter Sicherheitsservice 41

Grundlage von Sicherheitsdienstleistungen ist stets ein Bewachungsvertrag, der zwischen dem Auftraggeber (Kunde) und dem Bewachungsunternehmen (Auftragnehmer) geschlossen wird. Dabei wird die Leistung, die durch das Bewachungsunternehmen zu erbringen ist, nach Art und Umfang beschrieben und vertraglich festgelegt (Leistungsbeschreibung, Lastenheft) – das **Leistungsversprechen** des Auftragnehmers.

41.1   Qualität der Leistungserbringung

Der Kunde kauft demnach nicht nur einen vereinbarten **Leistungsumfang** (Anzahl von Mitarbeitern für einen bestimmten Zeitraum), sondern noch weitere festgelegte Eigenschaften der Dienstleistung – er kauft eine bestimmte **Qualität** (Art und Weise der Leistungserbringung, Qualifikationen des Personals usw.).

© Springer Fachmedien Wiesbaden GmbH, ein Teil von Springer Nature 2023
R. Schwarz, *Geprüfte Schutz- und Sicherheitskraft (IHK)*,
https://doi.org/10.1007/978-3-658-38138-7_41

Qualität		
Objektive Qualität	→	Anhand von festgelegten Maßstäben messbare Eigenschaften, z. B. die DIN 77200: Hat der Objektleiter mindestens den Abschluss als Schutz- und Sicherheitskraft (IHK)?
Subjektive Qualität	→	Vom Kunden subjektiv wahrgenommene Eigenschaften, die er anhand seiner Erwartungen bewertet: Entsprechen die Eigenschaften meinen Erwartungen oder nicht?
Relative Qualität	→	Bewertung der Eigenschaften im direkten Vergleich: Ist die Qualität des Unternehmens A besser oder schlechter als die des Unternehmens B?

Folglich bewertet er die erbrachten Leistungen auch nicht nur nach deren Umfang, sondern zusätzlich nach deren Qualität und baut hierauf seine spätere **Kaufentscheidung** (erneute Erteilung eines Auftrages an das Unternehmen) auf.

Entspricht die erbrachte Qualität seinen Erwartungen, ist er zufrieden und bleibt dem Unternehmen treu, entspricht sie nicht seinen Erwartungen, erteilt er unter Umständen einem Konkurrenzunternehmen den Auftrag. Dies führt dazu, dass für Sicherheitsunternehmen und ihre Mitarbeiter die Qualität der Leistung und damit die **Kundenzufriedenheit** immer stärker im Fokus stehen.

41.2 Kundenerwartungen

Wie wir gesehen haben, ist die subjektiv wahrgenommene Qualität der Leistung das entscheidende Kriterium für die Kaufentscheidung des Kunden.

Eine Besonderheit bei Sicherheitsdienstleistungen ist, dass Auftraggeber und Leistungsempfänger häufig nicht identisch sind. So haben die Sicherheitsmitarbeiter vor Ort mit dem Auftraggeber selbst meist nichts zu tun, sondern vielmehr mit Mitarbeitern, Besuchern oder Kunden des Auftraggebers. Die „Kunden" im Objektschutz z. B. sind Mitarbeiter, die ihren Zutrittsausweis vergessen haben, einen Schlüssel empfangen wollen oder gegen die Parkordnung verstoßen.

Kundentypen		
Auftraggeber	→	Auftragsbezogener Kunde
Leistungsempfänger	→	Aufgabenbezogener Kunde

Im Folgenden unterscheiden wir daher zwischen Auftraggeber (Auftragsbezogener Kunde) und Leistungsempfänger (Aufgabenbezogener Kunde).

41.2.1 Auftraggeber

Nach der Bindung an den Auftraggeber und der Erwartungshaltung lassen sich diese Kunden idealtypisch in vier Gruppen unterscheiden (siehe auch Abb. 41.1, Haeske 2005).

Allen Kundentypen gemein ist, dass sie durch den Einkauf der Dienstleistung ein Bedürfnis befriedigen wollen, ihre Ansprüche an die Qualität sind jedoch unterschiedlich hoch.

Der **weltoffene Anspruchskunde** ist nicht an ein Unternehmen gebunden und zeigt daher eine hohe Wechselbereitschaft, wenn seine hohen Anforderungen nicht erfüllt werden.

Der **nomadisierende Kunde** zeigt ebenfalls keine besondere Bindung an einen Anbieter, seine Ansprüche sind jedoch insgesamt geringer als beim Anspruchskunden. Er ist eher auf der Suche nach dem preiswertesten Angebot.

anspruchsvoll

ungebunden	weltoffener Anspruchskunde	anspruchsvoller Stammkunde
	nomadisierender Kunde	genügsamer Stammkunde	verbindlich

genügsam

Abb. 41.1 Kundentypen nach Gruppen (Haeske 2005)

Der **anspruchsvolle Stammkunde** ist dagegen durchaus bereit, sich langfristig an einen Anbieter zu binden, aber nur, wenn seine hohen Qualitätsansprüche erfüllt werden.

Der **genügsame Stammkunde** ist dagegen ohne weitere Forderungen bereit, sich an ein Unternehmen zu binden, da er das Wechselrisiko mehr scheut, als seine Ansprüche an die Qualität nach unten anzupassen.

41.2.2 Leistungsempfänger

Auch hier lassen sich Kunden idealtypisch in vier Gruppen unterscheiden (siehe auch Abb. 41.2, Haeske 2005). Da dies aber die Kunden sind, mit denen wir täglichen Umgang haben, ist weniger ihr Kaufverhalten als vielmehr ihr Kommunikationsverhalten ausschlaggebend (wie möchte der Kunde angesprochen und behandelt werden?).

Der **Inspektor** ist offen, direkt und wenig emotional, dabei aber sehr entscheidungsfreudig. Für ihn zählen nur präzise Fakten und Ziele. Deswegen möchte er nur kurze und knappe Zusammenfassungen ohne Details und Ausschmückungen. Auf persönliche Gespräche legt er keinerlei Wert, sie sind für ihn nur Zeitvergeudung.

Erkennbar ist er zumeist an korrekter, klassischer und wenig auffälliger Kleidung. Er ist oft ungeduldig und wirkt zum Teil sehr herrisch.

(Typ: Ihm ist die Parkordnung egal, er macht seine eigene.)

Abb. 41.2 Leistungsempfänger (nach Haeske 2005)

Der **Unterhalter** ist zwar ebenfalls offen, dabei aber sehr emotional, wenig entscheidungsfreudig und steht gerne im Mittelpunkt. Fakten und Ziele langweilen ihn. Er legt sehr viel Wert auf das persönliche Gespräch, vor allem aber braucht er Lob und Anerkennung.

Zu erkennen ist der Unterhalter meist an teurer, modischer und auffälliger Kleidung und entsprechenden Schmuckstücken und Uhren.

(Typ: Ihm ist die Parkordnung egal, Hauptsache er parkt so, dass alle sein neues Auto bewundern können.)

Der **Buchhalter** ist sehr zurückhaltend, wenig emotional und wenig entscheidungsfreudig. Er legt wie der Inspektor keinen Wert auf persönliche Gespräche, braucht aber zu seiner Information jedes Detail mit einer ausführlichen Begründung und Beschreibung. Er liebt Pläne, Skizzen und Checklisten.

Zu erkennen ist der Buchhalter auf den ersten Blick nur sehr schwer, da er sich eher unauffällig kleidet und bewegt.

(Typ: Für ihn ist die Parkordnung das Wichtigste auf der Welt, er würde nie dagegen verstoßen.)

Der **Beziehungstyp** ist auch eher zurückhaltend, dabei aber sehr emotional und wenig entscheidungsfreudig. Er legt sehr viel Wert auf persönliche Beziehungen und Gespräche, das Geschäftliche läuft nur nebenbei. Bevor er Sie um Ihre Hilfe bittet, wird er Sie fragen, wie es Ihnen geht und ob er Sie auch nicht stört. Wenn es allen gut geht, geht es ihm auch gut.

Erkennbar ist er auf den ersten Blick ebenso schwer wie der Buchhalter, da er auch eher unauffällig ist.

(Typ: Für ihn ist die Parkordnung okay, solange sie für alle anderen auch okay ist. Er würde nicht dagegen verstoßen aus Angst, jemandem seinen Platz weg zu nehmen.)

Ansonsten gelten natürlich auch im Umgang mit Kunden die weiter oben beschriebenen **Kommunikationsregeln,** bzw. sind umgekehrt die vier Typen nicht nur auf Kunden, sondern auf alle Menschen übertragbar, denen wir im Dienst begegnen.

41.3 Qualitätssicherung

Zur Sicherung der Qualität in Sicherheitsunternehmen werden häufig Standards genutzt (z. B. die DIN 77200) und mithilfe des internen Qualitätsmanagements (QM) überwacht. Die entsprechenden Qualitätsstandards, Prozesse und Verantwortlichkeiten werden in einem sogenannten QM-Handbuch niedergeschrieben und fortlaufend aktualisiert. Als Grundlage hierfür dienen die EN

ISO-Normen 9000 ff. Dabei fließen auch immer wieder Verbesserungsvorschläge aus der Belegschaft mit ein und gewährleisten so die kontinuierliche Verbesserung. Durch dieses Vorgehen wird sichergestellt, dass Leistungen unabhängig vom Auftraggeber einheitlich und in immer gleicher Qualität erbracht werden können. Kosten durch Fehler werden minimiert und die Wettbewerbsfähigkeit durch Vergleichbarkeit der Leistungen mit dem Markt wird gestärkt.

Ausgangspunkt für die Qualitätssicherung beim Kunden ist aber in erster Linie die Leistungsbeschreibung des Bewachungsvertrages und die daraus abgeleitete Objektbezogene Dienstvorschrift, in der alle Aufgaben des Sicherheitspersonals vor Ort nach Art und Umfang beschrieben werden müssen:

- Haupt- und Nebenaufgaben
- Welche Kontrollen sind wann durchzuführen?
- Wie ist bei Notfällen zu verfahren?
- usw.

Es ist empfehlenswert, die Dienstvorschrift gemeinsam mit dem Auftraggeber zu entwickeln und auch dort eine Kopie zu hinterlegen. Das beugt Missverständnissen vor und verdeutlicht beiden Seiten noch einmal den vereinbarten Leistungsumfang.

Trotzdem wird es vorkommen, dass der Kunde Aufträge erteilt, die nicht Teil des Leistungsumfanges sind, hier liegt es am Objektleiter und den Mitarbeitern vor Ort zu entscheiden, inwieweit eine kundenorientierte Lösung zur beiderseitigen Zufriedenheit gefunden werden kann.

Literatur

Bücher

Haeske U (2005) Kommunikation mit Kunden. Cornelsen, Bodenheim

Spannungsfelder im Sicherheitsdienst 42

Die Aufgabenerfüllung von Sicherheitspersonal ist geprägt durch die unterschiedlichsten Rechtsnormen, Vorschriften und Anweisungen, durch unterschiedliche Charaktere, Motive und Ziele von Personen, durch die Anforderungen Ihres Arbeitgebers und Ihre eigenen Motive, Ziele und Interessen.

Es liegt in der Natur der Sache, dass sich einige dieser Faktoren widersprechen oder sogar ausschließen – es entstehen Spannungen als Vorstufe zu Konflikten.

Unterschieden werden können diese in personenbezogene und aufgabenbezogene Spannungsfelder, wobei die Abgrenzung in der Praxis häufig nicht ganz eindeutig ist.

Spannungsfelder
Personenbezogene Spannungsfelder
Aufgabenbezogene Spannungsfelder

Personenbezogene Spannungsfelder beschreiben Spannungen, die zwischen Personen oder aufgrund von Personen bestehen.

Aufgabenbezogene Spannungsfelder hingegen beschreiben Spannungen, die aufgrund unterschiedlicher Aufgaben entstehen.

Sie betreiben den Empfang in einem Kundenunternehmen und sind gerade dabei, einem Besucher einen Ausweis auszustellen. Es ergibt sich, dass der Besucher ein „Unterhalter" ist und ein persönliches Gespräch mit Ihnen beginnt. Da Sie selbst jedoch ein „Inspektor" sind, haben Sie keinerlei Interesse an solch einem Gespräch und wollen den Besucher nur so schnell wie möglich abarbeiten. Das Gebot der Kundenorientierung verbietet Ihnen aber, nach Ihren Interessen zu handeln – ein personenbezogenes Spannungsfeld ist entstanden.

© Springer Fachmedien Wiesbaden GmbH, ein Teil von Springer Nature 2023
R. Schwarz, *Geprüfte Schutz- und Sicherheitskraft (IHK)*,
https://doi.org/10.1007/978-3-658-38138-7_42

Wenig später meldet sich ein weiterer Besucher bei Ihnen und erklärt, dass er einen dringenden Termin mit dem Vorstand hat und es sehr eilig hat, da er bereits zu spät ist. Ruhig und freundlich bitten Sie ihn um seinen Ausweis, da die Zutrittsregelung vorschreibt, dass alle Besucher sich durch einen Lichtbildausweis legitimieren müssen. Jetzt stellt Ihr gehetzter Gast fest, dass er keinen Ausweis dabei hat und fordert Sie schließlich auf, kein „Drama" daraus zu machen, er sei ja immerhin mit dem Vorstand verabredet und das ginge schon in Ordnung. Die Vorgabe, kundenorientiert zu handeln, und die Vorgabe der ausnahmslosen Zutrittskontrolle widersprechen sich hier – ein aufgabenbezogenes Spannungsfeld ist entstanden.

In beiden Fällen haben Sie mehrere Handlungsalternativen und müssen sich für eine davon entscheiden. Hier wird erwartet, dass Sie im Rahmen der Entscheidungsfindung (siehe Abschn. 34.1 Situationsanalyse) die unterschiedlichen, sich widersprechenden Interessen gegeneinander abwägen und das jeweils höherwertige Interesse berücksichtigen – vergleichbar mit der Interessenabwägung bei der Prüfung, ob eine Handlung durch Notstand gerechtfertigt bzw. entschuldigt ist (siehe Privatrecht: §§ 228, 904 BGB und Strafrecht: § 34 StGB).

Teil IX

Handlungsbereich 3: Sicherheits- und serviceorientiertes Verhalten d) Zusammenarbeit

Schon die Einsatzgrundsätze (z. B. NSL) und die Grundsätze der Eigensicherung verbieten ein Handeln allein. Viele Situationen erfordern aber auch spezielle Kompetenzen, die nur auf unterschiedliche Einsatzkräfte verteilt vorhanden sind (Feuerwehr, Rettungsdienst usw.).

Hinzu kommt, dass der Einzelne in der heutigen Arbeitswelt mit ihren komplexen Aufgabenstellungen schnell überfordert ist. Die Zusammenarbeit mit Kollegen und anderen Einsatzkräften ist daher notwendig und alltäglich geworden.

Formen der Zusammenarbeit
Zusammenarbeit in Teams
Zusammenarbeit mit anderen Kräften

© Springer Fachmedien Wiesbaden GmbH, ein Teil von Springer Nature 2023   363
R. Schwarz, *Geprüfte Schutz- und Sicherheitskraft (IHK)*,
https://doi.org/10.1007/978-3-658-38138-7_43

Grundlagen der Teamarbeit

Teams sind formelle Gruppen, insoweit treffen die dort gemachten Ausführungen uneingeschränkt auch auf das Verhalten und die Funktionsweise von Teams zu.

44.1 Der Teamleiter

Dem Teamleiter (formeller Gruppenführer) kommt die Aufgabe zu, die einzelnen Teammitglieder zu führen und die Arbeit des Teams zu koordinieren. Er ist maßgeblich verantwortlich für den Erfolg des gesamten Teams:

- das Zusammenführen der Gruppe zu einem „Wir"
- die Festlegung der Ziele, Regeln und Normen (im Rahmen der Unternehmensziele und -normen)
- Sicherstellen der Kommunikation im Team
- das Erkennen und Lösen von Konflikten unter den Teammitgliedern
- die Aufgabenverteilung entsprechend der Kompetenzen der Teammitglieder (wer kann was am besten?)
- die Festlegung der Arbeitsmethoden und des Vorgehens
- die Kontrolle der Arbeit
- die Beurteilung der Teammitglieder, Mitarbeitergespräche usw.

44.2 Das Team

Die Zusammensetzung der Gruppe sollte alle zur Aufgabenerfüllung notwendigen Kompetenzen abdecken. Gemeint sind hier Fach-, Methoden- und Sozialkompetenz. Dabei muss nicht jedes Mitglied über alle Kompetenzen verfügen,

© Springer Fachmedien Wiesbaden GmbH, ein Teil von Springer Nature 2023
R. Schwarz, *Geprüfte Schutz- und Sicherheitskraft (IHK)*,
https://doi.org/10.1007/978-3-658-38138-7_44

es reicht aus, wenn das Team insgesamt über alle erforderlichen Kompetenzen
verfügt.

Einzig die Sozialkompetenz ist ein Kompetenzfeld, über das möglichst
alle Mitglieder gleichermaßen verfügen sollten, da hier der Schlüssel für eine
konstruktive und erfolgreiche Zusammenarbeit liegt.

Unterschiedliche Teammitglieder nehmen aufgrund ihres Charakters unterschiedliche Rollen innerhalb des Teams ein (Haeske 2005), diese sind vergleichbar mit den Kundentypen aus dem Abschn. 41.2.

Typisierte Rollen im Team
Der Macher
Der Kreative
Der Kontrolleur
Der Sammler

Der **Macher** (Inspektor) ist häufig in der Person des Teamleiters zu finden. Er
koordiniert, erteilt Aufträge, trifft Entscheidungen und sorgt für deren Einhaltung
und Umsetzung.

Der **Kreative** (Unterhalter) ist meist verantwortlich für neue Ideen und
Lösungsansätze. Er gibt durch seine fantasievolle und kreative Denkweise
entsprechende Impulse in das Team.

Der **Kontrolleur** (Buchhalter) ist die Vernunft des Teams. Er hinterfragt
Entscheidungen und Ergebnisse auf deren Richtigkeit hin und prüft alle Details
sehr genau und sorgt so dafür, das alle Aspekte berücksichtigt wurden und werden.

Der **Sammler** (Beziehungstyp) kümmert sich um die Bedürfnisse des Teams,
er sorgt für Kaffee, Essen und eine gute Arbeitsatmosphäre. Seine Aufgabe ist die
Recherche (da dies am wenigsten konfliktträchtig ist), er sammelt Daten, Fakten
und Informationen als Arbeitsgrundlage für die Aufgabenerfüllung.

44.3 Teamarbeit

Kennzeichen der Teamarbeit ist die Arbeitsteilung. Nicht jeder muss jede
Aufgabe beherrschen und wahrnehmen. Die Gesamtaufgabe wird in Teilauf-
gaben zerlegt und dann jeweils von den Teammitgliedern erledigt, die am besten
hierfür qualifiziert sind. Am Schluss werden die Arbeitsergebnisse dann wieder
zusammengeführt und es entsteht ein Gesamtergebnis.

44.4 Kommunikation

Auch in der Kommunikation unterliegen Teams den gleichen allgemeinen Regeln und Mechanismen. Anlässe und Formen der Kommunikation variieren jedoch aufgrund der Aufgabenstellung in Teams.

Die Kommunikation des Teamleiters mit seinem Team oder die Erörterung von Problemstellungen findet in der Regel mit dem gesamten Team in Besprechungen/Meetings statt. Der Teamleiter übernimmt dabei die Rolle eines Moderators, der den Prozess steuert.

Die Kommunikation nach außen (mit Vorgesetzten, Kunden usw.) wird meist ebenfalls vom Teamleiter gesteuert und durchgeführt, die einzelnen Mitglieder beschränken sich auf die interne Kommunikation zur Lösung der Arbeitsaufgaben.

44.5 Konflikte

Immer dort, wo Menschen aufeinandertreffen, können Konflikte entstehen (siehe Kap. 36 Umgang mit Konflikten), Teams bilden dabei keine Ausnahme. Die Mechanismen zur Konfliktentstehung, zu Verlauf und zur Lösung von Konflikten sind identisch.

Lediglich bei den Anlässen gibt es einige Besonderheiten. Gerade in der Anfangsphase des Teams kann es zu Konflikten um die Verteilung von Rollen und Aufgaben kommen, hier findet ein Entwicklungsprozess statt, in dem jedes Mitglied seinen Platz suchen und finden muss. Darüber hinaus kann es in späteren Phasen zu Konflikten kommen, wenn einzelne Mitglieder über- oder unterfordert sind oder sich einige sogar aus der Teamarbeit heraushalten („das machen ja die anderen").

Hauptsächlich ist bei all diesen Konflikten der Teamleiter gefragt, um eine Lösung herbeizuführen, er moderiert und steuert die Konfliktlösung.

Literatur

Bücher

Haeske U (2005) Kommunikation mit Kunden. Cornelsen, Bodenheim

Zusammenarbeit mit anderen Kräften 45

Wie eingangs beschrieben, machen viele Einsatzszenarien ein gemeinsames Handeln mit unterschiedlichen Kräften notwendig. Dabei haben alle diese Kräfte eigene Einsatzgrundsätze, Informations- und Kommunikationswege und Befugnisse.

Zusammenarbeit mit anderen Kräften
Polizei
Feuerwehr
Rettungskräfte
Ordnungsämter
Betriebliche Brandschutzhelfer
usw.

Alle Aktivitäten der unterschiedlichen Bereiche müssen unter Berücksichtigung der verschiedenen Einsatzgrundsätze und Befugnisse koordiniert und die Informations- und Kommunikationswege zusammengeführt werden.

Nur so ist gewährleistet, dass der gemeinsame Einsatz sicher und erfolgreich verläuft.

Dabei ist zunächst zu unterscheiden, ob die Zusammenarbeit geplant oder ungeplant erfolgt. Eine **geplante Zusammenarbeit** finden wir beispielsweise im Veranstaltungsschutz oder im betrieblichen Brandschutz. Eine **ungeplante Zusammenarbeit** entsteht z. B. bei Unglücksfällen oder nach Straftaten.

© Springer Fachmedien Wiesbaden GmbH, ein Teil von Springer Nature 2023
R. Schwarz, *Geprüfte Schutz- und Sicherheitskraft (IHK)*,
https://doi.org/10.1007/978-3-658-38138-7_45

45.1   Geplante Zusammenarbeit

Der große Vorteil besteht darin, dass alle Aktivitäten mit genügend Vorlauf und ohne Zeitdruck abgesprochen, geplant und sogar trainiert werden können. Im Folgenden werden wir uns die einzelnen Schritte und Maßnahmen am Beispiel des Veranstaltungsschutzes kurz anschauen.

Faktoren bei geplanter Zusammenarbeit
Informationsmanagement und Kommunikation
Sicherheitskoordinierungsbesprechung
Führung und Koordination
Sicherheitszentrale

Es überrascht nicht, dass uns in diesem Zusammenhang auch die Abschnitte aus der Situationsanalyse wieder begegnen. Die grundsätzliche Vorgehensweise ist identisch.

45.1.1 Informationsmanagement und Kommunikation

Ausgangspunkt der Planung und Führung von Einsätzen sind Informationen, sie sind die Grundlage der Lagefeststellung und bilden den Schlüssel zu einer adäquaten Lagebeurteilung.

Der Informationsfluss von und zu den Einsatzkräften muss daher zu jedem Zeitpunkt sichergestellt werden. Im Vorfeld eines Einsatzes muss festgelegt werden, wer wann welche Informationen in welcher Form benötigt und wie diese Informationen ihr Ziel erreichen.

- Art, Zeit und Umfang der Informationen
- Verantwortlichkeiten für Beschaffung und Weiterleitung
- Informationswege und -verarbeitung

Entsprechend dem Informationsfluss sind geeignete Kommunikationswege und -mittel festzulegen (Telefon, Funk, Frequenzen usw.).

45.1.2 Sicherheitskoordinierungsbesprechung

Das Gewinnen von Informationen beginnt in der Regel mit der sogenannten Sicherheitskoordinierungsbesprechung, an der nach Möglichkeit neben dem Veranstalter und dem Hausrechtsinhaber auch Vertreter aller Einsatzkräfte teilnehmen. Sie ist gleichzeitig das erste Koordinierungselement. Neben dem gegenseitigen Informationsaustausch ist ihr Hauptzweck, Absprachen zu treffen und Planungsschritte abzustimmen.

- Informationsgewinnung und -austausch
- Erkundung der Örtlichkeiten
- Aufgabenverteilung
- Festlegung der Verantwortungsbereiche (Polizei im Außenbereich, Sicherheitsunternehmen im Veranstaltungsraum usw.)
- Absprachen
- Planung einleiten/abstimmen
- Festlegung des weiteren Vorgehens/Termine usw.

45.1.3 Führung und Koordination

Je mehr Kräfte an einem Einsatz beteiligt sind, desto größere Bedeutung kommt dem Führungselement zu. Die optimale Lösung ist, dass ein Einsatzführer den gesamten Einsatz und damit alle Kräfte gemeinsam führt und koordiniert. In der Praxis ist dies aber leider sehr selten umsetzbar.

Die gängige Praxis ist, dass jedes der beteiligten Elemente eine eigene Einsatzführung etabliert, diese aber nicht zusammengefasst werden – eine einheitliche Gesamtführung fehlt damit.

45.1.4 Sicherheitszentrale

Die Lösung des Problems liegt in der Einrichtung einer gemeinsamen Sicherheitszentrale (auch Leitstelle (NSL) oder Einsatzzentrale (EZ)).

Hier sollen nach Möglichkeit alle Informationen zusammenlaufen bzw. Informationen sollen von hier aus an die Einsatzkräfte vor Ort weitergegeben werden. Dadurch entsteht ein aktuelles Gesamtlagebild, das für alle zeitnah zur Verfügung steht.

Bei Bedarf werden in der Sicherheitszentrale die notwendigen Absprachen und Entscheidungen für alle Einsatzkräfte getroffen und von hier aus umgesetzt.

Damit ersetzt die Sicherheitszentrale eine einheitliche Gesamtführung und übernimmt stattdessen die Koordinierungsaufgabe während des laufenden Einsatzes.

45.2 Ungeplante Zusammenarbeit

Eine ungeplante Zusammenarbeit entsteht meist bei akutem Handlungsbedarf, beispielsweise bei Unglücksfällen, Bränden oder Straftaten.

Wird von Sicherheitsmitarbeitern in einem Objekt z. B. ein Brand festgestellt, kommen Polizei, Feuerwehr und Rettungskräfte hinzu und übernehmen in der Regel auch die Einsatzführung.

Das private Sicherheitspersonal des Objektes unterstützt nun die hinzugerufenen Kräfte bei der Erfüllung ihrer Aufgaben, indem z. B. der Zugang gewährt/erleichtert wird, Hilfe bei der Orientierung geleistet und andere übertragene Aufgaben erledigt werden.

- Ausgabe der Feuerwehrlaufkarten
- Übergabe von Karten/Schlüsseln
- Begleitung von Rettungskräften zum Ereignisort
- usw.

Literatur- und Quellenverzeichnis

Bücher

Christie A (2013) Das Sterben in Wychwood. Berlin

Erhard E (2013) Strafrecht für Polizeibeamte. Kohlhammer, Stuttgart

Geist H (2003) Bei Einbruch Alarm. Elektor, Aachen

Glasl F (2009) Konfliktmanagement. Ein Handbuch für Führungskräfte, Beraterinnen und Berater. Haupt, Bern

Gundel S, Mülli L (2009) Unternehmenssicherheit. Oldenbourg, München

Haeske U (2005) Kommunikation mit Kunden. Cornelsen, Bodenheim

Hansmann K, Seltner D (Hrsg) (2007) Grundzüge des Umweltrechts. Erich Schmidt, Berlin

Hücker F (1997) Rhetorische Deeskalation. Boorberg, München

Jacobs P, Preuße M (2015) Kompaktwissen AEVO. Bildungsverlag EINS, Köln

Merschbacher A (2006) Brandschutz. Rudolf Müller, Köln

Nerdinger FW (2008) Grundlagen des Verhaltens in Organisationen. Kohlhammer, Stuttgart

Nerdinger FW, Blickle G, Schaper N (2008) Arbeits- und Organisationspsychologie. Kohlhammer, Heidelberg

Olfert K (2012) Personalwirtschaft. Kiehl, Herne

Pühl H (2008) Angst in Gruppen und Institutionen. Leutner, Berlin

Schwab D, Löhning M (2007) Einführung in das Zivilrecht. C.F. Müller, Heidelberg

Steckler B, Bachert P, Strauß R (2010) Arbeitsrecht und Sozialversicherung. Kiehl, Herne

Wenk E (1999) Objektschutzplanung für Führungskräfte im Sicherheitsbereich. Boorberg, München

© Springer Fachmedien Wiesbaden GmbH, ein Teil von Springer Nature 2023
R. Schwarz, *Geprüfte Schutz- und Sicherheitskraft (IHK)*,
https://doi.org/10.1007/978-3-658-38138-7

373

Broschüren

Bundeskriminalamt: Verhalten und Maßnahmen bei Bombendrohungen
Bundesministerium des Inneren: Schutz Kritischer Infrastrukturen – Basisschutzkonzept
Gesamtverband der Deutschen Versicherungswirtschaft e. V.: Leitfaden für den Brand-
schutz

Richtlinien und Normen

VdS-Richtlinien: 2163, 2358, 2386, 2450, 2466, 3138-1, 3138-2, 3427 und 5461
DIN 77200

Internet

DIHK. dihk.de
Gesetze im Internet. gesetze-im-internet.de
IHK Berlin. ihk-berlin.de
Luft J, Ingham H. Johari Window. The model, online PDF
Verwaltungs-Berufsgenossenschaft. vbg.de
Verband der Schadenversicherer. vds.de

Stichwortverzeichnis

© Springer Fachmedien Wiesbaden GmbH, ein Teil von Springer Nature 2023
R. Schwarz, *Geprüfte Schutz- und Sicherheitskraft (IHK)*,
https://doi.org/10.1007/978-3-658-38138-7

LEHRBUCH

Robert Schwarz

Sachkunde im Bewachungsgewerbe (IHK)

Lehrbuch für Prüfung und Praxis

6. Auflage

Springer Gabler

LEHRBUCH

Robert Schwarz

Sachkunde im Bewachungsgewerbe (IHK) - Übungsbuch

250 Fragen mit Antworten und 10 Übungsfälle mit Lösungen

5. Auflage

Springer Gabler

Printed in the United States
by Baker & Taylor Publisher Services